法律绩效评估机制论
The Mechanism of Legal Performance Evaluation

汪全胜 / 著

图书在版编目(CIP)数据

法律绩效评估机制论/汪全胜著. —北京:北京大学出版社,2010.5
ISBN 978-7-301-17187-5

Ⅰ.法… Ⅱ.汪… Ⅲ.立法-研究-中国 Ⅳ.D920.0

中国版本图书馆 CIP 数据核字(2010)第 080801 号

书　　　名：法律绩效评估机制论
著作责任者：汪全胜　著
责 任 编 辑：李　铎
标 准 书 号：ISBN 978-7-301-17187-5/D·2587
出 版 发 行：北京大学出版社
地　　　址：北京市海淀区成府路 205 号　100871
网　　　址：http://www.pup.cn　电子邮箱：law@pup.pku.edu.cn
电　　　话：邮购部 62752015　发行部 62750672　编辑部 62752027
　　　　　　出版部 62754962
印　　　刷　者：三河市北燕印装有限公司
经　　　销　者：新华书店
　　　　　　650 毫米×980 毫米　16 开本　18.75 印张　337 千字
　　　　　　2010 年 5 月第 1 版　2010 年 5 月第 1 次印刷
定　　　价：39.00 元

未经许可,不得以任何方式复制或抄袭本书之部分或全部内容。
版权所有,侵权必究
举报电话：010-62752024　电子邮箱：fd@pup.pku.edu.cn

法治建设与法学理论研究
部级科研项目成果

目录

导论 /001
  第一节 法律绩效评估及其机制的界定 /003
  第二节 法律绩效评估兴起的动因及其功能 /014
  第三节 法律绩效评估理论的研究现状 /023
  第四节 本书的写作思路、研究方法及意义 /035

第一章 域外一些国家的法律绩效评估 /045
  第一节 美国法律绩效评估制度 /047
  第二节 英国法律绩效评估制度 /067
  第三节 日本法律绩效评估制度 /077
  第四节 韩国法律绩效评估制度 /086

第二章 法律绩效评估活动的启动 /99
  第一节 法律绩效评估的触发机制——国家主导的视角 /101
  第二节 法律绩效评估的社会促动机制 /113
  第三节 法律绩效评估的触发机制
      ——国家与社会联动的视角 /125

第三章 法律绩效评估活动的准备 /137
  第一节 法律绩效评估主体的建构 /139
  第二节 法律绩效评估对象的选择 /152
  第三节 法律绩效评估标准的确定 /167
  第四节 法律绩效评估的一般方法 /177

第四章　法律绩效评估活动的实施 /187

　　第一节　法律绩效信息的收集 /189
　　第二节　法律绩效信息的整理与分析 /202
　　第三节　法律绩效评估报告 /214

第五章　法律绩效评估结果的回应 /229

　　第一节　法律绩效评估结果的回应及其机制 /231
　　第二节　法律绩效评估结果回应之法律修改 /243
　　第三节　法律绩效评估结果回应之法的废止 /254
　　第四节　法律绩效评估结果回应之法律创制 /265

参考文献 /279

后记 /291

导　论

第一节　法律绩效评估及其机制的界定

一、法律绩效的内涵

(一) 绩效概念的界定

在汉语中,"绩效"一词表示"成绩、成效"①。"成绩"指"工作或学习的收获"②,强调对工作或学习结果的主观评价。"成效"指"功效或效果",强调工作或学习所造成的客观后果及影响。"绩效"是以上两种含义的综合。

在英文中表述"绩效"的词汇有两个,一是"performance";一个是"achievement",前者外延很宽泛,原意为"履行"、"执行"、"表现"、"行为"、"完成"等,也可以引申为"性能"、"成绩"、"成就"、"成果"等。后者侧重于通过自己的能力或技巧所取得成就。因此,准确地讲,用"performance"一词对应中文的"绩效"比较准确。

绩效概念最早在工商企业中使用。由于当今企业所面临的外部环境瞬息万变、组织规模日益庞大、组织结构日趋复杂,传统的机械效率方法已无法表征企业的表现、行为及成就。绩效概念,实际上可以综合代表效率、财务指标、市场占有率、内部激励结构、企业文化等各种指标,并且可以通过一定的有效途径整合为可以衡量或评价企业行为的指标体系。通过这一指标,基本上可以反映出一个企业的整体表现和状况。因此,自20世纪80年代后期和90年代早期以来,"绩效"以及"绩效管理"开始成为管理实践中一个非常流行的词语③。

绩效的内涵到底是什么?从现有的文献来看,各种关于绩效的概念界定,内涵多有不同。从诸多外文文献看来,绩效通常与生产力(productivity)、质量(quality)、效果(effect)、结果(outcome)、责任(accountability)等概念相互联系,但又难以辨别清楚它们之间的相互关系。而在国内的研究中,许多文献又将绩效等同于一种泛化的效率概念④。刘旭涛认为,绩效可以理解为"系统表征管

---

① 中国社会科学院语言研究所词典编辑室编:《现代汉语词典》(第5版),商务印书馆2005年版,第649页。
② 同上书,第172页。
③ 〔英〕理查德·威廉姆斯:《组织绩效管理》,蓝天星翻译公司译,清华大学出版社2002年版,第1页。转引自刘旭涛:《政府绩效管理:制度、战略与方法》,机械工业出版社2003年版,第96页。
④ 中国行政管理学会联合课题组:《关于政府机关工作效率标准的研究报告》,载《中国行政管理》2003年第3期。

理领域中的成就和效果"的一种概念工具,它是相关一些词汇如效率(efficiency)、效益(effectiveness)、生产力(productivity)、质量(quality)、效果(outcome)、责任(accountability)等难以系统、全面地界定"成就和效果"情况下出现的一种词汇,是以上各种概念内涵的一种综合①。美国的《政府绩效与结果法案》(Government Performance and Results Act, GPRA)直接将绩效所体现的结果(results)归结为产出(output)与结果(outcome)两个层面。英国政府绩效评估实践中,将绩效理解为经济、效率与效益三个方面,即"3Es"标准。英国国家审计署于2003年发布了《绩效审计手册》,提出"3Es"标准,并对其进行了解释。"经济性(Economy)是指对一项活动,在保证其质量的前提下,将其资源消耗降到最低水平;效率性(Efficiency),是指产品、服务或其他形式的产出与其消耗资源的关系,一项有效率的活动应该是在保证质量的前提下,以一定的投入实现最大的产出,或实现一定的产出使用最小的投入。效果性(Effectiveness)是指既定目标的实现程度,以及一项活动的实际效果与预期效果的关系。"②有学者认为,虽然绩效的内涵主要包括了这三个"E",但是为全面、系统的理解或有所侧重的理解,需要增加更多的"E",如公正(equity)、卓越(excellence)、企业家精神(entrepreneurship)、专业技术(expertise)、候选者资格(elect ability)等③。因此,绩效概念是一个内涵不断充实与丰富的概念,也反映了人们对其内涵认识的不断发展与深化。

(二)法律绩效的界定

在政治学、公共政策学、行政学以及行政管理学领域,常见的概念有"政府绩效"、"非营利部门绩效"、"组织绩效"、"政策绩效"、"团队绩效"、"管理绩效"、"公共部门绩效"等,当然因为考察对象以及侧重点有所不同,在各自的概念界定上也有差别。以"政府绩效"概念界定为例。臧乃康认为,运用"绩效"概念衡量政府活动的效果,所指的不单纯是一个政绩层面的概念,还包括政府成本、政府效率、政治稳定、社会进步、发展预期的含义在内④。周凯认为,政府绩效具体包括三个方面的内容:第一,经济绩效。它是政府绩效中的最核心的内容,是推进人口、经济与社会协调发展与良性互动的宏观经济政策的能力。

---

① 刘旭涛:《政府绩效管理:制度、战略与方法》,机械工业出版社2003年版,第96—97页。
② 罗美富、李季泽、章轲主编:《英国绩效审计》,中国时代经济出版社2005年版,第15页。
③ Isaac-Henry, Kester, Chris Painter and Chris Barnes(ed.)(1997), Management in the Public Sector: Challenge and Change(Second Edition), London: Thomson Business Press, p.84.
④ 臧乃康:《政府绩效的复合概念与评估机制》,载《南通师范学院学报》(哲学社会科学版)2000年第3期。

第二,政治绩效。它是政府绩效的根本内容。在市场经济条件下,政治绩效通常表现为制度安排与制度创新。第三,社会绩效。它是政府绩效的集中体现。社会绩效是政府推进社会的全面发展和进步之具体表现①。

在我国现行的法学学术研究中,还尚未出现"法律绩效"这个词并对其进行界定。在法学研究尤其是法理学研究中,有相近的这样几个词汇,"法律效力"、"法律效果"、"法律实效"、"法律效率"。我们先考察其基本内涵以及相互关系,再考察它与"法律绩效"的关系。

"法律效力指基于法律自身的特性所应当产生的支配力,简言之,法律效力指法律规范本应有的拘束力。"②法律实效"是指人们实际上按照法律规定的行为模式去行为,法律被人们实际遵守、执行或适用"③。法律效力与法律实效是两个既有联系又有区别的概念。法律效力属于法律规范的特征,属于"应然"之范畴;法律实效则是指人们实际行为的特征,属于"实然"之范畴。法律有效力表明法律在规定的时空条件下对它所规范的对象都应当有拘束力,不论该对象是否遵循。法律有实效,则是表明法律实际上得到实行以及实行的程度,是法律的实现,也就是人们按照法律规定的行为模式去行为。因此,可以说,法律效力是法律产生实效的根据;法律实效则是法律效力实现的结果。

法律效果一般是指法律通过实施而实现自己的社会目的、价值或社会功能及其程度。法律效果表明法律的社会目的得以实现,法律实现了立法者所追求的价值。从法律效果包括法定权利与义务的实现来说,法律效果包括法律实效。一般来说,法律实效是法律效果的前提,只有首先实现法律实效,才有可能实现法律效果。但是,法律效果与法律实效并不完全相同。在有些情况下,某些法律虽然有实效,即法律规定的权利义务得以实现,但却没有实现应有的法律效果,收效甚微,甚至事与愿违,法律实施的结果有悖该法的社会目的以及立法者的初衷④。

法律效益一般是指整个法律体系或某一法律部门、某一法律乃至某一法条、法律规范的社会效益(包括其经济效益)。它表明在实施法律过程中所取得的符合立法目的和社会目的的有益效果⑤。它和法律实效有一定的联系。法律实效是指法律在实施过程中所取得的实际效果,至于实施以后所产生的效果性质,则不是法律实效这一概念所能包含的。法律效益就是法律效力发生实效后

---

① 周凯主编:《政府绩效评估导论》,中国人民大学出版社2006年版,第2页。
② 郭道晖总主编:《当代中国立法》,中国民主法制出版社1998年版,第292页。
③ 张骐:《法律实施的概念、评价标准及影响因素分析》,载《法律科学》1999年第1期。
④ 同上。
⑤ 郭道晖总主编:《当代中国立法》,中国民主法制出版社1998年版,第303页。

所产生的社会影响,是对社会产生的有益效果。也就是说,法律效益是检验立法目的或检验立法的预期目的的合理性及其实现程度。

法律效率是指"法律效益与法律成本之比。它同法律效益成正比,而同法律成本成反比。投入的法律成本小、效益大,则法律效率高。"①所谓法律成本,一般包括立法成本、执法成本以及适用与遵守法律的成本,是法律制定、实施与遵守过程中社会资源的耗费。法律的效益与效率,是立法工作重视和追求的目标,也是法律价值的一个重要构成部分。

从上面分析来看,法律效力是指法律的约束力、拘束力,是规范本身具有的特性;法律实效、法律效果、法律效益等揭示的是法律实现的效果以及效果的性质;法律效率则是法律实现的效益与法律成本的比较。按照"绩效"概念的理解,法律绩效概念也内在的包含了以上诸多内容或层面。如果准确地界定它们之间的关系,可以这样概括:法律效力是法律绩效的基本前提;法律实效、法律效果、法律效益、法律效率则是法律绩效具体表现方式,是法律绩效的系统表征,即法律绩效表示法律实施后所达到的成就与效果。

二、法律绩效评估的界定

(一) 评估概念的界定

从语义学上讲,"评估"表示"评议估价;评价"②,与之相近的概念有"评定"(经过评判或审核来决定)③和"评议"(经过商讨而评定)④,皆是"评估"所采用的方式或途径。从汉语语义来看,"评估"和"评价"同义。但有学者认为,"评估"与"评价"意义有差别。如理查德·威廉姆斯认为,评价是对已经量化的评估标准进行判断,评估是对所做事情的量化⑤。王春福也认为,评价是对效果所作的判断,评估是对方案所作的分析⑥。

评估与评价的英文对应词有很多,常见的有 evaluate、estimate、value、appraise、appreciate、assess 等,表示估价、鉴定、定值和判断的含义。卓越分析认

---

① 郭道晖总主编:《当代中国立法》,中国民主法制出版社 1998 年版,第 307 页。
② 中国社会科学院语言研究所词典编辑室编:《现代汉语词典》(第 5 版),商务印书馆 2005 年版,第 1054 页。
③ 同上书,第 1054 页。
④ 同上书,第 1055 页。
⑤ "绩效评估是对所做事情的量化,绩效评价是对已经量化的绩效评估标准从价值和质量两个方面进行判断。"〔英〕理查德·威廉姆斯:《组织绩效管理》,蓝天星翻译公司译,清华大学出版社 2002 年版,第 118 页。
⑥ 王春福:《试论政策评估和政策评价的区别》,载《理论探讨》1992 年第 3 期。

为,evaluate 表示对事物价值进行准确的估计和计算,故 evaluate 较符合"绩效评估"的语义要求①。孟华主张将 assessment(assess 的名词形式)译作"评估",将 measurement(measure 的名词形式)、evaluation(evaluate 的名词形式)分别译作测量和评价。他认为评估是由测量与评价两部分组成的②。

笔者认为,评估与评价意义不存在差别,可视为同一种意义。"评估也称为评价,通常是根据一定的标准去判断某一特定系统的整体,或系统内部诸要素和环节的结构与功能的状态,以及判断系统产出的数量和质量水平及与预定目标的差距等基本情况,从而得到特定信息的过程。"③在英文中,根据表述的习惯,"performance measurement"、"performance evaluation"都可以表达为"绩效评估"。

(二)绩效评估概念的界定

绩效评估(performance measurement 或 performance evaluation)又译为绩效测定、绩效测评、业绩测评、绩效考评等,关于绩效评估的概念界定有多种,代表性的有以下几种观点:

第一种观点认为,绩效评估就是由绩效测量与项目评价两部分组成的,是"一些特定的评估活动的总称,它既包括将项目与活动的成就与预期目标或绩效标准相比较的日常测量活动,也包括将项目或政策的重要方面进行客观可信的定期的系统评价活动"④。

第二种观点认为,绩效评估是指"发展示标、收集资料以便描述、报告或分析绩效。"⑤

第三种观点认为,各种绩效指标都是用于衡量具体绩效水平的,比如效益、操作效率、生产力、服务质量、客户满意度和成本,而绩效评估就是"定义、衡量和运用这些指标的过程"⑥。

蔡立辉结合政府部门的绩效评估对绩效评估作了个界定,他认为,政府绩

---

① 卓越主编:《公共部门绩效评估》,中国人民大学出版社 2004 年版,第 7 页。
② 孟华认为,绩效评估是由绩效测量与项目评价两部分组成的。参见孟华:《政府绩效评估:美国的经验与中国的实践》,上海人民出版社 2006 年版,第 5 页。
③ 贠杰、杨诚虎:《公共政策评估:理论与方法》,中国社会科学出版社 2006 年版,第 21 页。
④ 孟华:《政府绩效评估:美国的经验与中国的实践》,世纪出版集团上海人民出版社 2006 年版,第 8 页。
⑤ Engaging Citizens in Achieving Results that Matter: A Model for Effective 21st Century Government, By Paul Epstein, Lyle Wray, Martha Marshall and Stuart Grifel. 转引自卓越主编:《公共部门绩效评估》,中国人民大学出版社 2004 年版,第 8 页。
⑥ 〔美〕西奥多·H.波伊斯特著:《公共与非营利组织绩效考评:方法与应用》,肖鸣政等译,肖鸣政校,中国人民大学出版社 2005 年版,第 4 页。

效评估就是根据管理的效率、能力、服务质量、公共责任和社会公众满意程度等方面的判断,对政府公共部门管理过程中的投入、产出、中期成果和最终成果所反映的绩效进行评定并划分等级①。

综合以上的观点,笔者认为,绩效评估就是指运用数理统计、运筹学等原理和特定指标体系,对照统一的标准,按照一定的程序,通过定量定性对比分析,对评估对象在一定时期的效益与业绩做出客观、公正和准确的综合评判。

在实践中,一般将绩效评估与绩效管理结合起来,甚至将绩效管理过程理解为绩效评估的过程。如美国国家绩效评估中的绩效衡量小组(performance measurement study team)对绩效管理作出了这样的界定:所谓绩效管理就是:"利用绩效信息协助设定同意的绩效目标,进行资源配置与优先顺序的安排,以告知管理者维持或改变既定目标计划,并且报告成功符合目标的管理过程。"简而言之,绩效管理是对公共服务或计划目标进行设定与实现,并对实现结果进行系统评估的过程②。我国也有学者认为,绩效管理是围绕绩效提高目标,界定组织目标、确定绩效目标、监测和反馈组织绩效状况,并对实现结果进行系统评估的过程。一般而言,绩效管理的程序包括制定绩效协议、制定绩效计划、持续性的绩效管理、组织改进绩效成就的阶段性评估。③ 在中国行政管理学会联合课题组的研究成果中,对政府绩效管理也给出了一个较为系统的解释。他们认为,所谓政府绩效管理,就是运用科学的方法、标准和程序,对政府机关的业绩、成就和实际工作作出尽可能准确的评价,在此基础上对政府绩效进行改善和提高④。

(三)法律绩效评估概念的界定

如前所述,如果将法律绩效理解为法律法规实施后所取得的成就与效果,则法律绩效评估就是对法律法规实施后所取得的成就与效果所进行的评价与估计。目前学术界很少关注法律绩效评估,相关的研究是关于法律评价、法律评估问题,与法律绩效评估有一定的联系。下面,我们来考察一下这几个概念之间的关系。

关于法律评价问题的研究,目前有一些成果,如辛旭东在其发表的《法律评价原则》一文中⑤,归结出法律评价的几项原则;黄竹胜在《法律评价的重新解

---

① 参见蔡立辉:《政府绩效评估的理念与方法分析》,载《中国人民大学学报》2002年第5期。
② 张成福、党秀云:《公共管理学》,中国人民大学出版社2002年版,第271页。
③ 参见胡宁生主编:《中国政府形象战略》,中共中央党校出版社1998年版,第924—925页。
④ 中国行政管理学会联合课题组:《关于政府机关工作效率标准的研究报告》,载《中国行政管理》2003年第3期。
⑤ 该文发表于《中国科技信息》2006年第2期。

释》一文中①,对法律评价的概念、特征作了阐释;董长春在其论文《法律评价的意义及其作用》中②,详细探讨了法律评价的概念、标准、类型及意义问题。综合起来,对法律评价概念有这样两种理解:

（1）法律评价指社会成员对法律规范、法律制度、法律活动、法律作用等法律现实所作的价值判断和在此基础上进行的价值设定与选择,反映主体需要与法律之间的某种肯定或否定关系③。

（2）法律评价是指:"社会主体对法律现象的认识活动形式,是社会主体自身基于自身需要而对法律现象的功能、价值、作用、含义等所作的事实、价值和审美判断与评定。"④

"法律评估"这个概念的使用,据笔者掌握的资料来看,应当是谢晖最早在《学习与探索》杂志上发表的《论法律实效》⑤一文中提出来的。谢晖认为,所谓法律评估是以法律实效为实证基础,而对法律制定后的效力期待与法律实效的关系比例所做的定量和定性的分析和评判。它分为定量的评估与定性的评估两个方面,前者是指人们对法律效力和法律实效之间关系比例的分析以及对法律制定之前社会秩序的数量统计和法律制定之后社会秩序的数量统计之间关系比例的分析;而定性的评估则产生于定量的评估之后,即在某一部法律的实效在定量评估的基础上,对其法律实效做出性质上的判断,比如该部法律是高效的法律、低效的法律、无效的法律或者甚至负效的法律等。

根据学界对"法律评价"与"法律评估"概念的分析,我们知道,法律评价是很宽泛的一个概念,它包括了法律评估,法律评估是法律评价的主要内容或方面;法律评价包括法律规范、法律制度、法律活动、法律作用等多项内容,而法律评估则是侧重于法律作用方面,尤其是以法律实效为其实证基础。但是我们看到,法律评价与法律评估都不仅涉及事实判断也涉及价值判断。从这层意义上来理解,法律评估可以理解为法律绩效的评估。

如果从前面关于"评估"与"评价"一词的定义来看,法律评价与法律评估应当是一个概念,不应加以区别。显然,以上关于"法律评估"一词的界定有点狭窄。同样,我们可以考察一下"政策评估"一词的用法。

---

① 该文发表于《法学论坛》2002年第4期。
② 该文发表于《江苏教育学院学报》（社会科学版）2002年第4期。
③ 张文显:《法哲学范畴研究》,中国政法大学出版社2001年版,第242页。
④ 黄竹胜:《法律评价的重新解释》,载《法学论坛》2002年第4期。
⑤ 谢晖:《论法律实效》,载《学习与探索》2005年第1期。

有学者总结"政策评估"概念的三种代表性的界定①：

第一种观点认为，政策评估主要是对政策方案或政策计划的评估。如英国学者理查菲尔德（N. Lichfield）认为，政策评估是一种"描述各种解决政策问题的方案，陈述各种方案的优劣点的过程"②。美国学者阿肯（M. C. Alkin）也认为："评估是一种过程，这个过程在于确定重要的决策范围，选择适当的资讯，搜集与分析这些资讯并形成有用的资料，作为决策者抉择适当的政策方案的基础。"③

第二种观点认为，政策评估的着眼点应是政策效果，即"政策评估是对政策效果进行的研究"④。美国学者托马斯·R.戴伊认为："政策评估就是了解公共政策所产生的效果的过程，就是试图判断这些效果是否是所预期的效果的过程，就是判断这些效果与政策成本是否符合的过程。"⑤

第三种观点认为，政策评估是对政策全过程的评估，既包括对政策方案的评估，也包括对政策执行以及政策效果的评估。简言之，政策评估是一种对政策运行全过程进行的分析与研究。美国著名政策学家斯图亚特·S.内格尔认为："公共政策分析可以定义为一个过程，即依照政策与政策目标之间的关系，在各种备选的公共政策或政府方案中，确定一个能最大限度地达到一系列既定政策目标方案的过程。这一定义引出了政策的四大要素：（1）目标，包括规范性约束和各目标的相对权重；（2）政策、项目、计划、决议、可选权、手段，或其他用以达到目标的方案；（3）政策与目标之间的关系，包括运用直觉、权威性典籍、统计数据、观测、推理、猜测和其他手段建立的关系；（4）根据目标、政策及其相互关系，得出应当选择哪一个政策或政策组合的结论。"⑥

从以上关于政策评估的几个概念可以看出，第二种意义的"政策评估"才是"政策绩效评估"的意义，就法律本质上是国家的公共政策的意义来理解，可以对"法律评估（价）"作出广义与狭义之界定：广义的法律评估（价）是对法律规范、法律制度、法律活动、法律作用等进行事实与价值判断与评定；狭义的法律

---

① 负杰、杨诚虎：《公共政策评估：理论与方法》，中国社会科学出版社2006年版，第21—24页。
② N. Lichfield, Evaluation in the Planning Process, Oxford: Pergamen Press, 1975, p.4.
③ M.C. Alkin, Evaluation Theory Development, in C. H. Weiss (ed.), Evaluating Action Programs, Boston: Allyn and Bacon Inc, 1972, p.107.
④ 张金马主编：《政策科学导论》，中国人民大学出版社1992年版，第240页。
⑤ 〔美〕托马斯·R.戴伊：《自上而下的政策制定》，鞠方安译，中国人民大学出版社2002年版，第203页。
⑥ 〔美〕斯图亚特·S.内格尔：《政策研究：整合与评估》，刘守恒、张福根、周小雁译，吉林人民出版社1994年版，第3页。

评估(价)也就是法律的绩效评估,是对法律法规实施成就与效果所作的事实与价值判断与评定。

三、法律绩效评估机制的概念

(一) 机制的含义

"机制"一词,在汉语中,原指"机器的构造和工作原理",后用来"借指有机体各部分的构造、功能、特性及其相互联系和相互作用",英文表述为"mechanism"。社会科学引入这个词之后,意义更为广泛,主要有三种解释:"一是指事物各组成要素的相互联系,即结构;二是指事物在有规律的运动中发挥作用、效应即功能;三是指发挥功能的作用过程和作用原理。"把三者综合起来,更概括地说,机制就是"带规律性的模式"[1]。

机制实质上揭示了机制构成主体之间的相互联系、相互作用的规律性过程。其内在逻辑关系是:机制构成主体之间的相互联系可看做是机制的静态关系结构;各主体之间的相互作用可看做是机制的动态表现形式;这种相互联系和相互作用具有稳定性和规律性,并将会产生相应的功能作用;机制的功能作用一般情况下应当大于或优于不同主体(或各个组成部分)功能作用的简单相加之和。由于这种逻辑关系在机制运作过程中将会循环往复出现,体现出一定的规律性,因而机制是一种稳定的运作模式[2]。

(二) 法律绩效评估机制的内涵

根据前面对法律绩效评估概念的理解,笔者认为,法律绩效评估机制也就是法律绩效评估的稳定的可操作性的运作模式,这实际上揭示了法律绩效评估的程序运作制度。

我国近几年兴起的法律绩效评估,实践中没有统一的法律绩效评估机制可以遵循,但大体上可以分为三个阶段:第一,评估信息收集阶段。评估调研组通过各地总结、发放调查问卷、召开专题座谈会、实地考察等多种形式,广泛收集对某一立法项目的意见和建议。第二,评估信息整理分析阶段。评估调研组对收集到的各种材料、信息进行整理与归纳,并运用定性与定量的方法进行分析。第三,调研报告形成阶段。评估调研小组最后完成评估报告,该评估报告阐述了评估结论,全面总结了评估工作中存在的问题,并提出完善法案的建议与意见。

---

[1] 郑杭生主编:《社会学概论新编》(修订本),中国人民大学出版社1998年版,第40页。
[2] 沈荣华:《政府机制》,国家行政学院出版社2003年版,第3—4页。

美国国家生产力中心建立的业绩评估七步骤,在程序的规范化上作出了尝试,运用到法律绩效评估上来,包括如下内容:

(1) 鉴别要评估的项目。也就是说,评估主体首先要确定评估的立法项目,包括具体的立法制度及其规定,了解其实施状况。

(2) 陈述目的及其所欲取得的结果。明确该项法律项目评估的目的、目标。不仅如此,作为评估主体还要知晓该法律项目的立法意图与基本目标,只有清楚地了解该立法项目的目的,才能够测评该项目的业绩,即它的实施状况与立法目的比较而呈现的结果。

(3) 选择衡量标准或指标。"一个好的评估体系采纳几项指标以度量结果和业绩。大多数建立了业绩评估体系的政府项目纳入了上述指标:投入、能力、产出、结果、效率和生产力。"①也就是确定该立法项目评估的指标体系。选择合适的指标体系,能够准确、客观、公正地反映项目评估的结果。

(4) 设立绩效和后果的目标。在这个步骤里,公众和公共部门管理者需要明确什么样的条件下项目目的和目标应该达到。公众和管理者们需要确定服务有效性和质量对一个具体项目来说意味着什么,并明确表示他们将如何决定所陈述的有效性及质量标准是否达到。

(5) 监督结果。每一项达到的目标应当基于管理部门和工作人员提供服务及接受服务的公民角度而被连续不断地得以监督,监督为公众和管理者提供的业绩目标是否达到所需的结果。系统的、周期性的监督为公众和管理者提供了追踪项目运作并采取纠正措施的机会。

(6) 绩效报告。一个良好的绩效测评系统应该定期报告项目结果。《政府绩效与结果法案》要求每一个联邦机构提交组织的五年战略计划,同时每年需要提交绩效报告给预算与管理局和国会。

(7) 使用后果和绩效信息(分析和行动)。一个有效的绩效评估体系的信息被定期运用到项目计划中,以便重新评价目的和目标,并调整重点;另外采用评估结果的信息来连续不断地改善项目操作和结果。一个建立了良好的绩效测评的系统应当让公众和管理者能够发现项目或服务的长处或改善的机会,而且可以找到项目的弱点和不足之处。②

在我国法律绩效评估的实践中,法律绩效评估机制基本上分为三个阶段。第一阶段:评估的启动和准备。该阶段首先要确定评估的目标和标准,其次是

---

① 〔美〕阿里·哈拉契米主编:《政府业绩与质量测评——问题与经验》,张梦中、丁煌译,中山大学出版社2003年版,第42页。

② 同上书,第41—43页。

确定评估的方法和评估方案,再次确定评估的内容并制作评估问卷和调查图表,最后确定参加评估或者数据采集的对象。第二阶段:评估的实施。根据评估方案具体实施评估,进行数据采集和开展有关调查,召开由专家、执法机关、群众代表参加的座谈会、研讨会。第三阶段:对采集的数据进行分析整理。运用科学的分析方法对调查数据进行比较分析和评价,形成评估结论。根据评估结论进一步建议设置新的立法项目、修改和废止现有法律法规或建议修改或废止现有法律法规。在2006年福建省人大常委会法工委启动《福建省青年志愿服务条例》评估过程中,明确评估分为三个阶段[1]:评估信息收集阶段。评估调研组通过各地总结、发放调查问卷、召开专题座谈会、实地考察等多种形式,广泛收集对《青年志愿服务条例》的意见和建议,调查了解了《条例》对福建省青年志愿服务事业的推动作用以及志愿服务在构建和谐社会中的作用。评估信息整理分析阶段。评估调研组对回收的近四千份问卷以及调研中收集到的其他材料进行整理和归纳,并运用定性为主、定量为辅的方法进行分析。调研报告形成阶段。调研报告阐述了评估结论,全面总结了首次评估工作的经验与不足,提出了需要进一步思考的问题。

根据各国法律绩效评估活动的经验以及我国的实践,笔者认为一个完善的法律绩效评估机制包括这样几个环节:

第一,法律绩效评估活动的启动。内容包括法律绩效评估活动是通过什么样的方式启动的,立法主体在其中起到了什么作用,是立法部门自己决策而启动了法律绩效评估还是社会主体提出了广泛的意见和建议而被政府部门采纳从而开展了法律绩效评估。法律绩效评估活动的启动是法律绩效评估机制发生的开端。

第二,法律绩效评估活动的准备。这个准备环节就是确定评估方案。评估方案的内容包括法律绩效评估主体的确定、法律绩效评估对象的选择、法律绩效评估标准的设置以及法律绩效评估方法的拟定等。

第三,法律绩效评估活动的实施。这是法律绩效评估机制的重要环节,是法律绩效评估活动过程的重要阶段。在这个阶段主要有三个方面的内容:一是采集或收集法律绩效评估所需要的相关信息;二是要对收集的信息加以分析与整理;三是在分析获得的法律绩效信息基础上撰写评估报告。

第四,法律绩效评估结果的回应。一个完善的法律绩效评估机制应包括这个阶段,它不是为单纯的法律绩效评估而进行法律绩效评估,而是在于对现行立法完善所发挥的作用与价值。可以说这个阶段是法律绩效评估的终极价值

---

[1] 付任妍:《福建:首次启动立法效果评估机制》,载《人民之声报》2006年第21期第1版。

追求与归宿。缺少这个环节，法律绩效评估机制就不完善。在这个阶段，主要考察法律绩效评估结果回应的三种方式，即法律绩效评估结果回应之法的修改、法律绩效评估结果回应之法的废止以及法律绩效评估结果回应之法的创制。

第二节 法律绩效评估兴起的动因及其功能

"法律绩效评估"又称为"立法后评估"、"立法回头看"，是在法律法规制定出来实施一段时间以后，由立法部门、执法部门及社会公众、专家学者等主体，采用定性与定量的分析方式，了解法律法规实施后取得的成就，发现法律法规实施中存在的问题，分析法律法规中各项制度设计的合法性、操作性和针对性，从而得到科学客观的反馈信息，并针对法律法规自身的缺陷及时加以矫正和修缮，从而更好地发挥法律法规的规范作用。近几年来兴起的法律绩效评估并非偶然，是我国法律制度建设过程中必然存在的一种社会现象，它的兴起是由其在当代中国特定的功能所决定的。

一、法律绩效评估兴起的过程

广义地理解，法律绩效评估制度包括法的清理制度、法规规章备案审查制度、人大执法检查制度、法规的批准制度等。"法的清理是指法定有权的国家政权机关，在自己的职权范围内，按照一定的方法，对一国现存的规范性法的文件进行审查，解决这些规范性法的文件是否继续适用或是否需要加以变动（修改、补充或废止）问题的专门活动。"[①]法规规章备案制度是将法规规章文本报送相应的有权机关，让其备查的程序制度，包括报送、登记、统计、存档等环节。备案不影响法律的生效，是一种重要的事后监督形式[②]。人大执法检查制度是由我国人大常委会和人大专门委员会对行政、司法机关实施法律的情况进行定期或不定期的检查监督，是权力机关监督的一种方式。法规批准制度是指有关主体制定的法规范性文件需经特定主体的批准才能生效的法律制度。根据我国的《宪法》、《立法法》、《民族区域自治法》等的规定，省、自治区人民政府所在地的市、经济特区所在地的市和经国务院批准的较大的市人大及其常务委员会（《立法法》统称之为较大的市）制定的地方性法规，须报省、自治区的人大常委会批

---

① 周旺生主编：《立法学》，法律出版社2000年版，第662页。
② 曹康泰：《中华人民共和国立法法释义》，中国法制出版社2000年版，第210页。

准后施行。自治区的自治条例和单行条例,报全国人大常委会批准后生效;自治州、自治县的自治条例、单行条例,报省、自治区人大常委会批准后生效。

这些制度在我国法律实践都存在,也都发挥了一定的作用,并有相关的制度规则加以保障,如1979年11月五届全国人大常委会第十二次会议通过了《关于中华人民共和国建国以来制定的法律、法令效力问题的决议》、1987年全国人大常委会办公厅和国务院办公厅联合发出了《关于地方性法规备案工作的通知》、1987年11月六届全国人大常委会第二十三次会议通过了《关于批准法制工作委员会关于对1978年以前颁布的法律进行清理情况和意见报告的决定》、1990年国务院颁布的《法规规章备案条例》、1993年八届全国人大常委会通过了《关于加强对法律实施情况检查监督的若干规定》、2000年全国人大制定的《立法法》、2001年国务院修订的《法规规章备案条例》等都对我国法的清理制度、法规规章备案审查制度、人大执法检查制度、法规批准制度作了规定。2004年5月,全国人大常委会法工委设立"法规备案审查室",这是中国第一个受理规范性法律文件审查的专业机构。"法规备案审查室"的设立,把规范性法律文件纳入宪政体制的审查中,成为中国违宪审查制度的新开端。2005年十届全国人大常委会第四十次委员长会议完成了对《行政法规、地方性法规、自治条例和单行条例、经济特区法规备案审查工作程序》和《司法解释备案审查工作程序》的修订,为进行建立健全法规和司法解释备案审查制度奠定了程序基础。可以说,根据法律绩效评估含义的理解,以上这些都是法律绩效评估的内容和方式。

不过狭义的理解,法律绩效评估一般是指近几年兴起的一些地方立法部门对自己本部门制定的一项或几项立法开展了"立法回头看"工作,就是要求立法机关对法规实施情况进行调查研究,了解法规实施后取得的成就,并发现法规实施中存在的问题,分析法规中各项制度设计的合法性、操作性和针对性,从而得到科学客观的反馈信息,以便及时修改完善法律制度,更好地发挥法律法规的规范作用。

2004年,云南省人大法制委员会组织有关机构的人员对该省制定的《邮政条例》、《广播电视管理条例》、《农村土地承包条例》开展了法律绩效评估工作;甘肃省人大常委会也先后对本省《麦积山风景名胜区保护管理条例》和《农机管理条例》等实施情况进行了跟踪问效评估;山东省人大法制委员会也组织有关部门人员对《私营企业和个体工商户权益保护条例》、《产品质量法实施办法》、《法律援助条例》和《就业促进条例》进行了法律绩效评估工作;重庆市人大常委会专门组织地方性法规评估课题研究组,对本市制定的《林业行政处罚条例》、《职业介绍条例》、《人才市场管理条例》、《产品质量监督管理条例》等进行评估研究;2005年,北京市人大常委会法制办组织有关部门人员对《北京市实施〈中华人民共和国水污染防治法〉办法》、《宗教事务条例》和《城市规划条例》进行了"法律绩效评估";上海市人大常委会也选取了《历史文化风貌区和优秀历史建筑保护条例》等进行了专项评估活动。其后,安徽省、海南省、深圳市等很多地方人大都相继开展了法律绩效评估工作。2006年,国务院法制办对《艾滋病防治条例》、《劳动保障监察条例》、《信访条例》、《蓄洪区运用补偿暂行办法》、《特种设备安全监察条例》、《个人存款账户实名制规定》六件行政法规的实施情况开展了法律绩效评估的试点。可以想见,在不久的将来,全国各个地方享有立法权的主体(不仅指地方人大也可能包括地方政府)甚至中央立法主体(如全国人大常委会)也会陆续开展法律绩效评估工作,并且它将作为一种规范化、制度化的措施在我国逐步建立。

从我国现行法律绩效评估的情况来看,具有以下几个典型特征:

(1)评估主体的内部性。法律绩效评估的主体一般是由立法机关的人大常委会或人大专门委员会组织进行的,政府机关的立法评估一般是由政府的组成机构即法制部门进行的。如山西太原市立法评估小组是由市人大各专门委员会组织实施,法制委员会与其他委员会调研,市政府有关部门予以配合;上海市人大开展的立法评估主要是市人大常委会组成立法评估小组;安徽省法制办会同省政府有关部门对省政府规章进行立法评估等。

(2)评估对象的特定性。现行的法律绩效评估针对的是特定的部门法,而不是对法的整体或某一类立法所进行的评估。如云南省人大选取该省制定的《邮政条例》、《广播电视管理条例》、《农村土地承包条例》开展了法律绩效评估工作;甘肃省人大常委会选取本省《麦积山风景名胜区保护管理条例》和《农机管理条例》等实施情况进行了跟踪问效评估等。

(3)评估的依据主要是实践调查的结果。实践调查的方式方法多种多样,问卷调查、座谈会、实地调研等是普遍采用的方式。如云南省人大法制委员会和云南电网公司就《云南供用电条例》制作了调查问卷,并下发到全省各供电局征求意见。在调研过程中,调研组还先后到了云南省一些地方,召开由当地人大、经贸委、林业局等有关部门和当地供电部门等参加的座谈会,其方式是问卷调查与座谈会相结合。

(4)评估的内容主要集中在合法性、可操作性和针对性等方面。如云南省人大将法律绩效评估的重点确定在四个方面:法规实施后取得的成效,法规实施过程中存在的问题及改进的建议,法规实施中是否发现与上位法有抵触的地方,法规的有关规定是否符合实际、是否具有针对性和可操作性。上海市人大常委会对《历史文化风貌区和优秀历史建筑保护条例》进行评估时,围绕两个重点:一是法规实施的绩效,包括上海的历史文化风貌区和优秀历史建筑的保护情况,以及法规所取得的社会和经济效益;二是法规中各项制度设计和程序规定是否需要进一步完善等。

二、法律绩效评估兴起的动因

我国近几年兴起的法律绩效评估,遵循着一条普遍的规律,先是从某一个地方开始,后被其他地方效仿;先从地方性法规立法评估开始,后到政府机关的立法评估;先从地方立法评估开始,后到中央立法的评估,最后形成了各种等级、层次立法的评估潮流。这是我国法治建设过程中的必然现象,促成这一现象产生的动因有:

第一,"立法后"时代的来临与立法工作重心的转移,使立法部门逐步认识到,对现有的立法进行评估的重要性。党的十三大以及党的十四大报告中都提出了建设有中国特色的社会主义法律体系以及建设社会主义市场经济法律体系的问题,经过十几年的努力,有中国特色的社会主义法律体系以及社会主义市场经济法律体系已初步建立。"经过历届特别是十届全国人大及其常委会的持续努力,我国现行有效的法律已近230件,在十届人大任期内,中国特色社会主义法律体系基本形成的立法目标如期完成。"①故有学者认为,我国立法进入了"后立法时代"。也就是说,"随着法律体系的不断健全,中国未来的立法工作主要面临的将不是新法的制定,而是大量法律法规的废、改工作。由此,立法评估作为'二次立法',理应提到立法工作的重心"②。因此进入后立法时代重要的特征就是我国立法工作重心的转移,从过去强调新法的创制到现在强调对现有法律的修改、补充与废止。盛华仁在《关于第十届全国人民代表大会第三次会议代表提出议案处理意见的报告》指出,全国人大会议第三次会议中人大代表提出的法案中,"提出制定法律的有452件,占总数的45.6%;提出修改法律的有539件,占总数的54.4%"。在提出制定法律的452件法案中,有很多件提案内容是一样的,比如关于制定村民委员会选举法的提案就有15件、关于劳动教养立法问题的提案就有6件等。实际上,绝大多数提案还是关于法律修改的提案。从2004年的立法情况来看,"全国人大通过了现行宪法第四个修正案,全国人大常委会制定了两部法律,修改法律14部,作出法律解释2件,作出

---

① 吴坤:《立法:中国法律体系基本形成》,载《法制日报》2007年12月30日第3版。
② 高勇:《法规质量评估,走向地方立法前台》,载《人民之声报》2006年7月13日第44期第4版。

有关法律问题的决定3件。"①2005年,全国人大常委会通过的十部法律中,实际上涉及法律修改就有7部,法律修改成为了我国全国人大及其常委会立法工作的重心任务。不仅如此,对地方立法主体而言,对现行法律的修改也是立法工作的重心任务。2004年,"全国31个省级人大及其常委会、45个较大的市、7个经济特区以及30个自治州、120个自治旗和自治县共233家地方立法机关一共制定了近1800件地方性法规、自治条例和单行条例。其中新制定约400件,修改1200多件,以决定形式废止约150件。"②因此,对我国立法主体而言,主要任务不是去创制新法,而是对现行的法律法规进行反思,考察它的实际效果,根据其运行情况对其加以修改、修正。而对法律法规的反思、对法律法规实际效果的考察、对现行法律法规部分条文的修改与补充等,离不开法律绩效评估这项基础性的工作。

第二,"法律冲突"现象越来越普遍,需要积极探索发现及解决法律冲突的新机制,法律绩效评估制度的产生正是适应了这一现实需求。在我国目前这种"一元两级多层次的立法体制"状况下,立法主体的数量越多,立法的数量也就日益增多,"如何协调不同时期和由不同部门所制定的法规之间的矛盾和冲突,是我们始终面临的一个难题。"③又因为地方或部门"本位"利益的立法倾向,法律冲突的产生便很难避免。法律冲突现象的发生不仅破坏了宪法所确立的"法制统一"原则,而且造成司法适用的难度,直接损害法制的权威,还会对社会主体的权益造成直接的侵害。法律绩效评估制度的确立,无疑是一种发现并预防法律冲突的有效途径。通过绩效评估,发现法律冲突,从而启动法律修改机制,从立法上加以协调。

第三,法律与现实生活的脱节,需要有效的制度保障法律与社会现实的协调,法律绩效评估便是有效的保障措施。法律的生命在于实施,正如吴邦国委员长在十届全国人大常委会第五次会议上强调指出:"立法的目的在于实施。法律制定出来以后,不是让人看的,更不能变成只是在书架上摆摆的本本,而应该也必须成为依法治国的基础,成为依法行政、公正司法的准绳,成为全社会成员一体遵循的行为规范。"然而从法律的运作情况来看,立法工作并不是"一劳永逸"的工作,它不可能做到与现实的"天衣无缝",更重要的是,随着社会的发展、环境的变化,立法部门需要对静态性的法律规范进行校正,弥补法律出现的

---

① 中国社会科学院法学研究所编:《中国法治发展报告》,社会科学文献出版社2006年版,第37页。
② 同上书,第25页。
③ 朱玉龙:《建立地方性法规立法评价机制》,载《中国人大》2005年第12期。

漏洞。发现法律漏洞并进而提出漏洞补充的措施,这是立法者所要做的工作。问题是确立什么样的法律漏洞发现机制?法律绩效评估无疑为此提供了一条有效渠道,它能够对法律的缺陷、可操作性、适应性等进行全方位的检测,以及时发现漏洞并修缮,以实现法律价值的最大化。

第四,实践是检验立法质量的根本标准,而对立法的实际效果进行科学评估是判断立法质量高低的必要手段。过去我们常常把"立法"作为法治的目标来理解,把年度立法的数量作为法治建设的成就。但是,法律到底产生了什么样的效果、后果呢?如法律是否对社会产生了规范作用,有多少人了解或理解这部法律,法律在多大程度上改变了人们的行为模式,在纠纷发生时,又有多少人诉求法律来解决,人们对裁判的依赖程度如何,有多少裁判得到了有效的执行等,这不是"立多少件法"能够解决的。而是只有了解了它具体的实施状况,对其实施效果进行评估才能得到的。另一方面,我们可以从制度与技术的完善角度保障制定出来的法是良法,是高质量的法,但是它还仅仅是处于"法律效力"阶段,需要将它付诸实施,并考察它的实际效果即"法律实效"。真正的良法,高质量的法是通过实践检验出来的。而建立科学、合理的法律效果的评定机制,才能对法的质量高低做一个公正、公允的评价。法律绩效评估机制无疑提供了这样一个有效的手段,它在法律法规实行一段时间之后,从社会肌体中抽取一定量的"标本",对法律实施的过程、实施效果以及法律所面临的新问题进行有步骤的"化验",发现立法的差距与欠缺,从而提高立法的质量和决策水平。"对法规效果的评估,事实上就是对立法质量的检验。它不仅会引起全社会对立法质量的关注,更会促使立法机关自觉摆正位置,主动查找问题,不断改进和完善立法,提高立法工作的针对性和可操作性。"[①]

三、法律绩效评估的意义与功能

法律绩效评估制度尤其是近几年来的"立法回头看",之所以在当今中国产生深远的影响,与其在我国现实生活中发挥的重要作用与功能分不开,尽管这种功能在法律存在的地方都会有所显现,但是在我国有特色的法律体系已经初步建立,步入"后立法化时代"的情况下,它的意义与功能得以更加突显。

(一)法律绩效评估是决定法律保留、修改或废止的重要依据

法律绩效评估的直接目的是通过对法律法规实施效果的评价,总结立法经验,发现立法问题,为法律法规的进一步完善提供服务。法律法规的完善路径

---

① 徐平、陈美华、林纯青:《立法效果评估的几点思考》,载《中国人大》2006 年第 5 期。

主要有三种：(1) 法律保留。通过法律绩效评估，立法机关了解了该法律法规的规定合理，可操作性强，不违背宪法与上位法，社会主体对该法律的"公众满意度"高，实践中取得的效果也很明显，而且有继续发挥作用的必要，在这样的情形下，立法机关可以对该法律法规予以保留，继续适用。(2) 法律修改。通过法律绩效评估，立法机关了解到该法律法规的实施中存在的一些问题，尤其是涉及该法律实施中的一些立法问题，诸如法律规定不合理、操作性不强、有与宪法或上位法相冲突的条款等，这些都属于立法技术或立法主体对事物的认识问题，针对这些问题，立法机关启动法律修改的程序，对该法律法规进行完善，发挥它的更大作用。(3) 法律废止。也可以说是法律终止，即完全终止法律的适用，终结该法律的使命。法律废止有两种情形：一是法律的立法意图、立法目的已经实现，该法律法规的历史任务已经完成，没有再继续存在的必要，成为一种摆设，因此需要加以废止；二是社会情势发生重大变化或已证明该法律法规存在严重缺陷，法律修改已无法满足这种需要，只有制定新的法律法规来代替，这种情形下该法律法规也只有终止。无论发现哪一种情形，科学的态度应是通过对法律法规进行全面的评估与检测，在此基础上，立法机关对法律法规作出保留、修改或废止的决策。

(二) 法律绩效评估是检验立法主体决策质量与水平的基本途径

法律绩效评估是对立法质量的检测，也就是对立法主体决策质量和水平的检测。"社会成员要求的目的既在于确定政府社会价值分配的公正程度，也在于借此判断政府公共政策能力的高低。"[①]立法主体出台每一部法律法规，都有其确定的立法意图与目的，也是为了实现一定的立法目标，否则，立法主体出台这样的立法没有任何意义。然而其立法意图与目的是否能够真正地得以表达，立法目标能否有效地实现，通过法律绩效评估就可以对其有个完整准确的了解。同样社会主体也可以借此对各级各类的立法主体出台的法律法规加以衡量与评价，以此评判决策部门的质量、水平及其立法能力。另一方面，社会资源是有限的，立法资源也是有限的，这些有限的资源在不同的社会主体间如何分配，都是国家享有立法职能的机关必须考虑的问题，公众可以通过法律绩效评估对政府进行的社会资源尤其是立法资源分配的公正性进行拷问，从而对这些机关的社会公信力、基本责任能力作出科学评判。

(三) 法律绩效评估可以改善政府与公众的关系，提升政府形象

我国的立法主体主要有两大类型，一类是全国人民代表大会及其常委会以

---

① 张国庆主编：《公共政策分析》，复旦大学出版社 2004 年版，第 397 页。

及享有立法权的地方各级人民代表大会及其常委会,狭义的理解为"立法机关";另一类是享有立法权的国家行政机关如国务院、省、自治区、直辖市人民政府以及较大的市人民政府等。第一类主体是由人民选举的代表组成的,在某种程度上它能表达广大公众的意志;第二类主体则是代议机关产生的国家行政机关,它在公众意志表达方面,则具有间接性。社会主义民主体制要求我国立法主体应扩大公众的参与,改善政府与公众的关系。当然在立法过程中可以采取一系列措施扩大公众的参与,我国已经有一定的制度与措施。但在法律效果的评估方面也需要强化公众的参与,近几年我国地方的法律绩效评估已经有这样一个倾向,广泛地吸收公众参与立法效果评估,采用问卷调查、群众走访等形式,广泛听取公众的意见,正是因为公众积极而广泛的参与,才能够真实地反映法律绩效的客观而真实的状况。实践表明,如果把法律绩效与公众参与结合起来,某些不受欢迎的措施也可能得到公众的理解。而且公众参与法律绩效评估,也是一种对公共事务的参与,能够建立与巩固对政府的信任。"尽管绩效评估有时会暴露政府不足,但这也不一定会损害政府部门的形象,因为它同时让公众看到了政府为提高绩效而做出的不懈努力。"①

(四)法律绩效评估是宣传法律的重要途径,可以有效提高公众的法律意识与水平

公众广泛参与法律绩效评估,不仅让政府部门可以有效获得法律绩效真实、客观的信息,同时,它也是有效的法律宣传手段。在法律绩效评估活动中,一方面公众乐意将自己对法律实施的真实感受表达出来;另一方面公众希望能与不同的看法与观点进行交流,甚至在一定程度上修正自己对法律的认识;再者公众希望自己的看法能够得到政府的回应,能够在法律的保留、修改或废止中感觉自己观点的吸纳,从而对自己的参与有一种自豪感。在这样的过程中,可以说是公众广泛的学习法律、了解法律,参与的人越多、越广泛,它作为法律宣传的手段也就更为有效,同时可以说,在这个过程中它也发挥了有效提高社会公众的法律意识水平的作用。

(五)法律绩效评估为提升立法部门的组织绩效考核提供依据,同时将法律制定与执行有力的结合起来

过去我们讲法律制定部门与法律执行部门存在一定程度的脱节,主要表现在法律制定部门以制定多少件法律文件作为自己组织绩效考核的依据,将法律检查重点放在执行环节上,而不过问法律本身的制定质量如何。法律绩效评估

---

① 周凯主编:《政府绩效评估导论》,中国人民大学出版社2006年版,第23页。

活动有望扭转这一局面,促使法律制定部门与法律执行部门等有机结合。通过真实有效的法律绩效评估,可以为立法部门比较全面客观地把握一段时间以来工作业绩,为提高本部门的组织绩效考核提供依据。美国戴维·奥斯本和特勒·盖布勒在《改革政府》一书中概括了评估的基础作用:测量能推动工作;若不测定效果,就不能辨别成功还是失败;看不到成功就不能给予奖励;不能奖励就有可能是在奖励失败;看不到成功,就不能从中学习;看不到失败,就不能纠正失败;展示成果,能赢得管理公众支持。"评估是绩效管理的一个关键环节,如果无法衡量,就无法改善,除非能在绩效目标实现程度的衡量方法方面取得共识,一切确定绩效目标或标准的努力都是徒劳无益的。"[1]同时,通过法律绩效评估活动,还可以检测法律执行部门的执行情况,检测法律本身制定的质量,从而促使法律制定部门不断提高自身素质与立法技术水平,注重立法的质量与可操作性,注重立法实施的执法资源配备情况,因此,在立法环节,立法部门就应注重立法与执法、守法等的有机结合。

（六）法律绩效评估有助于国内法与国际条约、国际惯例的接轨

2001年我国正式宣布加入世贸组织,同时履行承诺遵守有关贸易规则。这些年,我国签署了大量的国际条约,它们已构成了我国国内法的重要组成部分。但是我们发现国内法的很多规定与国际条约不接轨,在加入国际条约过程中缺少对国内法的审视与评估。以2005年我国加入的国际民航组织《蒙特利尔公约》为例,按照《公约》的规定,国际航空旅客伤亡赔偿限额在航空公司免责的情况下提升至约13.5万美元(折合人民币109万元),但《蒙特利尔公约》规定的这一赔偿标准并不适用于国内航线,国内航空旅客的伤亡赔偿限额仅为7万元人民币。两者相比,外国人比中国人多获得十几倍的赔偿。同样,在航班延误方面,国际航班的每名旅客可获得的最高赔偿约为五千美元,而国内航班却不执行此《公约》。国内法与国际公约规则的不接轨不仅损害中国的国际形象,而且会损害中国国家与公民的权利与利益。笔者认为,中国在宣布加入国际条约时,应对相关的国内立法进行法律绩效评估,视情况对国内相关立法进行立、改、废,以与国际条约、国际惯例相一致。

---

[1] 胡宁生主编:《中国政府形象战略》,中共中央党校出版社1998年版,第1022页。

第三节 法律绩效评估理论的研究现状

法律绩效评估起源于20世纪80年代以美国为代表的西方国家的绩效改革实践,在我国则兴起于21世纪初首先发于地方政府规章的绩效评估。随着绩效改革实践的不断深入,法律绩效评估理论逐渐得到学界的关注并形成研究热潮。目前,我国需要进一步推动该领域的研究,以为我国法律绩效改革实践提供理论先导。现就我国法律绩效评估理论的研究现状进行简要描述与评价。

一、法律绩效评估概念的研究

法律绩效评估,也称为"立法后评估"、"立法实施效果评估"、"立法回头看"、"法律跟踪问效评估"、"立法效果评估","一般是指在法律法规实施一段时间以后,对法律法规的实施效果、功能作用以及存在的问题,进行跟踪调查和综合评估,其目的是为法律法规的修改和完善提供依据,不断改进立法工作,提高立法质量和立法水平。"[①]薛刚凌认为,法律绩效评估就是立法跟踪评估,就是要提供一个有效的平台,以对法律规则的可操作性、可接受性以及规避执行的原因等方面进行全面的调查,及时发现问题和解决问题[②]。还有学者认为,法律绩效评估就是"立法回头看"。法律绩效评估是一个重要过程,在这个过程中,立法机关将对法规实施情况进行调查研究,了解法规实施后取得的成效,并发现法规实施中存在的问题,分析法规中各项制度设计的合法性、可操作性和针对性,从而得到科学客观的反馈信息,以便及时修改完善法律制度,更好地发挥法律法规的规范作用[③]。

以上关于法律绩效评估概念界定的特点在于:

第一,强调法律实施后的效果的评估,即事后评估,它是整个法律评估的一个阶段或部分内容;

第二,强调立法效果评估的内容是立法规定的科学性、合理性,即对法律法规中各项制度设计和程序规定是否存在问题进行重点评估;

第三,强调法律实施效果评估的意义与价值在于完善立法,法律效果评估

---

① 熊艳峰:《浅议立法后评估的制度化》,载《长沙民政职业技术学院学报》2006年第2期。
② 薛刚凌:《立法跟踪评估应制度化规范化》,载《法制日报》2005年8月15日。
③ 直言:《立法后评估"回头看"应成为一项制度》,载《检察日报》2006年2月7日。

不仅要反映立法所存在的问题与缺陷,还要建立反馈机制,为该法律法规的完善提供决策依据。

我国学者在使用法律绩效评估概念之前,有相关的一些概念如法律评价、法律评估、立法评估等。

严存生认为,法律评价是人们依据某种价值标准对某一法律的好坏及其程度的价值判断①。黄竹胜认为,法律评价可界定为:"社会主体对法律现象的认识活动形式,是社会主体基于自身需要而对法律现象的功能、价值、作用、含义等所作的事实、价值和审判判断与评定。"②张文显认为,法律评价,是社会成员对法律规范、法律制度、法律活动、法律作用等法律现实所作的价值判断和在此基础上进行的价值设定与选择,反映主体需要与法律之间的某种肯定或否定关系③。

以上对"法律评价"的界定,主要侧重于对法律的价值评估,但法律又包含更多内容,立法只是其中的一个方面,但即使涉及立法评估,依以上的定义,也是强调立法的价值判断与评价。这与前面讲的法律绩效评估概念的内涵显然有所不同,但有交叉的部分,即法律绩效评估也有价值评估的内容。

有学者提出法规评价以及提倡建立法规评价体系。佘绪新、李小娟认为,法规评价,就是通过对法规进行系统分析,力图达到精确化处理的一种方法,其目的是实现法规的优化。他们进而提出建立法规质量评价体系。所谓法规质量评价体系,是指已制定的法规质量是否符合立法质量标准,对其作用和效果进行评估的一种系统的工作制度和工作机制④。虽然法规评估的对象主要是针对地方性法规而言,但法规评价的内涵涉及立法质量的评估内容,可以说,它也是法律绩效评估的概念的应有内涵。

另外与法律绩效评估相关的一个概念,是"法律评估",据笔者掌握的资料,该提法最早是谢晖在《学习与探索》杂志上发表的《论法律实效》⑤一文中提出来的,后来在其主编的《法理学》⑥教材中对该理论进行了进一步阐发。谢晖所界定的"法律评估"很接近于我们所说的"法律绩效评估"或"立法后评估"。但是根据"评估"、"评价"一般意义上的理解,"法律评估"与"法律评价"具有同样

---

① 严存生:《法律的价值》,陕西人民出版社1991年版,第207页。
② 黄竹胜:《法律评价的重新解释》,载《法学论坛》2002年第4期。
③ 张文显:《法学基本范畴研究》,中国政法大学出版社1993年版,第230页。
④ 佘绪新、李小娟著:《地方立法质量的对策和体系研究》,载周旺生主编:《立法研究》第2卷,法律出版社2002年版,第533—534页。
⑤ 谢晖:《论法律实效》,载《学习与探索》2005年第1期。
⑥ 谢晖、陈金钊:《法理学》,高等教育出版社2005年版,第296页以下。

的内涵。但法律评估概念的界定难能可贵,它不仅重视法律的价值评估,即定性评估,还重视法律实施效果的定量评估,在一些情况下,定量评估往往是值得注意与可实施的。

有学者将"立法评估"与"法律评估"加以区分,认为:"法律评估是指对合法生效的法律进行的实效性、利益影响的分析和评价","法律评估的目的是为实证地观察立法的利益效果和对当事人的影响提供事实根据,为继续执行、修订或者废除法律提供依据"①。而立法评估主要是"法案评估"。法律草案已经拟定,但是尚未由立法机关正式通过的,谓之"法案"。所谓法案评估,"是一个立法者站在民意立场,或者利害关系者站在自身利益最大化立场,对各种法律草案、修正案运用科学技术和社会科学的方法,加以分析、研究,评价其是否符合政策需要、是否保障了人权、立法技术是否科学合理的过程。法案评估的目的在于使法案达到现代化、标准化、合理化及绩效化的理想。"②这种理解与我们通常的理解不同,笔者认为,以立法过程为参照点,立法评价(估)包括了立法过程前评估(可称之立法前评估)、立法过程评估以及法律绩效评估。

立法前评估实际上是对立法机关所立之法进行的一种预评估,着眼点不同则评估内容也有所不同,比如可能着眼于立法的可行性、必要性进行评估,也可以对立法的成本与效益作出一个预评估。立法机关在进行立法预测、确定立法规划以及进行立法论证时对立法可以进行一种预评估,即为立法前评估。

立法过程的评估也是立法机关甚至是其他社会主体对立法是否出台、何时出台甚至条款的有关内容(即立法时机、立法内容等)的一些评价。比如,社会主体可以根据法律法规在立法过程中到了什么阶段对法律法规的出台作一个评价。立法机关可以根据法律法规条款的争议或审议情况,对法律法规出台作出一种判断。这都是立法过程的评估。当然立法过程的评估也可以就立法程序作出评判。

法律绩效评估也是立法评估的内容,不过它是着眼于立法制定出来并在实践中实施一定阶段后对其效果所进行的评估。为了明确概念的使用,在这里强调了法律绩效评估与立法评估的区别。

---

① 崔卓兰、于立深、孙波、刘福元著:《地方立法实证研究》,知识产权出版社2007年版,第412页。
② 罗传贤:《立法程序与技术》,台湾五南图书有限公司1996年版,第431页。

二、法律绩效评估内容的研究

佘绪新、李小娟认为,法规评价的内容包括六个部分[①]:

其一,程序评价。这里的程序包括立法程序和法规执行程序。在立法程序方面,要看是否进行了充分的调查研究和广泛的征求意见,公众参与的程度和对公众意见吸收的情况如何,法规案的审议和通过是否民主、科学、合法等。在法规执行程序方面,要看法规的执行程序设计是否适当、合法,执行得如何,在实际执行中还采取了哪些方法,是否合法、适当、有效等。

其二,效果评价。即考察某项法规和某种结果之间的因果关系。其主要内容有:制定该项法规的目标是什么,是否已经达到目标;已经取得了什么效果,产生了多少经济或者社会效益;所调整的社会关系是否发生了变化;有哪些没有料到的结果,如果采取其他方法是否更好;有关方面及人民群众有哪些意见、批评和要求等。

其三,影响评价。主要关注的是某项法规和法规群整体对可持续发展的影响如何。包括:是否与国家可持续发展战略相协调,对经济、社会和资源、环境产生了哪些正面或负面的影响;对国家立法或其他地方的立法有何影响;对国内和国际有什么样的影响;有何经验、教训等。

其四,政策和合法性评价。包括法规确定的解决问题的方针、政策是否符合党的基本方针和基本政策;是否符合实际;是否与宪法、法律、行政法规相抵触;是否符合法制统一原则等。

其五,技术评价。主要从立法技术的角度来考察法规的协调性、完备性和可行性。包括:该项立法的总体质量如何;在地方立法体系中的地位如何;与本地方其他地方性法规是否和谐;法规的名称、内部结构和体例形式是否合适得体;法律规范的行为与后果模式是否完整;立法的语言文字水平如何等。

其六,综合评价。即综合上述五个方面进行整体综合分析,分清优点与缺点、主流与支流,从而了解到该项法规是否是不良立法或问题甚多、严重、亟须修改或废止之法,或良法、精品之法。

有学者认为,法律绩效评估的内容主要涉及两个方面:一是法律、法规实施的宏观效果。评估的核心内容是法律、法规是否实现了立法机关预期的目标,法律、法规实施的社会经济效益如何,是否需要废止。二是微观上法律、法规中各项制度的设计和程序规定是否需要进一步完善。评估的核心内容是法律、法

---

① 佘绪新、李小娟著:《地方立法质量的对策和体系研究》,载周旺生主编:《立法研究》第2卷,法律出版社2002年版,第534—535页。

规中各项制度的设计是否合法合理、是否具有针对性和可操作性、是否维护了公平正义、是否保障了人权秩序、是否已经不合时宜、是否需要修改等①。

还有学者认为,就政府规章的评估而言,法律绩效评估的内容有三个方面②:

第一,合法性。合法性评估是指对一部规章从各方面进行评估,审查其是否存在违法现象,也包括对由于政治、经济形势的变化,上位法修改了,同位法发生了变化,而该规章未做相应修改的现象进行评估。

第二,适当性。政府规章设置了许多行政方面的制度和措施,这就要求应重点对规章设定的行政措施的适当性进行评估。这一评估是以客观现实为基础,对规章的各项措施是否可行进行校正。评估时需要考虑以下因素:(1)规章是否适合当前经济发展的要求;(2)规章规定的措施是否科学合理;(3)规章的实施是否达到预期的效果。如果政府规章缺乏科学性、合理性的措施,不具有可操作性,也很难实现其立法的目的。

第三,立法的目的实现程度。规章立法目的的实现及其实现程度如何是法律绩效评估工作中一个重要的方面,通过被评估的政府规章对社会、经济发展产生的正负面影响,评估其立法目标的科学性和合理性。科学性、公平性、是否符合社会进步的要求和是否代表最广大人民群众的根本利益是评估政府规章立法目的实现程度的基本标准。对政府规章立法目的评估,可从该规章实施取得的经济效益和社会效益入手,评估出该政府规章在社会发展中起到的作用。

但实践中法律绩效评估的侧重点有所不同。如2000年以来,山东省人大常委会委托其法制委员会牵头组织对《私营企业和个体工商户权益保护条例》、《产品质量法实施办法》、《法律援助条例》和《就业促进条例》进行了"立法回头看"。回头看的重点,是看法规设定的权力和责任、权利和义务是否合理,赋予行政部门权力的同时有没有对其加以限制,规定的公民的权利有没有切实得到保障,以及这些规定执行的情况。

2004年,云南省人大常委会先后对本省《邮政条例》、《广播电视管理条例》和《农村土地承包条例》进行绩效评估,其重点有四个方面:一是法规实施后取得的成效;二是法规实施中存在的问题及改进建议;三是法规是否与上位法相抵触;四是法规的有关规定是否符合实际、具有针对性和可操作性。

2005年,上海市人大常委会开展法律绩效评估工作,选择本市《历史文化

---

① 熊艳峰:《浅议立法后评估的制度化》,载《长沙民政职业技术学院学报》2006年第2期。
② 许汶、许枫:《对地方政府立法后评估制度的几点思考》,载《中共青岛市委党校、青岛行政学院学报》2007年第2期。

风貌区和优秀历史建筑保护条例》作为评估对象。评估重点:一是法规实施的绩效,包括保护情况及法规所取得的社会和经济效益;二是法规中各项制度设计和程序规定是否需要进一步完善。

2005年北京市人大常委会选定了《北京市实施〈中华人民共和国水污染防治法〉办法》和《城市规划条例》作为评估对象。评估重点是:法规的合法性、可操作性、实效性以及法规是否需要进一步完善。北京市专门出台了《北京市地方性法规合法性评估工作规程》,规定对地方性法规的合法性评估程序及标准。

从上看来,尽管不少学者从多方面探讨了法律绩效评估的内容,在实践中一些地方的法律绩效评估也围绕法律法规的合法性、适当性、可操作性等方面内容来进行的。不过对于它应包括哪些方面的内容,需要进一步探讨。

三、法律绩效评估主体的研究

法律绩效评估的主体是组织、实施法律绩效评估活动的国家机关、社会组织或个人。考察我国现行法律绩效评估实践,评估主体主要有以下五种[①]:

第一种,由立法机关自己评估,即人大常委会通过的法规,以人大常委会名义组织评估。操作方式通常是由常委会任命一个专门的评估工作小组,以常委会的名义组织各相关部门的汇报,征求各方面的意见,进行实地调查、检查或者问卷调查,最后由评估工作小组向常委会提出评估报告,常委会以审议通过的方式,作为对被评估法规认定的评估结果。

第二种,由专门委员会评估,即以人大专门委员会的名义组织评估。人大专门委员会有立法提案权,以自己名义作出的评估报告可以作为向常委会提出法规案的依据,这样,评估报告实际上就可以和法规的"立、改、废"结合起来,在提出新法规案的同时提交对旧法规的评估结果和处理意见,使提出的法规案更具有说服力。

第三种,由常委会工作机构评估,以工作机构的名义组织评估。评估的结果可以向专门委员会或者常委会作报告,让常委会或者专门委员会了解、掌握法规施行的效果和存在的问题,为以后的工作提供必要的理论和实践支撑。

第四种,委托评估,即由有需求的部门(这样的部门既可以是常委会,也可以是专门委员会或者是有关工作机构)在确定评估对象后,委托独立机构开展评估。独立机构最后以自己名义作出评估报告,交由委托机构处理。如果是常委会或者专门委员会,可以把评估报告印发给委员,或者交由有关办事机构研

---

① 参见《立法后评估工作的五种操作模式》,载《浙江人大》2007年第5期。

究提出处理意见,如果是有关工作机构,可以向有权部门报告,或者直接作为本部门改进工作的建议。

第五种,是混合式,即不限定哪些评估主体,评估主体既可以是一个或者几个常委会工作部门,也可以加入政府部门,或者是专业人士,或者法规施行中其他参与的主体,这些参与评估的主体可以各自作出评估意见、提出建议,评估报告不作结论,只反映各方的看法和见解,客观再现地方法规在实施中的原貌和各自不同的诉求。评估报告由某个部门提交给有权部门作为参考。

熊艳峰认为,我国法律绩效评估的主体应为立法机关[①]。理由是:第一,我国目前的政治体制决定了立法机关作为评估主体有利于提高评估的效率和评估效果;第二,政府各直属部门往往是法律法规的执行机关或者说直接受益者,其评估的公正性可能会大打折扣;第三,我国目前正处于机构改革的关键时期,设置专门机构作为法律绩效评估的主体对于本来就机构臃肿的中国来说不太现实。当然立法机关可以委托第三方,如中介机构、高校、研究机构、社会团体等实施法律绩效评估,但其评估主体仍然为立法机关。

可以看出,我国现行的法律绩效评估主体典型地表现为"内部性",即属于内部评估主体。立法内部评估是指由享有立法权的国家机关,尤其是国家机关的组成机构(即系统内部)所进行的立法评估活动,它包括法律的制定主体以及法律的执行或适用主体的评估。我国近些年来所进行的立法评估活动都是属于立法的内部评估,如云南省人大法制委员会与云南电网公司组成的调研小组对《供用电条例》所进行的法律绩效评估;上海市人大对《历史文化风貌区和优秀历史建筑保护条例》所进行的法律绩效评估等。

内部评估主体的评估有其积极的意义:第一,内部评估主体因为其对法律法规的制定与执行情况有着透彻、详尽的了解与认识,有效的内部评估能够为管理者提供必不可少的支持[②]。第二,内部评估主体因为比较容易获得法律实施、法律制定与执行的第一手资料,从而使评估结论更加真实、更加可靠。第三,内部评估主体因为其地位与影响力,它所作的评估报告、评估结论更容易得到重视与使用,"有效把雇员与整个评估过程结合起来,进行自我管理、自我调控。"[③]

但是内部评估也受到一定程度的质疑,"要求公共组织对自己的行为作出客观公正的评价实非易事",这是因为:"首先,评价意味着批评,对公共组织成

---

① 熊艳峰:《浅议立法后评估的制度化》,载《长沙民政职业技术学院学报》2006年第2期。
② Evert Vedung, Public Policy and Program Evaluation, New Brunswick and London: Transaction Publishers, 1997, p.117.
③ Laird W. Mealier & Gary P. Latham, Skills for Management Success: Theory Experience and Practice, Richard D. Irwin, A Times Mirror Education Group Inc. Company, 1996, p.559.

员来说就是对他们能力的质疑,影响自己的声誉,因而评价往往夸大成绩,掩盖失误;其次,评价往往代表着某一组织的局部利益,这使得绩效评价容易走向片面并带有浓厚的主观色彩;最后,绩效评价是一项复杂而细致的工作,需要评价者掌握相关的理论知识,并熟悉专门的方法技术,而公共组织人员本身往往缺乏这方面的系统培训。"①

为弥补立法内部评估的缺陷,不少国家注重外部评估主体及制度的构建。外部评估是指国家机关系统以外的评估者所进行的法律绩效评估活动。其评估主体一般有学术团体、商业机构、民意调查组织、社会中介组织等,它可以是营利性的也可以是非营利性的。立法的外部评估优点在于:有一定的专业技术人员;身份地位较为中立,不受评估对象或其他因素的限制;评估的结论具有客观性;但是其缺陷也较明显,主要表现为获取评估的信息、资料相对比较困难,评估影响缺少一定的权威性,评估结论不易受到重视等。因此,在评估实践中,最好将内部评估与外部评估结合起来,共同提高立法评估的质量。

但单纯的内部评估与外部评估都有一定的缺陷,正如美国公正行政学的创始人威尔逊提出的两条法规说明的,"威尔逊的第一条法规:如果研究是由那些执行政策的人主持或者他们的朋友主持,那么结论是:对社会问题的所有政策干预都会产生预期的效果。威尔逊的第二条法则:如果研究是由独立的第三方主持,尤其是由那些对政策持怀疑态度的人主持时,那么结论就会是:对社会问题的政策干预不会产生预期的效果。"②因此,建立多元化的法律绩效评估主体才是法律绩效评估主体的发展趋势与客观要求所在。

四、法律绩效评估方法的研究

法律绩效评估方法是法律绩效评估主体用以测量法律绩效的具体方式、手段以及步骤等。应该说,法律绩效评估的方法有很多,基本上可以分为两大类,定性评估方法与定量评估方法。

有学者认为,我国法律绩效评估常采用的方法有③:

第一,公众问卷调查法。这种方法是最为普遍采用的一种方法,虽然工作量较大,调查周期较长,但其可信度较高,能基本上真实反映法律、法规的实施效果。

---

① 齐二石主编:《公共绩效管理与方法》,天津大学出版社 2007 年版,第 90 页。
② 转引自〔美〕托马斯·戴伊:《自上而下的政策制定》,鞠方安译,中国人民大学出版社 2001 年版,第 158 页。
③ 熊艳峰:《浅议立法后评估的制度化》,载《长沙民政职业技术学院学报》2006 年第 2 期。

第二,专家组评估法。这种评估方法也是较为普遍采用的一种方法,具有较高的理论深度和专业水平。此方法要求评估主体广泛正确的遴选高校、研究机构、行业组织、社会团体中的有关专家组成专家组,开展专题研究并作出评估报告。

第三,座谈会调查法。这种方法目前在立法机关运用得相对较多,它是由立法机关组成人员分别到各基层执法部门、企事业单位、社会团体和各典型社区进行专题调研,召开座谈会。

第四,典型个案分析法。这种方法是对法律、法规实施后出现的典型个案进行分析,由个别到一般的了解整个法律、法规的实施情况。

然而笔者认为,法律绩效评估可能多种评估方法都会采纳,这主要看评估的内容及其确立的标准是什么。常用的方法如对比分析法、系统分析法、成本效益分析法等。对比分析法是将立法实施前后的相关情况进行对比以考察立法效果的方法。系统分析方法是将该立法放在一个系统中进行分析,运用系统理论,把该立法的同位法、上位法、下位法的情况统一予以考察,进行得出评估结论的方法。佘绪新、李小娟认为,在法律法规评价中,就应建立系统的分析方法,并认为"以整体作为研究对象、以系统分析为重要特征的分析技术,是建立评价体系最重要、最基础的方法"①。具体包括:

其一,整体分析。这是系统分析中首要的核心方法。它要求我们在制定一项法规时,必须正确处理整体利益与局部利益、长远利益与当前利益的关系,强调以整体利益和长远利益为主,在有利于可持续发展的前提下,力求兼顾;在评价某一项法规时,要把法规整体作为对象进行综合地、全面地、客观地分析,分清对象和本质,主流和支流,既不能只见树木,不见森林,抓住一点,不及其余,又不能大而化之,一好遮百丑,对问题不作深入分析,轻描淡写。

其二,层次分析。系统的层次性是保持其协调、稳定和连续,发挥最佳功能的前提条件。要求我们在评价某一项法规的时候,应当对法规本身固有的优缺点和在执行中的优缺点分别给予评价,以便进一步分析和确定问题的性质、程度、原因和相互之间的联系,从而制定相应的对策。

其三,相关分析。即对系统内部各要素之间、系统要素与系统整体之间以及系统外部条件之间的相互关系进行分析和评估。要求我们在评价某项法规时,要充分考虑其内部规范之间、该法规与其他法规之间及该法规和社会、经济、政治、文化之间的相互作用和联系,以及这种联系对法规的制定和执行的

---

① 佘绪新、李小娟:《地方立法质量的对策和体系研究》,载周旺生主编:《立法研究》第2卷,法律出版社2002年版,第536—537页。

影响。

其四,结构分析。对某一地方的整体法规结构或某一地方的某一大的方面的法规系列如经济方面的立法、教育科技方面的立法、农村工作和农村建设方面的立法等进行宏观评价时,或对某一项法规进行技术评价时,通常要运用这种方法。一个系统的整体功能效应如果大于该系统各部分之和,就是因为该系统各部分之间具有合理的、优良的组织结构,从而产生新的效能。反之,如果没有产生新的效能甚至降低了各部分之和的效能,就说明该系统组织结构有问题。结构分析要求我们在评价某一地区的法规群,或某一大的方面的法规系列,或某一项法规时应当把其作为一个整体进行考察。考察其整体效益的优化状况时,必须注意每一个法规之间或每一个法规的各规范之间从形式到内容上的匹配、衔接和构成状况是否适当、优化。

其五,环境分析。分析、了解系统对环境的影响和作用,是接近系统实质的重要方法。要求我们在评价法规时,要认真研究相关的环境因素,并按照可持续发展的原则确定其对环境影响的范围和程度,以便为制定相应的对策提供客观依据。

应该说,佘绪新、李小娟提出的整体分析方法,是将系统方法论运用于法律法规评价或评估的一种尝试,特别是在对某一立法主体制定的法规或某一时间所制定的法规作总体上评价时,该方法有一定的积极意义与价值。

在研究法律绩效评估方法时,应将法律绩效评估信息获得以及分析的方法与法律绩效评估方法加以区分。例如,国务院法制办2006年组织有关部门对涉及人民群众切身利益、生命财产安全和公共利益的《艾滋病防治条例》、《劳动保障监察条例》、《信访条例》、《蓄滞洪区运用补偿暂行办法》、《特种设备安全监察条例》、《个人存款账户实名制规定》六件行政法规进行绩效评估,采取了一般性调查和普遍性调查、实地调研和专家论证相结合的方式;在对《艾滋病防治条例》的评估中,按照艾滋病流行状况和省、地、县分层抽样原则,定点在3个省8类人群进行了访谈,对9个省的《艾滋病防治条例》实施情况进行了定量分析,合计总样本量为2394人,为法律绩效评估工作提供了科学有效的数据支持,这些方式方法不是法律绩效评估方法,而是获得与分析法律绩效评估信息的手段。

另外,考察美国法律绩效评估方法,最重要的一种方法是成本与效益方法。我们在进行法律绩效评估时,宜借鉴与吸收法律的成本与效益分析法。成本与效益分析法是将立法所耗费的成本与获得的效益进行权衡比较的一种经济分析方法,一般来说,如果所耗费的成本大于其所获得效益,就应该考虑部分或全部废止该项立法。该方法将在本书其他章节中作介绍。

五、法律绩效评估程序机制的研究

我国近几年开展的法律绩效评估活动,基本上分为三大阶段,即评估信息收集阶段、评估信息整理阶段以及评估报告的形成阶段。以福建省人大常委会法工委对《福建省青年志愿服务条例》评估为例,它的整个评估活动分为:

第一阶段:评估信息收集阶段。福建省人大常委会法工委组成几个评估调研组,评估调研组通过各地总结、发放调查问卷、召开专题座谈会、实地考察等多种形式,广泛收集人们对青年志愿服务条例的意见和建议,调查了解条例对福建省青年志愿服务事业的推动作用以及志愿服务在构建和谐社会中的作用。

第二阶段:评估信息的整理阶段。评估调研组对回收的近四千份问卷以及调研中收集到的其他材料进行整理和归纳,运用定性为主、定量为辅的方法进行分析。

第三阶段:调研报告的形成阶段。调研报告充分阐述评估结论,全面总结首次评估工作的经验与不足,并提出需要进一步思考的问题。

陈珺珺根据行政立法评估实践中的做法,将法律绩效评估程序分为三个阶段,即包括评估准备阶段、评估实施阶段、形成评估结论与撰写评估报告阶段等环节[①]。

第一,评估准备阶段。周密的准备是评估的基础和起点,也是成功开展评估工作的前提条件。充分的准备有助于评估者及相关人员更进一步明确评估工作的中心和重点,避免盲目性。评估的准备工作主要包括制定评估方案和组织评估人员。制定评估方案要指明评估对象、阐明评估目的、确定评估标准、选择评估方法、说明评估工作的进度安排及评估经费的预算及使用原则等。组织评估人员,解决的是由哪些人一起来进行评估的问题。行政法律绩效评估对于评估者本身有一定的要求,如具备一定的专业理论和方法素养、相关领域的法律知识、行政管理知识、一定的分析能力、客观公正的评估态度等。

第二,评估实施阶段。这个阶段是行政法律绩效评估过程中的实质性阶段,主要是收集信息、整理信息、分析信息的过程。相关信息是评估的原材料,没有关于该行政立法的真实详尽的信息,评估就无法做到客观、科学。因而,在这一阶段中评估者首先应最大限度地实现与行政立法制定者、实施者、公众之间的有效沟通,广泛收集相关信息,避免信息截流、失真。为此,有必要建立社会公众参与机制、行政执法主体反馈机制。其次,要对收集到的原始信息进行

---

① 陈珺珺:《论行政立法后评估制度之构设》,载《兰州学刊》2006年第11期。

系统整理与审核、查漏补缺、去伪存真、去粗取精。最后,要运用适当的方法对所收集信息进行科学分析。

第三,形成评估结论、撰写评估报告阶段。这一阶段主要是通过对评估对象各方面的信息分析,研究得出该行政立法是否有必要、可行,立法效果如何,是否需要修改、废止或者制定配套措施等。

不论法律绩效评估程序分为几个阶段或环节,设计法律程序都要注意以下原则:

一是程序的科学性,即程序的设计要反映客观事物的发展规律,程序的设计体现人的认识规律等。没有科学的程序,难以保障经由程序而获得正当的结果。

二是程序的正当性。即法律绩效评估程序的设计体现社会公正、公平,在实践操作层面上,要注意参与主体的广泛性、参与主体权利与义务的一致性、参与主体权利的平等性等。

三是程序的可操作性。程序是为着一定的目的服务,它寻求的是法律绩效评估的结果,程序的每个阶段、每个环节围绕着程序所达致的结果服务,要注意每个环节、阶段的有机联系性。

小结:设计与论证:建立规范化、长期性的法律绩效评估机制

该课题的萌生得益于实践的需求,是实践对法律绩效评估的迫切需求,促成理论上的分析与探讨。为此笔者认为要做到:

第一,总结实践经验。

如果说从21世纪初开始,首先兴起于地方政府规章、再生发于地方性法规、再到行政法规,最后会波及国家的法律这样的一场法律绩效评估的运动,影响范围会不断地扩大,实施理论也会不断走向成熟。我们要去总结现实法律绩效评估的成就、经验。应该说,实践给我们理论工作者提供了丰富的资料,这些成果有的可以理论化、系统化,进一步提炼与升华,有的要加以辨别与分析,去除那些不合适的、不科学的成分。

第二,设计。

理论要做实践的先导。法律绩效评估运动还在不断地发展,需要有科学的理论加以引导。为此,我们不仅要总结实践中的经验与成就,更要去进行设计,设计公正客观的评估主体,设计科学有效的评估方法,更重要的是要设计可操作性的程序操作机制。也就是要建立规范化的评估体系,在评估内容、评估程序、评估标准、评估结论等方面,制定系统的、规范的、可操作的指标。

第三,论证。

评估制度的设计是否可行、是否具有可操作性,还需要进行科学的论证与实践检验。只有被证明是具有可行性、具有可操作性的制度我们才能将其固化下来,并逐渐发展成为一种规范化的法律绩效评估制度。最终的目标是要通过立法的形式将法律绩效评估制度确立下来,使之成为我国立法过程中不可缺少的一个环节,保证我国法律法规绩效评估的制度化、规范化、常规化以及长期化。

第四节 本书的写作思路、研究方法及意义

传统的观点认为,法律效力只是法律实效的前提,法律实效是法律效力的佐证。然而人们通常将法律实效的考察与立法的关系加以割裂,或者更多的将法律实效状况优劣归结为执法、司法以及守法状况的优劣,没有或很少去关注它的立法根源。另外,我们各级各类立法主体制定立法规划、对法律的修改、废止、清理、审查等,很少去关注其科学基础,即我们需要确立什么样的基础或标准,以作为立法主体对法律立、改、废的基本依据。近几年在我国兴起的法律绩效评估活动,实际上是我国立法学理论与实践应当面临的课题。从世界范围来看,我们认为它是发端于美国,继而在英国、日本、韩国、澳大利亚、加拿大加以扩展的一种绩效评估潮流。诚然,这种潮流还会在广度与深度上不断拓展与深入。在当下中国,法治国家的建设以及立法的发展迫切需要在理论上对法律绩效评估加以梳理,实践中也需要不断探索,在不断兴起的法律绩效评估活动中,我们需要尽快建立法律绩效评估的科学机制。基于此,本书意图在这方面作一些探索,以对蓬勃兴起的法律绩效评估实践有所裨益。

一、本书写作的基本思路

对法律绩效评估机制进行探讨,可以说是一个全新的课题,虽然实践中有一些经验,但怎样对这些经验加以总结,尤其是在理论上的设计注重科学性与现实可行性的问题,就需要我们做到一方面尊重实践,另一方面更多的需要理论创新。法律绩效评估机制既有基本概念的梳理与澄清,也有实践操作现状的描述与分析,还有域外先进经验的介绍与借鉴,更多的立足中国实践,对可操作性制度的具体设计。

鉴于以上考虑,本书的写作基本思路作如下安排:

导论中首先对绩效、法律绩效、法律绩效评估、法律绩效评估机制的概念作一梳理或界定。应该说绩效概念是个多学科的概念,最早在工商企业中加以使用,表示的是工作的成就与成效,后被多个学科加以借鉴与使用,如经济学、管理学、统计学、公共政策学、行政学、行政管理学、政治学、法学等。在法学上使用即"法律绩效",表示法律实施以后所达到的实际效果与成就。对法律实施的实际效果及成就的评估就是"法律绩效评估",它是借鉴公共政策领域中"公共政策评估"或"公共政策绩效评估"而形成的一个概念,实际上传统的"公共政策评估"或"公共政策绩效评估"就包含了"法律绩效评估",因为公共政策的概念多包括了其特殊形式——法律。但法律绩效评估是一个更多地强调"程序"、"过程"的概念,那么说法律绩效评估过程或程序也就是揭示法律绩效的评估机制,因此,本书对法律绩效评估机制的探讨也就是对法律绩效评估程序或过程的探讨。其次,在导论中我们还对当下中国的法律绩效评估实践兴起的缘由进行了描述,并探讨了法律绩效评估的功能与作用。再次,我们对该课题的目前研究状况进行分析与总结,阐明法律绩效评估机制课题研究的意义。

第一章以美国、英国、日本、韩国为代表,分别介绍它们国家的法律绩效评估的兴起与运作机制。虽然在现代各国,法律绩效评估活动开展的比较好的除以上四国以外,还有如加拿大、澳大利亚等,但是应该说美国、英国、日本、韩国的法律绩效评估还是非常典型。我们建立法律绩效评估机制,域外的先进经验我们还要借鉴。对这四个国家法律绩效评估活动的介绍实际上也遵循了一定的逻辑,即法律绩效评估活动兴起与拓展的过程。美国无疑是世界上最早开展法律绩效评估活动的国家,而且也是较为成熟的国家之一,在制度设计上1993年美国国会通过了《政府绩效与结果法案》,在运作机制上也为其他国家开展法律绩效评估活动提供范本。英国推行的"下一步行政方案"、"公民宪章"运动以及"竞争求质量"运动,日本于2002年开始实施的《行政机构实施评估政策有关的法律》、韩国于2000年颁布实施的《政府绩效评估法案》等,对我国建立法律绩效评估机制都有一定的借鉴意义。

第二章重点探讨法律绩效评估机制的启动。从国家与社会二元区分的角度来看,在法律绩效评估活动兴起过程中,谁是主导性的,是国家或政府主导还是社会主导的,换言之,我们开展法律绩效评估活动是从上而下的"政府推进型"还是自下而上的"社会促进型"的。这个视角笔者分析有三个阶段或过程,有国家或政府主导型的法律绩效评估活动;有社会主导型的法律绩效评估活动;还有国家与公民社会共同促成的法律绩效评估活动的兴起。美国的法律绩效评估运动二十多年的历史已揭示了这样的一个规律,即第一阶段即从20世纪80年代开始到21世纪初,法律绩效评估为国家或政府主导型的;第二阶段也就是从21世纪初至今,随着独立第三方评估组织的兴起,法律绩效评估进入了社会促动型阶段。第三阶段将会是国家与公民社会共同促动法律绩效评估活动的阶段。我国的法律绩效评估活动刚刚兴起,只是部分地区或部门,还没有作为一项制度确立与遵守。但从这样的一个过程来看,我们可以说,还是处于国家或政府主导型的法律绩效评估阶段。当然,不同阶段的法律绩效评估兴起的方式有什么差别,各自的特点如何,将是本章重点加以考察的。

第三章具体设计法律绩效评估活动的准备阶段。法律绩效评估活动的准备阶段包括这样四个方面的内容,即法律绩效评估主体的确定、法律绩效评估对象的选择、法律绩效评估的标准的设定以及法律绩效评估方法的准备。

关于法律绩效评估活动的主体,主要分为两种类型,内部评估主体与外部评估主体,不同类型的评估主体其价值取向有着重大差别,当然各自有各自的优势,也有各自的不足与缺陷。我国的法律绩效评估活动刚刚兴起,以政府主导型的兴起模式决定了它属于典型的"内部评估主体",当然,为进一步完善法律绩效评估制度,需要对评估主体加以建构,如完善内部评估主体制度、利益相关者评估制度、独立第三方评估制度以及社会公众广泛参与的法律绩效评估制度。

关于法律绩效评估对象的选择,我们首先要了解可能进入绩效评估的法规范性文件的范围,然后具体考察根据什么样的标准或方法来确定评估的对象。笔者认为选择法律绩效评估的对象标准是"可评估性",具体说来,它包括法律绩效评估对象选择的有效性、可行性与必要性。关于法律绩效评估标准的问题,各个国家也都建立了不同的标准,当然如果评估的维度或内容有所不同,建立的标准当然有所不同。我们这里探讨了法律绩效评估的一般标准与特殊标准。法律绩效评估的一般标准是法律绩效评估的基础标准,体现法律规范的最基本的价值追求,包括效率标准、效能标准、效益标准、公平标准以及回应性标准等。法律绩效评估的特殊标准则是法律评估的个性标准,可能依据不同的评估对象而确立。

关于法律绩效评估的方法,我们知道不同的方法选择可能会产生不同的评估结论。但基本上可分为两大类,定性评估方法与定量评估方法,各自有不同的优势也有不足,各国在进行法律绩效评估方法的选择时,注重将两种方法加以协调,以获得客观的评估结论。这里只探讨了一般性法律绩效评估方法,包括法律成本与效益评估法、法律成本与效果评估法、前后比较评估法。

第四章探讨法律绩效评估的实施阶段,应该说在法律绩效评估过程中,这是一个非常重要的阶段,起着承上启下的作用,而且会决定评估的成败。法律绩效评估的实施阶段主要包括三个环节:法律绩效评估信息的收集、法律绩效评估信息的整理与分析以及撰写法律绩效评估报告。

法律绩效评估信息的收集，首先要弄清楚法律绩效信息的范围与来源，只有弄清了法律绩效信息的范围与来源，并有针对性的采取不同的收集方法，可以获得有效的法律绩效评估信息。从源头上讲，法律绩效信息主要有四大类：立法机关拥有的信息、执法机关拥有的执法信息、司法机关拥有的司法信息以及社会主体所拥有的法律绩效信息。从来源上分析我们知道，法律绩效信息主要集中于政府部门，如此，要获取政府部门所拥有的法律绩效信息，必须有相应的制度作为保障，如政府信息公开制度。同时作为法律绩效信息的采集者，要注意对法律绩效信息要达到这样的一些要求，如信息的全面性、真实性与目的性，同时注意防止采集过程中一些不正常的倾向。当然，对于法律绩效的收集最主要的还是信息收集方法的安排与设计。不同的绩效信息需要不同的方法，不同的采集方法会获得不同的结果。笔者这里介绍了一些常用的信息采集方法如座谈会法、问卷调查法、机构与管理记录、直接观察法、访谈法以及典型案例研究法，并对不同的方法实施作了探讨。

法律绩效评估信息的整理与分析，则是对上一个环节所收集的法律绩效评估信息进行整理加工，为撰写法律绩效评估报告所需要的信息提供准备。法律绩效信息收集起来以后，面对纷繁复杂、千姿百态、数量众多的法律绩效信息，首先要做的就是对其作初步整理，包括形式整理与内容整理，目的是保证法律绩效的真实性、可靠性、先进性以及适用性。分析则是在信息整理基础上的进一步加工，当然分析也涉及不同的方法问题。基本类型分为三大类：法律绩效信息的定性分析、法律绩效信息的定量分析以及法律绩效信息的定性与定量分析相结合。法律绩效信息的定性分析与定量分析都有不同的具体方法，两种类型的分析都有必要，在实践操作中要注意将这两种分析方法结合起来，以获得真实、全面、深刻的法律绩效评估信息，为法律绩效评估报告提供有用的资料。

法律绩效评估报告应该是法律绩效评估实施阶段的目的。一般来讲，法律绩效评估的主体在其获得的法律绩效信息整理与分析基础上，最后所作的工作就是撰写法律绩效评估报告。这里探讨了法律绩效评估报告的基本形式，一般包括文本式、图表式以及文本与图表相结合的报告形式；形式结构有名称、报送机关、正文、附件以及落款等几个部分。另外，法律绩效评估报告最为注重的是内容的写作，主体内容应该包括三部分：法律实施的成就、效果；法律实施过程存在的问题及其分析；完善立法的建议与措施。当然，法律绩效评估报告还要有一定的效力，即其对立法机关法律的立、改、废的效力，基本的表现：程序效力，即法律绩效评估报告提出法律的立、改、废等建议能否启动法律程序，从而实现法律绩效评估报告中关于法律的立、改、废建议的具体落实；实质效力，即法律绩效评估报告中关于法律立、改、废的具体建议能否落实到法律的具体内容中。

第五章则是考察法律绩效评估结果的回应。我们知道,法律绩效评估是一种手段,即通过对法律绩效状况的考察,发现法律在实施过程中存在的问题,特别是立法方面的问题,然后为我们启动法律的立、改、废提供科学依据。法律绩效评估最后的落脚点是对法律的立、改、废所产生的实际影响,这种影响也就是法律绩效评估结果的回应,即立法主体根据法律绩效评估报告做出法律的立、改、废等方面的决策行为。

首先,笔者对法律绩效评估结果的回应概念做了阐述。法律绩效评估结果的回应是特定的国家机关针对评估结果中(法律绩效评估报告)提出的诉求作出反应或回答的行为,因为回应的主体是特定的国家机关,一般将这种回应也称之为"政府回应"。然而我们讲法律绩效评估报告中关于立法完善的有关建议要得到政府部门的回应,除特定的评估主体因素影响之外,关键看法律绩效评估结果的信度与效度问题。法律绩效评估结果的信度是说明评估结果的可靠性问题,法律绩效评估结果效度则是说明评估结果的正确性、有效性问题。它们的关系可描述为:信度是效度的必要条件,但不是充分条件,有信度不一定保证有效度,但有效度则表明一定有信度。而要保证法律绩效评估结果能得到政府部门的认可以及回应,则法律绩效评估结果既要有信度也必须有效度。其次,笔者对法律绩效评估的回应关系、回应方式以及政府回应的责任作了阐述。就法律绩效评估报告可能导致立法机关的回应来看,主要是三个方面,即法律绩效评估结果回应之法的修改、法律绩效评估结果回应之法的废止以及法律绩效评估结果回应之法的创制。

法律绩效评估结果回应之法的修改是立法主体针对法律绩效评估报告中提出来的立法缺陷以及立法需要作出修改的建议而作出的积极回应,最终通过法律修改过程使法律内容趋于完善。对法律绩效评估结果之法的修改作出回应建立在这样的逻辑基础上,即首先该法在实施过程中存在一些问题;其次这些问题部分或全部是因立法本身的缺陷造成的;再次立法本身存在的缺陷是什么或者法律法规的某部分或某些条款需要作出修改,针对这些条款或缺陷提出法律修改的若干建议。但是法律绩效评估报告的作出的主体不一定是立法主体,那么它所提出的关于法律修改的建议通过什么样的方式形成立法提案,又通过什么样的程序将法律修改提案变为修改的法律,这是该章深入探讨的内容。

法律绩效评估结果回应之法的废止就是法律绩效评估结果中关于法的废止之建议得到了有关立法主体的回应,使得有关立法主体依据一定职权和程序,对现行法实施变动,使其失去法的效力。一般来讲,法应加以废止必须基于这样的一个前提,即该法律绩效低劣,法律没有存在的必要了。在实践中主要以这样的一些方式表达出来:法的适用期已过;法的调整对象已消失以及法的主要内容与新法或上位法相抵触或不一致等。当然法的废止也是一项立法活动,怎样进行法的废止,在这里对法的废止主体、程序、方式等内容也作了较为深入的考察。

法律绩效评估结果回应之法的创制是立法主体基于法律绩效评估结果,而作出对旧法全面修改或重新制定新法的行为,在实践中表现为两种类型:第一种类型,根据法律绩效评估状况,旧法需要作出全面修改,即用新同名法代替旧的法。第二种类型,通过法律绩效评估状况,需要制定其他新法(或者称之为配套性法律法规的制定),以保障已有的法的效力能够充分发挥。根据我国《立法法》的规定,法的创制案必须经由法定的立法提案主体提出,并通过一定的程序列入立法议程,在进入立法议程之后,它就表现为最为典型的立法程序,即经由法的起草、法的审议、法的表决通过以及法的公布等而最后成为法。

二、本书的研究方法

本书是司法部课题《法律绩效评估机制研究》(项目号为07SFB2002)的研究成果,在设计该课题时,笔者就阐明了该课题的研究方法,采用两个结合:一是经济学、社会学、系统科学以及比较分析的方法相结合;二是规范研究与实证研究的结合。

经济学的分析方法是该课题研究的主要方法之一。经济学特别是法律经济学是解决法律问题以及进行法律理论研究的重要的方法论之一。在本课题研究中,不仅在法律绩效评估的方法中我们将法律经济分析作为一项评估方法,考察法律的成本与效益问题,而且在整体法律绩效评估机制的设计也渗透有法律经济学的理论与方法,注重法律绩效评估机制经济学上的可行性与可操作性。

社会学的方法强调社会实证分析。在本课题研究中,谈到对法律绩效评估信息的收集,不能不涉及社会学上的一些调查方法,如座谈会、访谈会、问卷调查等,社会学的理论与方法的应用为法律绩效评估机制的建构增加了可操作性。另外,我们要关注我国近几年兴起的法律绩效评估实践,少不了对法律绩效评估实践的经验分析与诊断。设计中国的制度不能脱离中国的"本土资源",如何对中国当下的法律绩效评估实践进行提炼与升华,设计更为科学的法律绩效评估机制,应该说是本课题研究的终极目的与目标所在。

系统科学的方法强调用系统论的观点,用整体与部分、整体与要素关系的观点去考察问题与分析问题。在本课题研究中,不论是法律绩效信息的采集、法律信息的整理与分析当中,我们要注意,从整体上判断单个或部分法律绩效信息的可靠性与现实性等,而且注意对不同的法律绩效信息加以鉴别,区分立法、执法、司法还是守法方面的信息,不同的信息对法律绩效评估报告的有用性与积极意义等。另外在设计法律绩效评估的回应机制时,同样也着眼于整体上的考虑,在单个法律作为评估对象进行法律绩效评估时,其回应方式只能是法律的立、改、废的一种。但是作为整体上的分析,要对每种回应方式都需要作出一般性、规律性的考察。

比较分析方法是本课题研究与应用的重要的方法。在本书第一章中,对美国、英国、日本、韩国法律绩效评估制度的介绍,不仅在于说明它们各自的制度运作情况,更重要的是提供比较与借鉴的视角,有哪些内容我们可以借鉴的,哪些内容可以作出改革的,吸收别国的经验与长处,为我国构建可操作性的法律绩效评估机制提供模板。另外,在法律绩效评估方法的研究中,比较方法是一项重要的方法,如前后对比分析法。在法律绩效信息的采集、整理与分析中,这种方法也是不可少的。不仅如此,在具体的制度设计中,不仅注重比较中外的不同经验,还注重比较国内开展的法律绩效评估活动。通过比较分析方法的运用,使得法律绩效评估机制的设立更具有中国本土色彩,也增加了制度设计的可行性问题。

规范研究与实证研究实际上是从另一角度对研究方法的区分。规范研究强调"应该是什么",是一种价值判断,而实证研究偏重于考察"实际是什么"。在法律绩效信息的收集与分析中,既有规范的定性分析,也有定量的实证研究;在法律绩效评估方法中,也是规范研究与实证研究两种方法的结合。应该说,这两种方法都不可偏颇,需要将它们有机的结合,当然,在具体的应用、考察与研究时,可能对某一方法给予更多的关注。

三、本书的研究意义

首先,本课题更多是我国实践提出来的课题,主要基于以下两个方面的事实:

一是传统实践中将立法与执法、司法、守法加以割裂,如立法部门认为它的任务只是立法,将一部法律法规制定出来它就完成了任务,至于法的实施效果不是它关注的问题,甚至立法部门进行执法检查时,也更多地将法律实施的问题归结为执法、司法以及守法问题,很少去关注它可能是立法本身所造成的。比如一部法律在实践中实施效果不理想,可能有多方面的因素,有立法、执法、司法以及守法方面的因素,但不能说,只能是执法或司法等方面的因素,不从立法角度去查找原因。法律绩效评估,有人将其称为"立法回头看",是有一定道理,立法机关不仅应关注法律的制定,也应关注法律的实施及其效果,更要关注法律的实施效果与立法本身的关系,需要将立法与执法、司法、守法等有机地联系在一起,才能客观地认识法治与法律实施、法律实效的问题。

二是从21世纪以来开展的法律绩效评估活动,从评估对象来看,首先是一些地方性法规、地方性政府规章开展法律绩效评估,后引起上位法立法主体的重视,如国务院的重视,在2006年也确定了6件行政法规作为法律绩效评估的对象;下一步,全国人民代表大会以及其常务委员会是否也要将自己制定的法律纳入到法律绩效评估对象的范围内,这也是有可能的;从评估的广度来看,先是个别地方,如从2000年起,安徽省人民政府确定部分规章开展法律绩效评估,后来,一些地方相继效仿,如海南、上海、北京等地,从一个地方的实践到诸多地方甚至全国范围内的实践,持续时间长,影响范围广,法律绩效评估不仅引起更多立法部门的重视,也应引起广大立法理论研究者的重视。从已开展的法律绩效评估活动来看,各地做法不一,评估对象的确定、评估主体的选择、评估方法与标准的设立、评估程序的设置等,都有很大的差异,需要探索一个有效的法律绩效评估机制,这是蓬勃开展的实践对立法学理论研究提出的崭新课题。

从理论意义上来讲,首先该课题的研究,修正与完善了传统的法理学理论。传统的法理学研究了法律效力与法律实效的关系,一般认为法律效力是指法律的约束力,属于"应然"的范畴,而法律实效是指法律的实际实施结果,属于"实然"的范畴。法律效力主要依赖于法律的形式有效性,而法律实效主要依赖于社会主体的自觉活动。就同一法律而言,其法律效力是一定的,而法律实效则是个变量。但法律效力与法律实效二者密切联系,法律实效的实现是以法律效力为前提的;法律效力的实际存在也离不开法律实效,法律实施是法律效力实际存在的一个条件。但是传统的法理学没有研究法律实效的度量问题,对法律实施效果的评估也就是法律绩效评估的研究较为缺乏,没有将法律效力与法律实效更深层次的关系揭示出来,如通过法律实效状况的考察对法律效力加以修正,对法律进行立、改、废等,因此,需要将法律绩效评估纳入到传统的法律效力与法律实效的关系理论当中。

当然,该课题研究的理论意义不仅仅如此,它一方面检验了现行的立法学理论,另外一方面它拓宽了立法学研究的视域。法律绩效评估机制的研究,实际上为我们传统的立法学理论即法律的制定、修改与废止等确定了科学的基础,法律为什么需要制定、修改与废止,其依据与标准是什么?都需要对法律实施绩效进行考核。而我们现行的立法学理论注重了对法律制定、修改与废止程序的设计,而忽视其生发机制的科学基础。而且,该课题的研究,使得我们将眼光不仅仅置于立法过程,还要置于法律制定出来后的实施效果,从法律实施效果状况来看一看立法可能出现什么问题,从而将立法学理论与研究置于一个更大的视野。

  该课题的实践意义更是本课题的研究价值所在,实践提出的问题,理论作出回应,更重要的是理论要指导实践。虽然总体上对法律绩效评估机制进行设计,但其具体的每项内容、每个环节,既着眼于实践,又高于实践,注重可操作性还注重其科学性。以关于评估主体的选择为例,现实的法律绩效评估主体都属于"内部评估主体",当然在法律绩效评估初期阶段,这种选择是必要的,但它不应是唯一的立法主体,需要建构什么样的主体模式呢?本书关于法律绩效评估主体的建构对我国法律绩效评估实践的主体选择提供了指导。当然,诸如法律绩效评估标准、法律绩效评估对象选择的依据、法律绩效评估信息的收集、整理与分析、法律绩效评估报告的撰写、法律绩效评估结果的回应机制的设计等对我国的法律绩效评估实践都有重要的启发与指导意义。

第一章

域外一些国家的法律绩效评估

第一章 域外一些国家的法律绩效评估

第一节 美国法律绩效评估制度

法律制定出来实施一段时间以后,有关部门、组织或人员对其实施效果等进行评估,称之为法律绩效评估。这是很多国家在实践中已逐步确立起来的一种制度,甚至有一些国家通过法律对其加以规范化与制度化。法律绩效评估制度在我国还是一种新事物,处于一种探索阶段,有必要借鉴与吸收一些先进国家的做法。美国经过多年的探索,实践中逐步形成了一套完整的法律绩效评估制度,而且于1993年美国国会通过了《政府绩效与结果法案》,对政府立法的评估制度加以确定与规范化。本节旨在对美国的法律绩效评估制度加以探讨,以对我国法律绩效评估制度的完善有所裨益。

一、美国法律绩效评估制度的缘起

美国的法律绩效评估制度的兴起与美国政府绩效改革的取向与路径是紧密联系在一起的,是政府改革的必然产物。美国立法追求的效率、效益与效果(法律绩效)与政府改革追求的目标(政府绩效)是一致的,并随着行政改革目标的变化而变化。"从美国行政改革的历史来看,对政府绩效的强调重点也发生着变化。总的来讲,绩效动机趋向于更为广泛的目标,即从单纯的'追求效率'和'控制成本'逐步转变以'效率与效益(有效性)'的整合,最终演化为'减少政府开支'、'提高公共责任、效率、效益以及回应性'等多目标的综合体系。"[①]

综观各国的政府改革,都遵循着一条共同的路径,从"管理政府"、"权力政府"向"效率政府"、"责任政府"、"有限政府"、"效益政府"、"回应性政府"、"绩效政府"等目标发展。在这一点上,美国的政府改革为其他国家的政府改革提供实验样板。促成美国政府绩效改革的动机和因素有以下方面:

(1) 政府财政危机造成的经济压力促成政府下决心改革,摆脱经济压力是政府绩效改革的最主要的、最直接的推动力。"从历史上看,任何以提高效率为主要目的的行政改革运动,其直接的动因都是政府财政拮据而造成的经济状况不佳、政府管理危机和公众对政府的信任危机。"[②]从美国资本主义生产关系确立到20世纪初,美国政府在经济领域中发挥的作用不大,国家的经济几乎完全

---

① 刘旭涛:《政府绩效管理:制度、战略与方法》,机械工业出版社2003年版,第73页。
② 于军:《英国地方行政改革述评》,国家行政学院出版社1999年版,第168页。

依靠市场机制来自发调节。"从1986年以后,美国政府逐步加强了对经济的干预和对私营企业的管制。"①1933年,罗斯福总统实行"新政",政府开始对经济生活进行全面干预。与这一历史进程相适应,政府职能不断扩大,机构与人员不断增加。在凯恩斯理论的指导下,美国的经济在战后经历了一段时间的繁荣。自20世纪70年代以后,凯恩斯主义的缺陷日渐暴露,最主要的是庞大的财政赤字使政府背上了沉重的包袱,出现了"滞胀"现象。从尼克松到布什的历届政府都声称在其任期内削减财政赤字,创造就业机会,发展经济,但都成效不大。1993年克林顿就任美国总统,为遏制美国经济的滑坡势头,开始了一场为时8年的美国"重塑政府运动"(reinventing government movement)。以绩效为本的政府绩效评估措施正是这场改革运动中采取的一项重要措施。

(2)提高政府绩效,重建公众对政府的信任。"有关公众舆论的民意调查显示,目前公众对政府机构的信任度已经有所下降,许多公民认为他们的政府并没有对他们的需求做出有效的回应。为了使政府服务能更好地响应公民的实际需求,各国政府纷纷尝试把原有的政府服务体系颠倒过来。改革者不再从政府人员的角度来设计政府服务项目,也不再用现有的官僚机构来管理政府服务,而是尽力把公民(接受服务的对象)放在第一位。"②随着民主进程的加快,公众要求精简政府机构、强化对政府的监督以及提高政府的工作效率,政府改革须顺应公众要求。克林顿总统1993年3月3日发表演说,呼吁联邦政府内部开展一场变革运动:"我们的目标是使整个联邦政府更加节省、更加有效,同时将我们国家的官僚机构从自大和特权的文化中解脱出来,变得更加进取和勤政。"③《1993年美国政府绩效与结果法案》也指出为了改变"联邦项目中的浪费与无效破坏了美国人民对于政府的信心,也削弱了联邦政府充分满足重要公共需求的能力",联邦政府须"通过系统地控制负责项目结果的联邦机构来增强美国人民对联邦政府能力的信心"。克林顿政府的绩效改革取得了显著成效,有学者评价:"克林顿政府的绩效改革在政府形象方面取得了很大成效,遏制住了公众对政府信任的急剧下降趋势,提高了公众对政府的信心与信任度。"④

(3)新公共管理运动的兴起以及企业化政府再造理论为政府的绩效化改革提供理论支持。自20世纪70年代末期以来,西方发达国家掀起了一股大规

---

① 安莉:《政府质量比较研究》,吉林大学出版社2006年版,第81—82页。
② 〔美〕凯特:《有效政府——全球公共管理革命》,朱涛译,上海交通大学出版社2005年版,第1—2页。
③ 安莉:《政府质量比较研究》,吉林大学出版社2006年版,第84页。
④ Donald F. Kettl, Reinventing Government: A Fifth-Year Report Card, A Report of the Brookings Institution's Center for Public Management, 1998.

第一章　域外一些国家的法律绩效评估

模的称之为"新公共管理运动(new public management)"的行政改革浪潮。推动新公共管理运动的主要原因在于：西方国家所面临的国际环境和国内环境的剧变以及政府自身所面临的各种困境和危机，从而导致了传统公共行政模式的合法性危机①。新公共管理运动的基本指导思想是："以经济学和私营部门管理为理论基础，摒弃公共服务供给中传统的官僚制独占模式，引入各种市场竞争机制；借鉴私营部门的管理技术与激励手段；强调公共服务中的顾客导向；注重结果甚于规则等等。"②与此改革相适应，在美国于20世纪90年代兴起的"政府再造(reinventing government)"运动。1992年，戴维·奥斯本和特德·盖布勒合著的《再造政府：企业精神如何改造着公共部门》(reinventing government: how the entrepreneurial spirit is transforming the public sector, 又译《改革政府》)在美国社会引起强烈的关注。这种理论认为："解决政府各种问题的唯一正确的价值选择，在于重新定位政府职能，按照企业家精神重塑一个'企业化政府'"③。企业化政府再造的核心是借鉴私营企业先进的管理思想和技术的基础上，对政府组织结构的重新塑造，以实现政府的管理绩效、效益与效率。

（4）美国立法尤其是行政规章数量的增加，质量参差不齐，又缺少定期的清理机制，是法律绩效评估制度兴起的直接动因。美国除普通法以外，大量的是制定法，制定法的主体除联邦或州的议会以外，政府机关也拥有一定的立法权，称之为行政规章立法权。美国联邦及州的各种公共政策的实施主要是通过政府机关的规章来具体实现的。根据《联邦行政程序法》的解释，规章是为执行、解释、说明法律或政策，或为了规定机关的组织、程序或活动规则而发布的普遍适用于专门事项的、对未来有拘束力的文件的全部或其中的一部分；还包括批准或规定未来的收费标准、工资、法人体制或财经体制及其改革、价格、设施、器具、服务费或津贴费，还包括批准或规定财产估价、成本费用、记账以及上述各项相关的活动。根据这样的解释，行政规章的立法事项是非常宽泛的。在现代美国的法律体系中，规章占有了绝对的比例，"在美国法律秩序的结构中，行政规章犹如汪洋大海，法律只是飘浮在大海中的少数孤岛。"④由制定法授权签发的行政规章属于立法之一种，联邦、州以及地方政府机构的各种规章具有法律拘束力，其地位在普通法规则之上⑤。政府绩效改革的内容之一就是对规章的清理。1993年，美国政府发表了《从繁文缛节到以结果为导向：创造一个

---

① 周志忍：《当代国外行政改革比较研究》，国家行政学院出版社1999年版，第21页。
② 刘旭涛：《政府绩效管理：制度、战略与方法》，机械工业出版社2003年版，第78页。
③ 张国庆：《行政管理学概论》，北京大学出版社2000年版，第649—658页。
④ 王名扬：《美国行政法》，中国法制出版社1995年版，第353页。
⑤ 〔美〕霍伯：《美国法律的现代渊源和效力层次》，载《外国法学研究》1994年第2期。

少花钱、多办事的政府》,即"戈尔报告"。戈尔在报告中断定:美国政府的绩效不佳,"问题不在于政府职员的懒惰和无能,而在于繁文缛节的规则令人如此窒息,简直扼杀了政府雇员的哪怕是一丁点儿的创造性。"①1995年3月,克林顿颁布了一道总统令,要求"理顺政府工作程序",核心目标是清除繁文缛节,提高政府经费和工作效率。这项命令之一就是取消过时的规章条例。这项改革成果也很明显,"美国政府在1996年总共删减掉了1.6万余页累赘的规章制度,简化、修改了3.1万页法规条文,使之更加简明易懂。到2000年,这项改革取得了相当丰硕的成果。清除的各类规章、条例、文件、法则厚达64页,如果把它们装进箱子,则足以装满125箱。政府内部规章繁琐、手续复杂的情况因此有所改观。"②

二、美国法律绩效评估制度的建立与发展

美国法律绩效评估制度的建立是一个渐进的过程,在不同的历史时期因为评估的价值目标有所不同而在绩效评估制度的设计与操作上有较大区别,根据不同时期的法律绩效评估的价值目标的差异,笔者将美国法律绩效评估制度的建立分成这样几个阶段:

(1)自美利坚合众国成立到20世纪20年代末期,这个时期是美国早期法典化的时期,是美国法律绩效评估制度的萌芽。

美国法律制度的建立开始于殖民地时期,15世纪末,欧洲人发现美洲新大陆。西班牙、荷兰、法国、英国等欧洲国家开始争先恐后地向这里进行殖民活动。至17世纪初,在各殖民地国家,英国取得了绝对的优势。殖民地时期的美洲法律,主要是英国的法律,包括英国的普通法、制定法,在殖民地不同程度的生效。另一方面,在这个时期,各殖民地都设立性质与地位不同的议会,也制定一些各自的法令。这些法律法规成为后来美利坚合众国法律的基础。美国建国后曾经有一段时间排斥英国普通法的传统,但后来为调整各种法律关系的需要,统治阶级还是选择了英国的普通法,作为美国法律制度建立的基础。

美国是普通法传统的国家,普通法、判例法是其主要法律渊源。但从19世纪特别是19世纪下半期以来,制定法的重要性和在法律中所占的比重,越来越增加了。因适应资本主义生产关系发展的需要,在建国伊始至19世纪末20世纪初,美国就着手普通法的法典化。

"早在19世纪上半期,在美国就曾出现过使普通法法典化的运动,英国法

---

① 刘靖华等:《政府创新》,中国社会科学出版社2002年版,第89页。
② 卓越主编:《政府绩效管理导论》,清华大学出版社2006年版,第197—198页。

学家边沁、美国法学家利文斯顿、斯托里和费尔德等人,都曾试图将美国普通法编纂成法典,但都没有取得令人瞩目的成就。"①1890年成立的美国统一州法律全国委员会对判例法进行系统整理,先后草拟了约一百七十项称为"统一法"的法律,推荐给各州作为州法采用。迄今得到较多州采用的有十多项,如统一买卖法、统一附条件买卖法、统一合伙法、统一票据法、统一商法典等,其中,1906年颁布的《统一买卖法》曾得到三十多个州的采用。1952年颁布的《统一商法典》迄今已得到除路易斯安那州以外的49个州的采用,是美国统一法律方面取得的最高成就。美国法学会曾草拟了几部称为"标准法典"的法律,有标准证据法典、标准刑事诉讼法典、标准刑法典等,也为统一美国法作出贡献。在制定法汇编方面,1926年颁布了《美国法律汇编》,又称《美国法典》,是将美国国会通过的现行全部有效的法律,按50个专题分类汇编而成,此汇编从1928年起每5年定期修订增补一次。

这一段时间的美国法律汇编与法典化运动,是美国统治阶级为迎合其统治的需要,调整新型的社会关系,强调"为我所用",对美国已有的判例、普通法以及制定法进行的一次综合评估。虽然也清理了不为资本主义生产关系所需要的一些法律,但绝大部分法律都还是保存了下来,为美国法律体系的建立奠定了基础。

(2) 20世纪30年代至20世纪70年代,这是美国政府行政权力膨胀的时期,政府对社会的管理与规制加强,法律绩效评估的根本价值目标是"效率",也是法律绩效评估制度的探索时期。

公共政策学者将这段时期称之为传统公共行政模式时期,"传统公共行政模式在20世纪20年代已经基本成型,并且至少在50年的时间内一直没有发生明显变化。"②在这一模式看来,行政效率主要来自于官僚制自身的运行,官僚制本身的许多特点可以保证公共行政能够自动的实现效率③。

这个时期,政府为摆脱经济危机的压力,走出经济发展的困境,依据凯恩斯主义,加强行政规制,行政权力扩张。政府通过行政规章进行经济管制。行政法学者欧内斯特·盖尔霍恩认为,通过行政规章进行经济管制的主要原因是:自然垄断、破坏性竞争、物资匮乏、信息不充分和不对称以及外部性问题。"毫无疑问,管制机关是通过行政规章和法规运作制度化的官僚政治。""行政管制,

---

① 曾繁正等编译:《西方国家法律制度社会政策及立法》,红旗出版社1998年版,第69页。
② 〔澳〕欧文·E.休斯:《公共管理导论》(第2版),彭和平等译,中国人民大学出版社2001年版,第38页。
③ 刘旭涛:《政府绩效管理:制度、战略与方法》,机械工业出版社2003年版,第36页。

是我们法律制度的永久性特征。"① 规章数量与管制成本都达到了历史上无以复加的地步,"管制机构膨胀和管制过多过滥,管制机构平均每年发布规章七千多个,平均每年的管制成本达六千三百多亿美元,造成了市场的扭曲和低效率。"②

效率作为这一时期政府绩效以及法律政策绩效评估的核心价值取向,出现了一些专门研究政府绩效的组织和学术团体,并把绩效评估引入到政府的评估实践中去。1906年,在纽约市成立了市政研究局(Bureau of Municipal Research),其目的是提高自治市政府的效率。1928年成立的全国市政标准委员会(National Committee on Municipal Standards),为政府服务效率的测量方法上做出了贡献。1938年克拉伦斯·E.里德利和赫伯特·西蒙的经典著作《市政活动的测量》的出版,给政府绩效测量运动注入了巨大活力。1939年联邦预算局从财政部转到新成立的总统行政办公室,并扩大了自身的规模。1950年,国会通过了《预算与会计程序法》(Budgeting and Accounting Procedure's Act),从而使联邦政府的所有部门都建立了绩效预算③。

同时,美国联邦国会与州议会也通过法律,对立法的成本与效益加以控制与监督。20世纪60年代,美国国会就通过立法加以规定:"行政部门提交的法律草案,须同时提出立法论证报告,且经过成本收益比较分析程序并由联邦预算局审核,方可提交国会通过。"④美国许多州议会也明确规定:"凡是所立之法的实施将直接导致州财政支出或者收入的,均应提交该法的立法成本分析报告,凡是具有上列情形而未提交立法成本分析报告的,议会有权不予审议或通过。"⑤可以看出,这些法律规定的是立法的预评估,是法案在形成为法之前由有关主体对其进行的成本与收益的预评估。

但是政府对法律绩效的评估不仅仅是对法律的预评估,也偏重于法律绩效的评估。如纽约市政研究院确立的三种类型的评估,就为政府的规制评估(规章的效果评估)提供了标准。它所提出的三种类型的绩效评估是:其一,评估政府活动的成本/投入;其二,评估政府活动的产出;其三,评估社会条件,有时对

---

① Ernest Gellhorn, Regulated Industry in a Nutshell, West Publishing Company, 1990. pp. 5, 384. 转引自崔卓兰、于立深:《行政规章研究》,吉林人民出版社2002年版,第50页。
② Kenneth J. Arrow, Robert W. Hahn, 1996, Is there a Role for Benefit—cost Analysis in Environmental, Health, and Safety Regulation? Science, Volume 272, April 2, pp. 21—25.
③ 卓越主编:《公共部门绩效评估》,中国人民大学出版社2004年版,第206—207页。
④ 龚祥瑞:《美国行政法》上册,中国政法大学出版社1995年版,第84页。
⑤ 孙潮:《立法成本分析》,载《法学》1994年第10期。

社会需求也进行评估,有时对政府活动的结果进行评估①。根据这个标准,政府各部门对其制定的规章进行成本分析、收益分析以及考察规章的实施效果、社会需求状况以及对政府管理活动的意义。1976 年,美国科罗拉多州通过了第一个"日落法",该法律对一项计划或一个规章规定一个日期,到了这个日期,该计划或规章除非再次得到批准,否则就此失效,从而迫使政府部门定期对其活动和规章的结果进行评价②。

(3) 20 世纪 70 年代以后至现在,是美国政府绩效评估以及法律绩效评估制度得以成熟与规范化的时期,法律绩效评估的价值目标也是多元化的,从单纯的追求"效率"到"效益"、"效果"等多种综合目标的统一。

这个时期,从公共行政的模式来讲,是从传统行政管理模式向"新公共管理"模式转换。由于西方各国面临着各种经济、政治和社会危机以及政府自身所面临的种种弊端,迫使政府重新审视自己的行为,并开始寻求有效的治理工具以替代已显过时的传统的行政模式,诸如公共选择理论、委托——代理人理论、交易成本理论等成为公共管理部门改革的指导思想,这就是"新公共管理运动"。"新公共管理的目标在于取代传统模式,因此,它不像'以前的'公共管理那样,只是在公共行政内部实行技术性的专业化。新公共管理不只是对公共部门进行改革,它表现为要求公共部门转换机制并改变其与政府和社会的关系。"③

这个时期的政府行政管理一改过去的强调管制、加强规制方式,开始逐渐放松规制、减少规制,大规模地清理规章,对新规章的制定进行控制。这种改革效果也很明显,"政府进行放松规制的改革,部分或全部废除了某些产业的规制,使得相应的规制成本得以降低。如美国里根政府进行放松规制改革期间,规制开支迅速减少了 3%,规制机构的雇员从 11.9 万人锐减到 10.1 万人。工业方面规制机构的预算减少到三分之一强(实际变量)。同时,环境保护署、职业安全和健康管理局、消费者产品安全委员会等社会性规制机构的预算也有大规模的削减。"④

伴随这场管理方式的变革,公共部门政策绩效评估以及法律评估也得到了

---

① William. D.W. 2003. Measuring Government In the Early Twentieth Century, Public Administration Review, 63(6):643—659.
② 包国宪、董静:《政府绩效评价在西方的实践及启示》,载《兰州大学学报》(社会科学版) 2006 年第 5 期。
③ 〔澳〕欧文·E. 休斯:《公共管理导论》(第 2 版),彭和平等译,中国人民大学出版社 2001 年版,第 69 页。
④ 周志忍:《当代国外行政改革比较研究》,国家行政学院出版社 1999 年版,第 194 页。

重视。尼克松执政时期的目标管理就是其中的重要一项。目标管理(MBO)的目的就是集中目标的决策权力,总统通过管理和预算办公室影响并控制联邦政府各部门的目标和计划的制订,使其与联邦政府的整体目标相吻合;同时对部门负责人授权,让其可以灵活地选择实现目标的途径与方法。1973 年,尼克松政府颁布了"联邦政府生产力测定方案"(the federal government productivity measurement program),制定出来的绩效指标达三千多个,力图促使公共政策绩效评估系统化、规范化、经常化。1974 年,福特总统要求成立一个专门机构,对所有公共机构的政策项目进行成本——效益分析①。1977 年美国政府通过的《利马宣言——审计规则指导原则》中指出:"除了重要性和意义都不容置疑的财务审计外,还有另一类型的审计,即对政府工作的绩效、效果、经济性和效率进行的审计。""到 80 年代中期,35 个州的立法机关扩大了现有的机构,或成立了新的机构,以负责全州范围内的项目有效性和效率的评估。"②

美国法律绩效评估制度的规范化是由克林顿一届政府完成的。1993 年,面对公众要求精简政府机构、强化对政府的监督以及提高政府工作效率呼声,克林顿政府成立了由副总统戈尔挂帅的"国家绩效评估委员会"(National Performance Review, NPR)。1993 年通过了两个纲领性文件,一是《政府绩效与结果法》(The Government Performance and Results Act, GPRA);另一个是 NPR 的报告《从繁文缛节到以结果为导向:创造一个少花钱、多办事的政府》(From Red Tape to Result: Creating A Government That Works Better and Cost less),即"戈尔报告"。

《政府绩效与结果法》不仅是联邦政府部门绩效考察的法律,也是联邦政府各部门公共政策、法律法规评估的法律依据。该法案分为四个部分,对立法目的、绩效评估的程序等作了较为详细的规定。然而该法案不是加强联邦政府绩效管理或立法评估的唯一法案。在 20 世纪 90 年代,联邦国会通过了 7 部法律,修订或重新确认了 7 部法律,以建立一个相互关联的立法网络,可以说构建了美国法律绩效评估的制度体系。这些法律主要集中在三个关键领域:财务管理、信息技术与财政控制。(1)关于财务管理的改革立法有:1990 年的《财务主管法案》、1994 年的《政府管理改革法案》以及 1996 年的《联邦财务管理改进法案》;(2)信息技术方面的改革立法有 1985 年的《文秘工作削减法案》、1996 年的《信息技术管理改革法案》、1987 年的《计算机安全法案》的 1996 年修正案;(3)财政控制的改革立法有:1990 年的《联邦信贷改革法案》、1996 年的《债务

---

① 张燕君:《美国公共部门绩效评估的实践及启示》,载《行政论坛》2004 年第 3 期。
② 范伯乃:《政府绩效评估理论与实务》,人民出版社 2005 年版,第 298 页。

征收促进法案》、1982年的《联邦管理者操守法案》、1982年的《即时支付法案》、1978年的《总监察长法案》等。

2003年美国政府颁布了《政策规定绩效分析》①,是其指导政府对政府有关规章制度进行绩效预算的一项制度。出台这个文件的目的就是为了预测及评价规章制度的实施效果。按照有关规定,为了提高政府出台的规章(公共政策)的绩效,各规章的制定部门须对规章进行绩效分析。这样做的好处在于:"(1)了解提案能否收支平衡,(2)提示备选方案是否更有效率,好的政策规定绩效分析向公众和政府部门(包括分析机构)提供各项方案的效果,它可以指出某些方案的不足,也可以证明另一些方案是否更加全面、合理和公正。"②

三、美国法律绩效评估制度的运作机制

美国法律绩效评估制度是通过《政府绩效与结果法》、《政策规定绩效分析》等一系列法律制度建立起来的,内容很复杂,这里根据美国法律绩效评估的制度与实践从几个方面来具体考察它的运作情况。

（一）法律绩效评估的主体

法律绩效评估的主体是强调或说明由谁来对立法进行评估。法律绩效评估主体的确定对法律绩效评估制度非常重要,它不仅关乎到评估结果的公正性与客观性,而且它能帮助人们正确认识与评价一部法律或政策,从而确定它是继续沿用还是被修改甚或废止。如果由一个部门来对自己制定的法律或政策进行评估时,我们不难设想到这种评估结果的公正性与可信性。因为对于一个部门来说,当某项评估的结果关乎到自身的存废或者是财政拨款的多少时,那么它便可能改变评估的角度,运用有利于本部门利益的指标,竭力维护自我存在的合理性。

美国的法律绩效评估主体经历了一个演变过程,早期只是政府部门自身,实行的是内部评估,当代美国著名学者丹尼尔·威廉姆斯（Daniel W. Williams）的研究表明,"早期的政府绩效评估更紧密地与政府管理联系在一起,而与公众和社会的联系并不怎么紧密。"③后来随着政府服务意识的提高与公民权利意

---

① 美国政府文件:《政策规定绩效分析》,由美国财政部管理及预算办公室(OMB)于2003年9月17日颁布;中译文参见财政部财政科学研究所《绩效预算》课题组:《美国政府绩效评价体系》,经济管理出版社2004年版,第367—412页。

② 财政部财政科学研究所《绩效预算》课题组:《美国政府绩效评价体系》,经济管理出版社2004年版,第368页。

③ Danniel W. Williams, Evolution of Performance Measurement Until 1930, Administration and Society 2004.

识的增强,有关学术团体、非营利组织、公民等也成为法律政策重要的评估主体。

1. 国会

美国国会是美国重要的立法主体,它行使立法权,但它法案的来源绝大部分来自于联邦政府的提案,国会就要求联邦政府在提交法律草案时同时提交成本分析报告,国会对各种法律方案的预算进行控制,这项工作主要由国会所辖的联邦会计总署以及各个委员会来承担。在1993年国会通过的《政府绩效与结果法》中,"国会发现:(1)联邦项目中存在的浪费与无效率,削弱了美国人民对政府的信心,也降低了联邦政府提供令人满意的重要的公共需要的能力。(2)由于项目目标的不够清晰和关于项目绩效中的不完整信息,联邦官员在改善项目效率和有效性的努力少有作为。(3)由于对项目绩效和结果的不够重视,阻碍了国会的政策制定、支出决定和项目监督。"基于此,国会通过该法案要求联邦机构在1997年9月30日以后,必须向国会提交战略计划和执行情况的报告,并对战略规划与绩效计划的内容作出了严格的规定。从而确立了国会对联邦政府制定的法律政策的权威评估主体地位。国会的评估工作是由国会常设委员会或者由几个委员会联合进行。

2. 总统、联邦政府机构以及地方相应机关

根据《政府绩效与结果法》的要求,联邦机构的每一个机关需要向联邦预算和管理局提交年度绩效计划,主要说明该法律政策所要达到的绩效水准,目标实现所需要的人财物力资源等;另外联邦机构还被要求在不迟于2000年3月31日,以后在每年的3月31日以前,向总统和议会提交前一财政年度的计划绩效报告。

在美国,依总统命令设立一些委员会,其中与政府立法或政策评估有关的委员会有:政府行政部门组织研讨委员会、水资源政策委员会、高等教育委员会、政府关系研讨委员会、对外经济政策委员会、政府住宅政策与计划委员会、执法与司法委员会等,这些委员会设置的目的在于集思广益,借用民间的专业技术,防止草率的行动,立于超然地位,对某些相关的行政立法及政策进行评估。

在实施政府的"企业化"再造运动中,一些联邦政府机构承担法律政策绩效评估的功能,这些机构包括:管理与预算局、人事管理局、总务局、财政部内的财务管理局、政府伦理局、总统绩效管理评议会、首席财务官会议、总统廉洁与效率委员会等,各自承担不同的评估职能。如管理预算局负责"评估影响公众的各项政府管理和规章,并改善其管理";人事管理局负责评估联邦雇员的业绩,并确定聘任、培训与晋升;总务局负责资料处理等;财务管理局负责政府各种收

支凭据的管理；政府伦理局负责对公务员"利益冲突"进行指导等。在州政府和地方政府都由同样的预算管理机关承担起监督法律政策绩效的责任。

3. 学术团体、非营利组织等第三方主体

在美国，除政府机构进行法律政策的绩效评估以外，大量的学术团体、非营利组织等第三方评估机构也发挥着重要的作用。如曾担任美国联邦人事署署长的坎贝尔创立了坎贝尔研究，在法律政策绩效评估中设计出了一系列的评估指标，包括财务管理、人事管理、信息管理、领导目标管理、基础设施管理等，为评估规范化作出了努力。"自1998年以来就与美国《政府管理》杂志合作，每年对各州或市的政府绩效进行评估，并发布评估报告，引起了政府和民众的广泛关注，并因其报告的公正客观性受到好评。"① 美国行政学会的"责任与绩效中心"(CAP)也对绩效评估的工具的选择作出了研究，提出在选择绩效评估工具时须考虑以下因素：了解各种不同类型评估工具的价值；建立目前组织绩效的基准；确定对顾客、委托人或公众的影响效果等。其他一些民意测验机构在政府法律政策的绩效的评估中也发挥着重要作用。"美国其他的独立研究机构如布鲁斯金公共政策研究中心、卡图规制研究中心、美国企业研究中心等对政府规制成本与收益的研究已经有几十年的历史，它们的研究范围涵盖了政府规制的各个方面，形成了对政府规制成本和收益研究方法、范围、指标等较为完整的研究体系。"②

4. 公民

公民是最广泛的评估主体。在美国政府再造运动中，一个基本的价值倾向就是"顾客至上"。在"戈尔报告"提出的四大改革原则中，其中第二项即为"顾客优先的原则"。这一原则由四个步骤来实现：(1) 倾听顾客的声音，让顾客来选择；(2) 使公共组织之间相互竞争；(3) 创造市场动力；(4) 利用市场机制来解决问题。在1994年和1995年，国家绩效评估委员会又出版了两份报告：《顾客至上：服务美国民众的标准》和《顾客至上：1995年服务美国民众的标准》③。从这场改革可以看出，政府主动让公众参与法律政策的评估。"让市民参与业绩评估的总体目的是建立一个持久的过程，市民在这个过程中评价政府的业绩以使政府政策和服务反映社区的需求。"④

---

① 范伯乃：《政府绩效评估与管理》，复旦大学出版社2007年版，第165页。
② 席涛：《美国政府管制成本与收益的实证分析》，载《经济理论与经济管理》2001年第11期。
③ 刘旭涛：《政府绩效管理：制度、战略与方法》，机械工业出版社2003年版，第150页。
④〔美〕阿里·哈拉契米主编：《政府业绩与质量测评——问题与经验》，张梦中、丁煌译，中山大学出版社2003年版，第39页。

（二）法律绩效评估的对象

根据美国政府绩效评估以及政府改革的需要，选择一定的评估对象。在克林顿就任总统后就开始了"政府再造"运动，对政府管制进行了一次大规模的清理活动，而且取得了显著成效。实际上在政府实施放松规制以后，政府就采取了一系列措施控制新规章、新政策的出台。1981年3月，里根政府发布了"12291号行政命令：管制解除的工作魄力"（Executive Order 12291: Task Force on Regulatory Relief），该行政命令规定："只有管制对社会的潜在收益超过社会的潜在成本，否则将不实施管制。任何机构提交的对经济影响有着或超过1亿美元成本支出的主要规章，同时提交该规章对经济影响的分析报告。"美国的信息管制事务办公室负责审核各个机构提交的主要规章，认为不符合条件或要求将不被通过。里根执政期间新规则的增加数量是最少的，信息管制事务办公室否决了行政机构提交的大约46%的规则草案，平均每年发布大约4500个规则[①]。

除政府改革需要，进行大规模的限制或清理以外，联邦或州根据国家政策绩效评估的需要，可能采取对某一类法律政策的评估，如美国联邦开展的"灾害管理的质量评估"就对美国联邦相关的灾害管理的法律政策以及管理措施进行评估[②]。美国德克萨斯州就开展了一项计划生育服务政策的评估[③]。

从法律形式上来看，美国法律绩效评估的对象主要是政府各部门制定的各级各类的规章。虽然美国法律绩效评估制度的实践也有对联邦立法的评估，但这样的评估进行得非常少甚至几年不进行一次。而法律绩效评估制度与实践大量针对的是美国政府各部门制定的规章。

为什么会出现这样的情形，无非基于这样几个理由：一是政府规章在美国法律体系中占有绝对多数的比例，数量庞大，制定的主体不仅多而且等级不一，技术水平有差异，各种规章的价值目标难免有差异甚至发生冲突。从美国政府改革的情况来看，主要的改革措施之一就是放松管制，减少规章。二是政府规章的制定相对于联邦或州议会立法来讲，效率很高，政策出台快，没有繁琐程序之限制。三是联邦立法多是通过政府来执行的，政府执行的方式之一就是大量

---

① 席涛：《美国政府管制成本与收益分析的制度演变》，载《中国社会科学院研究生院学报》2003年第1期。
② 〔美〕阿里·哈拉契米主编：《政府业绩与质量测评——问题与经验》，张梦中、丁煌译，中山大学出版社2003年版，第47页以下。
③ Emil J. Posavac and Raymond G. Carey, Program Evaluation: Methods and Case Studies, Englewood Cliffs, New Jersey: Prentice Hall, 1992, pp.285—293.

的制定规章,通过规章将联邦立法细化。

但考察美国法律绩效评估制度与实践的做法,我们发现并不是任何规章都需要进行评估,法律绩效评估的重点是"主要规章"(major rule)。什么是主要规章?"如果一个规章在一年对经济有着或超过1亿美元的成本,这个规章就是一个主要规章。因为这个规章产生的副作用,直接造成联邦政府、州政府、地区政府、企业和个人的经济负担。是否是一个主要规章,由OIRA(信息管制事务办公室)做最终决定。"①根据美国克林顿总统的12866号行政命令以及布什总统对此加以修正的13258号《管制计划与审查》行政命令的规定,主要的规章"是指在规章中可能导致下列后果的任何一种管制行为:(1)年度经济影响在1亿美元或者以上的管制行为,或在实质上对经济、经济部门、生产力、竞争、就业、环境、公共健康、安全,或州、地方和部门政府、共同体产生反面影响的管制行为;(2)造成了严重矛盾,或者干预其他机关已经执行或者计划的管制行为;(3)实质改变了资格授予、拨款、使用权费或贷款项目的预算效果及其中接受者的权利和义务;或者(4)在法令、总统优先权或本行政命令所确定的原则之外所滋生的新的法律或政策问题。"②

(三)法律绩效评估的指标体系

1.法律绩效评估指标设计的基本原则

法律绩效评估指标设计的基本原则是指法律绩效评估的主体根据什么原理、原则来设计它的具体指标,并借此指标对立法的实施效果、效益等有一个客观、真实的描述。在美国的法律绩效评估实践中,有学者总结出法律绩效评估指标设计的基本原则可以概括为一个由英文大写字母组成的单词"SMART"。

具体而言,"S"代表"Specific",要求评估指标应该是"具体的"、"明确的"、"切中目标的",而不是"模拟两可的"、"抽象的";

"M"代表"Measurable",要求评估指标最终是"可衡量的"、"可评价的",能够形成数量指标或行政行为强度指标的,而不是"笼统的"、"主观的"描述③;

"A"代表"Achievable",要求评估指标是"能够实现的",而不是"过高或过

---

① 席涛:《美国政府管制成本与收益分析的制度演变》,载《中国社会科学院研究生院学报》2003年第1期。
② 《美国〈管制计划与审查〉行政命令》,于立深译,胡晶晶校,载《行政法学研究》2003年第4期。
③ 一般学者认为,评估指标可以分为行为指标与数量指标。所谓数量指标是指可以用数据来测量的指标如教育部门有关小学入学率指标;所谓行为指标,是指用来表示组织或人员某种行为强度的高低的指标,一般难以用实际数据来表示,只能用相对的数值比较相互之间的行为强度的高低。如"五分制"中,用"一"表示强度最低的行为,用"五"表示强度最高的行为。

低"或者不切实际；

"R"代表"Realistic"，要求评估指标是"现实的"，而不是"凭空想象的"或"假设的"；

"T"代表"Time bound"，要求评估指标具有"时限性"，而不是仅仅存在模糊的时间概念或根本不考虑完成期限。①

2. 法律绩效评估的指标体系

美国政府早在 20 世纪 40 年代就探索构建法律或政策评估的指标体系。20 世纪 60 年代，美国会计总署就开始运用"3Es"标准对法律或政策进行审计。"3Es"表示经济(Economy)、效率(Efficiency)和效益(Effectiveness)。("经济"指标表示投入成本的最小化程度，即在维持特定水平的投入时，尽可能降低成本，或者说，充分使用已有的资源以获得最大或最佳比例的投入。经济性指标一般涉及成本与投入之间的关系。"效率"表示在既定的投入水平下使产出水平最大化，或者说，在既定的产出水平下使投入水平最小化。效率指标一般通过投入与产出之间的比例关系来衡量；"效益"表示产出最终对实现法律政策目标的影响程度，包括产出的质量、期望得到的社会效果、公众的满意程度等。效益指标一般涉及到产出与效果之间的关系。)后又扩展到"五 E 审计"，即在"三 E"基础上又加上了公平性(Equity)和环境性(Environment)审计。根据美国学者塔尔伯特(Talbot)的分析，"目前，美国的行政机关运用'3Es'的情形比较普遍，其中至少有 68%的政府机关使用'效果'为指标；14%使用'经济'指标；8%使用'效率'指标。"②

在《1993 年政府绩效与结果法》的指导下，国家绩效评估委员会建立了一套较为完整的绩效评估体系，其主要指标有：投入指标(衡量某一立法项目消耗的资源)、能量指标(衡量一项法律政策提供服务的能力)、产出指标(衡量为服务人口提供的产品数量或服务单位)、结果指标(衡量立法项目实施的社会效果)、效率与成本效益指标(衡量立法项目是如何实现其立法意图或目标的)、生产力指标(融效率和效益于一体)。

1997 年，美国政府生产力研究中心出版《地方政府绩效评估简要指南》，概括性地提出了评估的生产力、效果、质量和及时四大类指标标准。1997 年美国政府责任标准委员会(The Government Accounting Standards Board)也制定了更精简的四项指标，即投入指标、产出指标、后果指标、效率与成本效益指标。

在近些年来的法律绩效评估制度操作实践中，除以上评估指标外，还有其

---

① 刘旭涛：《政府绩效管理：制度、战略与方法》，机械工业出版社 2003 年版，第 181—182 页。
② 张成福、党秀云主编：《公共管理学》，中国人民大学出版社 2001 年版，第 275—276 页。

他三项指标愈来愈受到重视：

（1）服务质量测量。这是针对立法或政策回应公众的需求或期望的程度，这是以价值为基础的评估。"尽管回应性能够被客观地测量，但决定这样的回应是否达到质量标准则通常是一种主观判断。"①主观因素的介入，要求在具体的评估过程中以这项指标进行科学的分析，以减少对公正评估的影响。

（2）公民满意度测量。公民满意度测量是评估公民感觉他们的需要受到立法项目所满足的程度。这种测量与服务质量测量都强调公众的积极参与，与前一指标一样，也是带有较强的主观性。

（3）综合测量。与以上某一单纯的指标不同，综合测量寻求的是对某一或某类立法项目的全面的评价，主要有负作用测量，即该立法项目带给社会公众哪些不利的后果，特别是立法设计之初没有设想到的效果；分配测量，即评价受某立法项目积极影响或者带来利益的人以及与受立法项目损害的或承担立法项目成本的人的差别关系，这项指标用于评估立法项目的公平性程度以及是否存在歧视方面的问题等，当然也可以衡量该立法项目利益分配的合理性程度；无形衡量，即试图定性而非定量的衡量立法项目社会各方面的影响与效果。

（四）法律绩效评估的程序

美国1993《政府绩效与结果法案》只规定了法律绩效评估的方式，而对评估的程序缺乏规定，在实践中似乎也没有统一的程序可以遵循。美国国家生产力中心建立了一项业绩评估七步骤，在程序的规范化上作出了尝试，运用到法律绩效评估上来，有这样的要求：

（1）鉴别要评估的项目。也就是说，评估主体首先要确定评估的立法项目、具体的立法制度及其规定，了解其实施状况。

（2）陈述目的并确定所需结果。明确该项法律项目评估的目的、目标。不仅如此，作为评估主体还要知晓该法律项目的立法意图与基本目标，只有清楚地了解该立法项目的目的，才能够测评该项目的业绩，即它的实施状况与立法目的比较而呈现的结果。

（3）选择衡量标准或指标。"一个好的评估体系采纳几项指标以度量结果和业绩。大多数建立了业绩评估体系的政府项目纳入了下述指标：投入、能力、

---

① 〔美〕尼古拉斯·亨利：《公共行政与公共事务》（第8版），张昕译，中国人民大学出版社2002年版，第314页。

产出、结果、效率和生产力。"① 也就是确定该立法项目评估的指标体系。选择合适的指标体系,能够准确、客观、公正地反映项目评估的结果。

(4) 设立绩效和后果的目标。在这个步骤里,公众和公共部门管理者需要明确什么样的条件下项目目的和目标应该达到。公众和管理者们需要决定服务有效性和质量对一个具体项目来说意味着什么,并明确表示他们将如何决定所陈述的有效性及质量标准是否达到。

(5) 监督结果。每一项达到的目标应当基于管理部门和工作人员提供服务及接受服务的公民角度被连续不断地加以监督。监督为公众和管理者提供了业绩目标是否达到所需的结果。系统地、周期性地监督为公众和管理者提供了追踪项目运作并采取纠正措施的机会。

(6) 绩效报告。一个良好的绩效测评系统应定期报告项目结果。《政府绩效与结果法案》要求每一个联邦机构提交组织的五年战略计划,同时每年需要提交绩效报告给预算与管理局和国会。

(7) 使用后果和绩效信息(分析和行动)。一个有效的绩效评估体系的信息被定期运用到项目计划中,以便重新评价目的和目标,并调整重点;另外采用评估结果的信息来连续不断地改善项目操作和结果。一个建立良好的绩效测评系统应当让公众和管理者能够发现项目或服务的长处或改善的机会,而且可以找到项目的弱点和不足之处。②

(五) 法律绩效评估的方式与方法

法律绩效评估的方式与方法是指法律绩效评估主体采取什么样的手段与工具对评估对象进行评估。评估方式与方法选择的适当与否,也会直接影响评估结果的客观性与公正性。我国近几年地方兴起的法律绩效评估制度,多采用如调查问卷、座谈会的方法。以云南省《云南供用电条例》评估为例。2005年3月,云南省人大法制委员会和云南电网公司就该《条例》的"立法回头看"制作了调查问卷,并下发到全省各供电局征求意见。在调研过程中,调研组先后到昆明、临沧、大理、西双版纳几个州市,召开由当地人大、经贸委、林业局等有关部门和当地供电部门等参加的座谈会。调查问卷、召开座谈会、典型个案分析、专家组评估等是我国地方法律绩效评估制度最为常见的方法。

实际上,关于法律绩效评估的方式与方法基本上分为两种类型:实证分析与价值分析(定性与定量分析)。在美国早期的法律与政策评估中,多采用

---

① 〔美〕阿里·哈拉契米主编:《政府业绩与质量测评——问题与经验》,张梦中、丁煌译,中山大学出版社2003年版,第42页。

② 同上书,第41—43页。

第一章 域外一些国家的法律绩效评估

实证主义的分析方法,"实证主义多表现为一系列实证——分析技术的结合:成本——效益分析、准实验研究设计、多元回归分析、民意调查分析、投入产出分析、运筹学、数学模拟模型和系统分析。"①后来"实证主义的政策评估受到广泛的批评,因为它既是'专家治国论者的世界观'的产物,又是其代理者。"②现代的美国立法项目的评估多采用两种方法的结合,是价值观指导下的实证分析。

有学者总结法律或政策的评估工具,"包括观察、顾客反馈、业绩指标、评估和服务标准。受过训练的观察者对于识别与上级机构内外各种的恰当互动可能是一笔宝贵的财产。满意调查和顾客中心团体都是确定你是否在满足顾客期望的有效方法。诸如符合项目目标和预算这样的绩效指标将会表明该单位对其规定的顾客优先权的满足情况。诸如绩效审计这样的评估也是很有用的工具,因为它们可以从外部检验这些支持性单位的工作进展情况,服务标准是支持性单位确定的用来指导他们实现为顾客提供服务之目的的内部绩效标准。"③

现代美国政府各部门及其他有关评估主体常采用的评估工具或方法有:

(1) 直接观察。观察是在自然环境中收集有关社会行为信息最直接的方法。观察可以是一种被动的形式,通过这一形式,评估者只是从旁观者的角度去看发生的事件或行为;评估者也可以扮演一个更主动的角色,评估者变成了他所观察的社会环境的参与者。不管是主动还是被动的参与,它的目标就是一个真实环境下观察不同时期某些类型事件或行为的发生④。

(2) 案例研究。通过案例研究,评估者能够非常详细地检测和证明一个独特的法律目标和它执行时的特殊情景。

(3) 实验研究。实验研究重点在于表明基本的法律或政策目的,以及追随这些政策目的而产生的相关后果。它主要分为四个步骤:第一步,首先要明确作为分析标准的一个或多个项目的目的;第二步,一旦一个或多个目的被确定,就有必要找出或建立起能恰当测量的数量指标;第三步,指标选定之后,下一个任务是决定适当的目标人群和相应的评估样本;第四步,实验研究最后一部分

---

① 〔美〕弗兰克·费希尔著:《公共政策评估》,吴爱明等译,中国人民大学出版社 2003 年版,第 10 页。
② 同上书,第 11 页。
③ 〔美〕阿里·哈拉契米主编:《政府业绩与质量测评——问题与经验》,张梦中、丁煌译,中山大学出版社 2003 年版,第 104—105 页。
④ 同上书,第 83 页。

是分析实验完成后得来的数据①。

(4) 数据统计。美国得克萨斯州在进行计划生育法律政策的评估时,运用数据统计方法进行数据整理。"通过统计资料可知,在1981财政年度,因为该政策而得到服务的育龄妇女总数为227253人,其中包括20岁以上的成年妇女和19岁以下的青年女性。州政府为实施该政策一年支付的成本为平均每个育龄妇女75美元。在政策成本已知的情况下,政策评估人员要做的是计算该政策带来的收益,即因为实施该政策而节约的政府开支。"②

(5) 抽样调查。得克萨斯州在进行计划生育法律政策的评估时也同样采用了抽样调查的方法。"在指定为实施该政策向育龄妇女提供避孕药和避孕用品的78个基层医疗所对接受服务的育龄妇女进行随机抽样调查,了解她们在政策实施前和实施后使用避孕药和避孕用品的情况。"③

(六) 法律绩效评估报告

法律绩效评估报告是评估主体根据评估获得的数据进行分析整理得出的评估结论。一般地,法律绩效评估报告应包括法律法规实施后状况的客观公正的评价,包括取得的成效、还存在的问题;分析法律法规实施效果状况的原因;提出对法律法规的意见或建议如修改或废止还是继续沿用等。

《1993年政府绩效与结果法案》明确规定了通过三项报告来实现政府法律政策的绩效评估:

(1) 战略规划(strategic planning)。各政府部门需要向预算和管理局以及国会提交未来五年的战略规划。战略规划的内容包括:对机关使命的全面陈述;总的目的和目标,包括与结果有关的目的与目标;描述如何落实目标的说明,如对目标的操作过程、操作技巧与技术以及为满足达成目标所需要的人力、资金、信息和其他资源等作出说明;要对绩效目标怎样包括在计划之内进行描述;确认对目标的实现可能产生重要影响的主要外部因素和不可控制的因素;描述计划的评估等。

(2) 年初绩效计划(annual performance plans)。预算管理局(OMB)要求政府各部门于每年年初提交年度绩效计划,年度绩效计划涵盖该部门预算列出的每一项活动。该计划包括:建立绩效目标以界定计划活动实现的绩效水平;用

---

① 〔美〕阿里·哈拉契米主编:《政府业绩与质量测评——问题与经验》,张梦中、丁煌译,中山大学出版社2003年版,第31—32页。

② Emil J. Posavac and Raymond G. Carey, Program Evaluation: Methods and Case Studies, Englewood Cliffs, New Jersey: Prentice Hall, 1992, pp. 285—293.

③ Id.

客观、量化、可衡量的形式表述目标;简要描述实现计划目标所要求的运作过程、技能和技术、人力、财力、信息和其他资源;建立绩效指标,以此衡量或评价每一个计划活动的相关的产出、服务水平和结果;为比较实际的计划结果和已确立的绩效目标提供基础;描述用以证明和确认可衡量的价值的手段等。

(3) 年终绩效报告(annual performance reports)。每年3月底各部门应向总统和国会提交前一财政年度的绩效报告。该报告应评估本财政年度的绩效计划实现程度,如果绩效计划未能实现,就解释和描述未能实现的原因、绩效目标不切实际或者是不可行的原因以及改进建议。预算管理局和国会是绩效评估活动的主要管理机构,总统和国会是主要的监督机构,预算管理局还应向总统和国会提交绩效预算计划方案,对年度绩效预算进行可行性与合理性评估。

四、美国法律绩效评估制度的评价

(一)美国法律绩效评估取得的成就

美国政府实施的法律政策绩效评估,效果很明显,一些成就获得政府部门、社会公众、学者的认可:

(1) 政府的工作效率提高。美国政府实施的法律政策绩效评估,是减少政府部门制定的规章,放松规章对社会与公众的规制,清理了大量的约束政府工作效率的政府规章。放松规制不仅是指政府规制数量的减少,达到规制的范围、项目更加合理,同时,放松与减少规制也包括简化规制的程序、优化规制的过程,使规制的过程更加科学、高效。"通过放松规制来简化、优化规制的程序,减少不必要的环节,使规制的程序更加合理,不仅可以提高政府的工作效率、降低规制成本,而且可以节省被规制企业和个人的时间、金钱、真正使被规制者能用更少的时间、更少的花费来获得更有效的公共产品和服务。"[①]

(2) 提高了公众对政府的信任度。结果法案要求联邦部门都必须对结果承担责任,并且将"顾客满意度"作为政府工作的目标,以提高政府信任度,把工作重心从投入和过程转向结果并向国会、总统和公众报告年度绩效信息,这些措施有效地提高了公共服务质量,增强了政府的责任,重新获得了公民对政府的信任。

(3) 公众参与的积极性提高,政府决策质量提高。以公众为导向的政府再造运动和吸收法律政策评估过程中的公民参与,"决策质量将得以提高,因为市民和市民团体为政府制定政策增添了信息。这些信息能够防止许多基于不确

---

① 卓越主编:《政府绩效管理》,清华大学出版社2006年版,第255页。

切消息所做出的错误决策……市民参与决策制定后,决策的可接受性增加了,成功执行政策的几率也提高了。"①

(4) 改变了联邦政府的管理文化。在结果法案的推动下,联邦政府的管理重心逐渐从投入和过程转向结果,从对程序负责转向对结果负责,提高了绩效信息在政府绩效管理和决策中的运用。联邦责任总署的调查结果有力的证明了这一点:1994年,对结果负责的管理者比率是48.1%,2003年,这一比率提高到70.7%;上级领导对结果管理的支持率从1994年的43.5%提高到2003年的61.5%②。

当然法律政策绩效评估制度与实践还带来了其他一些积极效果,如政府绩效评估制度化规范化,法律绩效评估与政府绩效改革是分不开的,等等。

(二) 对美国法律绩效评估制度与实践的批评

尽管成就是明显的,但美国的政府部门、学者甚至公众对美国开展的法律绩效评估提出了一系列的批评,一些批评也值得我们反思怎样构建我国的法律绩效评估制度。

(1) 以结果为导向的法律绩效评估的负面影响。《政府绩效与结果法案》强调对结果的重视,要求联邦各部门承担必要的角色。这种倾向可能会引导政府部门片面地关注结果,而不去考察究竟是什么原因导致这种结果的产生。对于法律或公共政策来讲,结果固然重要,但导致结果的程序同样不容忽视。

(2) 可靠数据的难以获得,评估的结果难能公正。法律绩效评估的关键是要有可靠的数据以判断法律项目是否有效运作。但在很多情况下,政府部门无法获得这些数据。因此《政府绩效与结果法》要求政府部门提供法律政策绩效评估的数据有些勉为其难。此外,联邦《文书工作减少法案》要求联邦机构替换25%的数据系统工作(即那些需要纸张的文件),这就使得联邦机构陷入了一种无所适从的困境,究竟需要服从哪个法案的要求。

(3) 内部评估,结果的可靠性何在。虽然政府部门提交绩效计划报告之前要与国会协商,但绩效评估所依赖的主要目标、数据、指标均由政府部门本身提供。部门自己为自己设置绩效目标,自己评价自己制定的规章或执行的规章,"他们十分了解哪些目标比较容易实现,哪些内容较为含糊而不能精确测量,往往存在报喜不报忧的情况,还有些部门为了迎合上级要求,在制定年度绩效计

---

① 〔美〕阿里·哈拉契米主编:《政府业绩与质量测评——问题与经验》,张梦中、丁煌译,中山大学出版社2003年版,第41页。
② 张强:《美国联邦政府绩效评估的反思与借鉴》,载《中共福建省委党校学报》2005年第7期。

划时就降低自身绩效目标以利于实现,这样就失去评估的意义了。"①

(4)公民参与政府结构的困难。"公民参与是基于自由、平等和个人权利等价值观,然而这些价值观与政府官僚机构的功能传统上基于惯例化、等级权威、专长和非个人化相矛盾。正是这种政府结构与公民参与的矛盾使得执行和保持有意义的公民参与很困难。""在政府的结构上赋予民主的期望是有问题的,因为政府结构从来没有打算民主地行事。"②

(5)形式化的倾向。《政府绩效与结果法案》要求政府部门每五年提交一次评估的战略规划、每年年初提交年初评估的绩效计划、每年3月提交上一个财政年度的年终评估报告,这可能导致两种错误的倾向:"一种是为了评估而评估,进行评估纯粹是为了应付GPRA的要求,将手段当作目的;另一种可能则是单纯进行绩效评估,而忽略对绩效问题的实际考察,而难以真正起到推动绩效改善的作用,最终影响到部门及人员进行绩效评估的主动性和积极性。"③

第二节 英国法律绩效评估制度

英国自20世纪80年代以来,开展了持续时间长、影响范围广的规制影响改革,对包括内阁立法、地方立法、政府规章等在内的各种规制所产生的影响进行评估,并进而对各种规制的必要性、可延续性、可完善性作出决策。我们知道,政府采取的规制措施无非是通过各种立法、行政命令、行政决定、行政强制、行政许可等方式对政府的各种政策进行规范。从各国规制或管制来看,从来都是通过政府立法尤其是政府规章作为手段与方式的。因此,在英国所采取的规制影响评估的重点或主要内容就是政府规章的评估。本节即针对英国规制影响评估中的法律绩效评估作一全面的探讨,以期对我国正在兴起的法律绩效评估制度有所裨益。

一、英国法律绩效评估制度兴起的背景

与美国等发达国家一样,政府的绩效改革、规制影响改革都有一些历史的动因。一是政府面临着严重的财政危机。在20世纪70年代末,英国也面临着

---

① 吴建南、温挺挺:《政府绩效立法分析:以美国〈政府绩效与结果法案〉为例》,载《中国行政管理》2004年第9期。
② 〔美〕阿里·哈拉契米主编:《政府业绩与质量测评——问题与经验》,张梦中、丁煌译,中山大学出版社2003年版,第40页。
③ 卓越主编:《公共部门绩效评估》,中国人民大学出版社2004年版,第228页。

经济的缓慢增长和高通货膨胀率致使政府财源枯竭,财政赤字严重,而高失业、"福利国家"又使政府财政负担日益严重。这是英国政府改革最根本的经济动因。二是从行政管理模式上看,英国传统的行政模式已不再适合社会发展的需要。英国传统行政管理模式的主要特征是:议会主权、部长责任制和政治中立①。这种官僚体制注重上级对下级的控制,而且这种控制是着眼于过程而非结果,强调服从规章,服从上级命令,这种管理模式导致政府效率低下,资源浪费严重。三是新公共管理运动思想的兴起是英国政府改革的思想动机。自20世纪70年代末期以来,西方发达国家掀起了一股大规模的称之为"新公共管理运动(new public management)"的行政改革浪潮。这场运动强调借鉴私营部门的管理技术与激励手段,宣传公共服务中的顾客导向,注重结果甚于规则等。1979年至1997年的英国的保守党政府已认识到政府应"更多关注结果或产出和政府管理员或管理者的个人责任……清晰界定组织和个人的目标,并依据目标建立用以衡量产出的重要绩效示标。"②

　　为了摆脱严重的财政危机,改革旧的行政管理方式,英国政府迫切需要进行改革。1979年撒切尔夫人上台后,积极倡导行政改革,大力推行国家私有化,借用私营部门的管理理论、方法和技术来改革政府管理。同年,撒切尔夫人任命马克·斯宾塞连锁店的主管雷纳爵士担任政府的效率顾问,并在首相办公室设立了一个效率小组,负责对中央政府各部门的运作情况进行全面调查、分析,以提高政府机构的经济和效率水平,发现并消除组织中的无效率和浪费现象,这种运动称为"雷纳评审",通过雷纳评审,政府部门开始关注政府的产出和结果。1980年环境大臣赫塞尔廷在环境部建立了部长管理信息系统,它通过实行目标责任制、依目标进行资源分配和调整的制度、目标实现程度与绩效的评估机制、全面信息的反馈机制等来向部长提供全面的、规范的行为信息。1982年5月,英国财政部颁布了财务管理新方案,该方案明确提出了绩效评估,如要求把经济、效率、效益分化成大量的绩效示标,围绕绩效示标收集全面的信息,然后运用评估技术进行评估,并得出特定单位的总体绩效信息。

　　20世纪80年代末以来,英国推行"下一步行政方案"、"公民宪章"运动以及"竞争求质量"运动,改变了20世纪80年代初的"效率"战略的改革方向,开创了质量与顾客满意的新方向。重要的举措有:1988年实施"下一步行动方案",要求在部门内设立执行机构,该机构在中央各部制定的政策和资源框架文件下履行政府的政策执行和服务提供职能,并要求对执行机构的绩效状况进行

---

① 周志忍:《当代国外行政改革比较研究》,国家行政学院出版社1999年版,第47页。
② Stephen P. Savage and Rob Atkinson, Public Policy under Blair, New York: Palgrave, 2001, p.19.

定期评审并将结果公之于众。1991年,继撒切尔政府之后的梅杰政府推行"公民宪章"运动,要求各部门要用宪章形式把政府各部门服务的内容、标准、责任等公之于众,接受公众监督,以提高服务水平与质量。在公民宪章运动之后的4个月,梅杰首相又发表了《竞争求质量》白皮书,希望通过市场与竞争机制引入公共部门来提高质量和顾客满意度。1997年布莱尔当选首相,进一步强调公共服务的效率和顾客导向。开展了"下一步行动方案"评审。1998年将公民宪章运动改名为"服务第一",成立了公民评审小组,从公民的角度来测评政府部门绩效。1999年,布莱尔政府出台了《政府现代化白皮书》,以实现三个目标:确保政策制定的高度协调和具有战略性;以公共服务的使用者而非提供者为中心,确保公共服务更符合公民的需要;确保公共服务提供的高效率与高质量。从这些目标可以看出,英国政府的改革仍然在围绕提高政府效率与服务质量的目标进行下去。

二、英国法律绩效评估制度的发展历程

英国法律绩效评估制度的雏形是在1968年,当时的英国王室土地局、国内税务局及就业部发布各自部门的整体生产率指标,并拟定各种绩效示标用以衡量下属机构或部门对其政策目标的实现情况。"但是在20世纪80年代以前,绩效评估局限于输入和产出易于识别和调整的执行功能。"①

英国的法律绩效评估制度探索的开始是在20世纪80年代中叶。与政府改革相适应,政府采取一定的措施,放松政府对社会经济领域的规制。1985年,英国政府出台了《放松负担白皮书》,对过多规制对商业的影响进行了分析,在此基础上,政府要求所有的政府部门在制定规章或对政策进行规制时,都要提出税务执行费用的评估。政府的规制要考虑企业的成本,如果另一种方案达到同样的规制目标,且企业为之付出的成本较低,政府部门则必须对放弃成本较低的方案的原因进行解释。

1986年英国政府为进一步放松规制,加强对规章的管理,发布了《促进商业发展而不是设置障碍白皮书》。该报告促成了一个重要工作组的成立,在就业部内设立了"企业与减少国家干预工作组"。这就赋予了个别部门监督政府官员是否存在官僚作风并解决问题的权力。并成立了"减少国家对经济干预工作组",每一个部门都指定一名"减少国家干预部门大臣",设立了独立于政府的"顾问委员会"和"减少国家干预特派组"②。

---

① Greenwood, John and David Wilson, Public Administration in Britain Today, New York: Unwin Hyman, 1993, pp.131—132.
② 王林生、张汉林等编:《发达国家规制改革与绩效》,上海财经大学出版社2006年版,第143页。

1988年8月,英国首相宣称,任何会对商业、慈善事业和志愿组织产生影响的规章如果不进行规制影响评估,将不会得到部长们的考虑。但对于没有成本或成本数量微不足道的规章、根据事先确定的公式增加的费用或收费、一些次要的政府规章则被建议无需进行规制影响评估。英国的内阁办公室设立了规制影响小组来监管政府规章影响的进展,并推进规制影响评估在各政府部门实行①。

应该说,英国法律绩效评估制度的成熟是在20世纪90年代以后,政府通过一系列政府改革措施以及法案规范了英国的法律绩效评估制度,以1998年制定并于2000年修改的"良好规制原则"以及2001年4月10日开始生效的《规制改革方案》为英国法律绩效评估制度的成熟标志。

1994年英国政府通过了《减少国家干预经济和执行法案》,它通过缩短冗长的法律制定过程使得部长大臣们更容易修改或者废止存在问题的法律。1996年5月,政府部门开始采用一套新的规制评价系统。这个规制评价系统要求规章制定主体在可能的情况下,对建议的措施的预期收益作出评估,并将其与成本比较,这个成本不只是企业成本,也包括消费者和政府的成本。与此同时,政府开始设立由商界人士组成的顾问团,"减少国家干预工作组"转移到内阁机关,成立了着眼于特定部门规制的七个商业工作组。1997年,政府将"减少国家干预工作组"更名为"良好规制工作组",由首相指派了新的成员,其工作重点从减少政府规制转向良好规制,并且更加关注政府规制对中小企业成本的影响。英国的良好规制工作组在1998年制定并于2000年修改了"良好规制原则",即政府部门和独立规制机构在考虑新提出的规章和评估现存的规章时,要考虑以下原则:第一,均衡性;第二,可问责性;第三,一致性;第四,透明性;第五,针对性。

1999年,政府在"规制影响工作组"下设公共部门分组,帮助提供给公共部门下发通知等服务,以便于报告和文件与工作需要相协调。每个部门都指定规制改革大臣。"良好规制工作组"更名为"规则影响工作组"。由于仔细审查机制的工作需要,设立由内阁机构大臣任主席的"规制可靠性部级委员会"。2000年,政府又设立了"中小企业服务部",以便在改革过程中保证中小企业的利益。从2000年10月起,如果提案影响到小企业,必须与小企业服务部磋商,目的是保证规制影响评估对小企业的关注,而且保证对能达到政府目标的其他方案给予考虑。

---

① 张会恒:《英国的规制影响评估及对我国的启示》,载《经济理论与经济管理》2005年第1期。

2001年4月10日生效的《规制改革方案》是英国法律绩效评估制度的成熟法案,自此以后,英国开始全面推行规制影响评估或法律绩效评估。该规章赋予部长大臣们在改进现有规章负担的过程中有如下权力:通过部委条例(order)来修改或者废止法律、改正矛盾和不规范的地方,为了适应额外的安全措施而制定新的任务。这个法案是1994年《减少国家对经济干预和执行法案》进一步的规范,它的规制改革措施包括:添加或者重新规定法律条款;增加适当的额外义务;去除立法中矛盾和不需要规制的地方;处理某些由于缺乏法律条款而处于麻烦境遇的情况;适用于所有在过去两年内没有进行实质性修改的法律;减轻所有人的负担,不包括只有政府部门能够受益的情况;允许行政管理部门对次级条款进行进一步小幅度的修改。

三、英国法律绩效评估制度的运作机制

英国政府通过一系列的政府法案和行政命令,确立了一整套法律绩效评估的操作规范,下面根据法律绩效评估制度的内容来具体考察一下:

(一)法律绩效评估的主体

英国法律绩效评估的主体主要有:

1. 制定规章的主体本身

制定规章的主体本身对其所制定的规章进行评估。通过对英国规制体系的研究发现,"英国政策制订者比他们的外国同行采取了更高程度的自我规制。"[①]1999年《政府现代化白皮书》要求规章制定主体本身加强对规章的评估。实际上,其他评估主体一般都是在规章制定主体自身评估基础上的再评估或监督。从这个制度的产生伊始,政府部门都要在制定规章过程中以及审查过去规章过程中要提出税务执行费用评估,以采取一定的控制措施。在《促进商业发展而不是设置障碍白皮书》、《减少国家干预经济和执行法案》以及《规制改革法案》中贯彻了这样的规定。《内阁事务指导》推荐各部门在准备各种规章提案时要对各种提案进行初步的规制影响评估;内阁事务部制定的《政策制订者必读》建议将规制影响评估列入确定政策目标后立即进行的步骤之一。

2. 政府特别机构

英国为对规章的制定加强监督,成立了一些政府的特别机构,如1986年在就业部中设立了"企业与减少国家干预工作组",并且在每一个部门中都指定一

---

① 王林生、张汉林等编:《发达国家规制改革与绩效》,上海财经大学出版社2006年版,第168页。

名"减少国家干预部门大臣",还设立了独立于政府的"顾问委员会"和"减少国家对经济干预特派组";1987年,"企业与减少国家干预工作组"更名为"减少国家干预工作组",并调整到贸易与工业部的下属机构。1989年政府成立了由各部门成员组成的"内阁委员会"。1997年,"减少国家干预工作组"又更名为"良好规制小组",1999年又将其更为现在这样的名称"规制影响工作组",并下设公共部门分组,分别对不同部门的规章制度进行审查与评估。

3. 部长、大臣和议会

英国内阁规定所有完整的规制影响评估应附有相关责任部长签署的他(她)对成本—收益的满意声明。政府政策规定所有的基本法、二级法和欧盟法令在提交各议院时必须同时附有规制影响评估,以备议会审查。英国《规制影响指南》中还规定,在将法案提交给议院之前,要求相应负责的部长以个人名义签署对规章影响的评价,最后,政府政策还要求负有规制责任的部长定期向规制责任小组汇报。

4. 公众

在英国法律绩效评估制度中,公众磋商不仅被认为是质量控制和信息收集的一项基本工具,同时它也被视作规制影响过程成功的关键。《内阁事务指南》建议应使得人们在部门网站上就能简便地查找到规制影响评估。如果有人对正在进行的磋商感兴趣,政府部门也可以直接用邮件通知他们,向他们提供信息,便于他们对政府的规章制度进行评估或提出完善的建议。

(二) 法律绩效评估的对象

应该说,在早期的评估中,英国政府更多关注的是立法的预评估,对即将要制定的规章进行成本与效益的评估或者从实现目标的多个方案中进行预评估,从而选择最佳或有效的方案。后来,英国政府逐渐重视立法后的评估,时至今日,英国的立法评估更多的是法律绩效评估。因为一些国家发现,留存下来大量的法律、规章与管理条例,积累了几年或者几十年而缺乏足够的审查与修订。"在英国,一些13世纪的法令仍然在使用。"①

在2001年4月10日生效的《规制改革法案》中规定,凡是在过去两年中没有进行实质性修改的法律都需要进行规制影响的评估。2001年6月7日新当选的内阁在进一步增强"自动审议机制委员会"权力的同时,要求政府部门在重要规则执行后的3年内审议其影响。所谓重要规则是指对企业、慈善机构和自

---

① 王林生、张汉林等编:《发达国家规制改革与绩效》,上海财经大学出版社2006年版,第178页。

愿性组织有"不可忽视的"、"意义重大的"政府法规。"意义重大"在政府发布的指导中被定义为法规成本超过 200 万英镑，或者具有很强的时事性，或者产生非正常的规制成本[①]。

(三) 法律绩效评估的程序

英国法律绩效评估的程序基本上分为三个步骤：第一步是磋商。一般是在规章制定主体内部进行。但如果与其他部门相关，还要在部门之间进行。与此同时，还要和各个利益相关者进行磋商，比如说小企业组织、贸易团体等。第二步是监督与审查。对过去实行的一些规章进行审查，看是不是有必要引入这些新规章，或者规章本身是不是必要的，有没有可替代的措施，然后考虑这些政策有哪些选择方案，并具体分析成本与收益。最后一步是负责此事的官员要把成本与收益的分析交给部长，由部长最后做一个公开的、官方的、正式的宣布，说明通过研究证明收益大于成本，该法案是可行的。

在这个评估过程中，同时还要进行两项基本的测试评估，分别是小企业影响测试与竞争过滤测试。自 2000 年 10 月起，如果法案涉及小企业，必须与小企业服务部门进行磋商。确保法案不会对小企业产生规制方面过重的负担。对小企业的测试分两个阶段：第一阶段是通过对提出问题的回答听取小企业的各种建议。官员们优先采用讨论小组及企业经理面对面的形式，测试的结果要记录下来，以此来决定是否有必要进行第二阶段的测试。如果在第一阶段的测试结果表明这个法案不会对小企业产生过于不利的、不公平的影响的话，这一部分测试就结束了。如果测试结果表明会对这些小企业产生过大的、不公平的影响，就会进一步磋商与分析研究如何减少这些影响。竞争过滤测试着眼于顾客影响分析。竞争评估的第一步是对法案可能影响到的每个市场进行竞争过滤测试，目的是估计对竞争带来显著有害效果的风险有多大，如果测试结果风险较低，则只需做一个简单的评估；如果测试的结果显示风险较高（或者存在预期的对竞争的显著有利效果），则需对竞争作详尽的分析。[②]

(四) 法律绩效评估的方法

英国的《规制影响评估指南》提出成本与收益为基本的规章评估方法，它建议成本与收益应尽可能的用量化货币，但所用的分析手法很大程度上依赖于实

---

① 参见 http://www.cabinet-office.gov.uk/regulation/1999/checklist/intro.html，最后访问日期 2008 年 12 月 6 日。
② 张会恒：《英国的规制影响评估及对我国的启示》，载《经济理论与经济管理》2005 年第 1 期。

际的情况,并没有统一的要求。英国财政部出台了《中央政府鉴定与评价绿皮书》,为中央政府部门进行成本—收益分析提供指导。"绿皮书的设计,就是为了促进有效的政策制定和跨部门的资源配置。它通过提醒决策者,加强政府部门和机构的政策、计划、项目与政府的优先事务和公众期望间的协调,实现上述目标,绿皮书强调广泛考虑动议(motion)的社会成本与利益,考虑确保公共资源的合理利用。"①

英国交通地方政府与区域部根据1999年《政府现代化白皮书》制定了综合政策评价(IPA),提出了一种综合影响评估工具,涵盖了商业、环境、健康影响等。

(1)财政支出与经济影响,即评价该法案的成本与资源的节约。

(2)规章影响评价:提出关注的风险或问题,以及备选方案,同时提出各备选方案的成本与效益。

(3)乡村检验。就是评估政策的乡村可持续性的过程,它评价政策对农村可能的社会、经济和环境影响。

(4)健康影响评价。评价该法案是否为人类健康作出贡献。

(5)政策公平评估。评价政策对民族、性别、残疾人、儿童、青年等产生的影响。

(6)气候变化。评价政策或规章的实施对气候可能产生的影响。

(五)法律绩效评估的指标

设计科学的指标体系,能够让人们对法案的实施状况有科学、客观、全面、公正的了解。英国国家审计署于2003年发布了《绩效审计手册》,提出"3Es"标准,并对其进行了解释。"经济性(Economy)是指对一项活动,在保证其质量的前提下,将其资源消耗降到最低水平;效率性(Efficiency),是指产品、服务或其他形式的产出与其消耗资源的关系,一项有效率的活动应该是在保证质量的前提下,以一定的投入实现最大的产出,或实现一定的产出使用最小的投入。效果性(Effectiveness)是指既定目标的实现程度,以及一项活动的实际效果与预期效果的关系。"②这是基本的三大指标,在实践中,也注重服务质量指标、公众满意度指标的设计。指标体系从早期的侧重于经济与效率到后来关注结果与效益。"如1983年英国卫生与社会保障部第一次提出了较为系统的绩效评价方案,这一方案包括140个绩效指标,应用于卫生管理部门和服务系统的绩效评

---

① 任景明:《建立政策评价制度 确保科学发展》,载《中国软科学》2005年第6期。
② 罗美富、李季泽、章轲主编:《英国绩效审计》,中国时代经济出版社2005年版,第15页。

第一章　域外一些国家的法律绩效评估

价。到1989年,在2327个评价指标中,效益性与服务质量的指标分别为557和110个,大大提高了效益和结果在评价中的比重。"①

四、英国法律绩效评估制度的评价

英国的法律绩效评估制度是随着英国政府改革运动即从过去的政府管制到放松规制到现代英国的有效规制而形成与发展的。通过法律绩效评估制度的实施,英国经济获得迅猛的发展,财政危机得以消除,"20世纪90年代后期以来的英国经济明显强于80年代初期,宏观经济的稳定性是近年来英国经济好转的关键。英国最近四年的GDP年平均增长率达到了2.6%。"②就该项制度而言,它所具有的积极性贡献不容忽视:

(1) 评估主体"公众化倾向"为英国法律绩效评估的推进注入了强大的动力。法律绩效评估最初产生的时候,它是作为上级部门评审、控制下级部门的工具,评估的主体主要是公共部门和专门机构。在英国的雷纳评审、财务管理新方案和下一步行政方案中,法律绩效评估的主体主要是本部门、上级部门、特别政府机构等。90年代以后,随着顾客导向、质量为本日渐成为英国行政改革的主题后,评估主体从公共部门发展到社会公众。英国的公民宪章就要求政府部门用宪章形式将服务的内容、标准、责任等公之于众。"公民宪章为服务对象提供了审视公共服务的机会。"③从公民宪章运动之后,英国的法律绩效评估制度更加成熟,而且有力地促进了政府立法与政策水平的提高。

(2) 评估结果信息的运用,真正实现法律绩效评估的目的。为评估而评估是不可取的,英国法律绩效评估一项重要的制度就是使用结果与评估信息。我们现在强调的法律绩效评估制度它与执法检查有很大区别,它不仅仅是通过评估来考察它在实施中存在的问题与取得的成就,更重要的是与后续立法联系起来,通过这样的评估,对现行的立法程序、质量会有什么样的改进。英国法律绩效评估制度做到了这一点,它充分运用评估结果与评估信息来改进立法与程序。"在实践中,许多政府都试图将绩效测评与发展和制定包括预算在内的政策过程相连接。"④

(3) 运用现代信息技术,提高法律绩效评估的效率。1982年财务管理新方

---

① 包国宪、董静:《政府绩效评价在西方的实践与启示》,载《兰州大学学报》(社会科学版) 2006年第5期。
② 王林生、张汉林等编:《发达国家规制改革与绩效》,上海财经大学出版社2006年版,第144页。
③ The Citizens' Charter First Report (1992), London, HMSO, CM2101.
④ 卓越主编:《公共部门绩效评估》,中国人民大学出版社2004年版,第255页。

案就要求中央政府各部门要普遍建立管理信息系统,它"不仅能向高层提供评估和控制所需的全面信息,而且能为下面各层主管提供做好工作所需的信息"①。这种信息网络的建设能够弥补传统的依靠现成的统计资料或专门的渠道收集信息的缺陷,从而保证评估信息被及时、完整的收集。在 1999 年 3 月政府发布的《现代化政府白皮书》中进一步重申这一点,并将其目标之一确定为打造合作与有效的信息时代的政府。通过信息技术的运用,大大提高了法律绩效评估的效率,同时,也在一定程度上保证法律绩效评估结果的公正与客观。

当然还存在一些其他可供借鉴的地方。但英国的法律绩效评估制度与美国等其他国家相比较,也存在一些问题,这里指出两个明显的不足:

第一,没有明确"成本效益"评估工具适用的范围,将它适用于所有政府规制是不合适的。英国接受经济合作与发展组织的建议,运用规制影响分析选择效率最高、效果最好的政策。这种规制影响的分析工具与方法就是成本与效益分析方法。美国也使用这一方法,但美国对其适用相对来说是有一定范围的,它主要是针对政府的经济规制而言的,对社会规制一般不采用或不直接采用这种方法。美国对政府规章作了一下区分:经济规章与社会规章。经济规章是以"通常采用进入或退出壁垒、许可证、关税立法以及价格和工资控制形式"为内容的规章,社会规章是"用以保护公民或者工人健康、安全的或者达到环保和其他审美目标,或者促进公民权利为目标的"②。在英国很少有将政府立法作这样的一种区分,并且基本上采纳成本与效益分析评估方法。在社会规制方面运用成本与效益分析,可能存在对立法价值的漠视,会导致被很多西方学者批评的"将事实与价值割裂开来的实证主义"③。

第二,英国法律绩效评估制度的更进一步的发展还需要对英国立法尤其是政府立法加以规范,从源头上明确法律绩效评估制度的适用对象。英国作为议会主权的国家,认为立法权仅属于议会,议会以外的机关需要立法,须有议会委任。委任立法在英国又称之为"二级立法"或"次级立法"。英国最早的委任立法可追溯到 1539 年,"1539 年,议会通过公告法,授权国王发布有关治理国家方面的公告,这种公告同议会制定的法律效力相等。"④现代英国的行政种类很多,有部长令(部长根据议会法律授权发布的条例、命令)、临时命令(部长根据地方议会申请所制定的命令)、特别程序令(是由地方政府或其他法定机关所制

---

① Greenwood, John and David Wilson, Public Administration in Britain today, New York: Unwin Hyman, 1993, pp.128—134.
② 崔卓兰、于立深著:《行政规章研究》,吉林人民出版社 2002 年版,第 20 页。
③ 〔美〕弗兰克·费希尔著:《公共政策评估》,中国人民大学出版社 2003 年版,第 12—13 页。
④ 曾繁正等编译:《西方主要国家行政法行政诉讼法》,红旗出版社 1998 年版,第 60 页。

定的法规,呈请部长批准)。地方政府法规和单行条例(根据1972年的地方政府法,地方政府所享有的立法权制定的法律形式)等,从名称看,有命令、条例、规则、计划、指示等,非常不统一、不规范。英国政府也已认识到这一点,在1893年通过的《行政规章公布法》和1946年的《行政法规法》中都试图统一委任立法中的所有法规名称[①]。为确立真正的法律绩效评估制度,英国政府还需要在立法的形式与种类上作出规范化的努力。

第三节 日本法律绩效评估制度

20世纪七八十年代,政府绩效改革的浪潮首先在英美国家发生,继而在其他国家也陆续开展起来。日本继克服70年代两次发生的石油危机以及80年代的泡沫经济后,政府绩效改革也提上了日程。不过与其他国家自上而下的改革路径有所区别的是,日本的这场改革是自下而上,首先从一些地方自治体开始,继而才实现政府各部门全方位的改革。法律绩效评估是这场改革的一项重要内容,在这方面有很多不同于其他国家的一些做法,在构建我国法律绩效评估制度的今天,对日本的法律绩效评估制度进行系统的考察有一定的启迪意义。

一、日本语境中"法律绩效评估"概念的理解

我国正在实施的法律绩效评估制度,一般就是要求立法机关对法规实施情况进行调查研究,了解法规实施后取得的成就,并发现法规实施中存在的问题,分析法规中各项制度设计的合法性、操作性和针对性,从而得到科学客观的反馈信息,以便及时修改完善法律制度,更好地发挥法律法规的规范作用。

"法律绩效评估"是近些年来立法部门及社会公众对"针对立法的实施状况,发现立法存在的问题,从而完善立法"这种活动的一种概括。实际上,这种活动在很多国家都存在,只不过语言表述可能有所不同。

在日本近几年开展的政府绩效改革过程中,不论是在国家成文的制度规定中,还是在广大的政治学、行政学、政策学、法学学者的研究著作中,都很难见到"法律绩效评估"这样的术语。常见的概念有"行政评价"、"事业评估"、"政策评估",我们分析"法律绩效评估"制度不是看有没有这样的名词术语,而是考

---

① 参看〔英〕威廉·韦德著:《行政法》,徐炳等译,中国大百科全书出版社1997年版,第560—561页。

察在日本,政府机关或学者用什么语言界定这种类似的活动。理解"法律绩效评估"概念的日本语境,我们有必要来考察一下以上出现的三个概念。

"行政评价",在日本的制度与实践中,是指行政机关或其他主体对行政机关执行的项目实施效果评价,一般包括三个方面:"一是实施结果,即项目实施的结果,具体说明项目实施的程序及实施结果。实施结果包括实施项目带来的利益及造成的损失;二是实施效果对事业项目的积极影响与消极影响的评价,如果消极影响严重,即便完全实现了积极一面的预定目标,也不能采用;三是项目实施的效用。将项目取得的收益与实施项目所需的全部成本进行比较,就可明确该项目存在的经济价值,或者对多个项目实施方案的成本与收益进行比较,以确定一个更为经济可行的方案,或选择一个更具有经济价值的方案。"①

在日本,根据评估对象与内容的不同,行政评价可分为三个层次:第一层次是在整个政策体系中处于较低层次的事物事业评价;第二层次是政策评价;第三层次是综合前两者实行的综合行政评价。事业评估(价)是对行政机关实施的每一项措施(具有共同目的行政活动进行一定的归结)、事业、项目等为对象进行的评估,考察其措施目标实现的程度。政策评估是"政策决定后经过一定的期限,依照提供资助解决问题的多样化信息,从资助修改和完善政策的角度,就有关特定的项目,从各角度就该题目有关政策的效果的发展状况深入分析,把握有关政策中存在的问题,同时,对其原因等进行评估"②。行政综合评估是以上二者的综合,即不仅涉及行政项目、措施的评估,还包括项目、措施涉及的政策的评估。

根据 2002 年 4 月开始实施的《行政机构实施评估政策有关的法律》(简称《评估政策法》)的规定,政策评估主要是政府法律与规章中规定有关行业、部门行政管理和发展方案的政策措施。如文部科学省的政策评估中,就进行了"实施有关规章制度的评估","在文部科学省,从 2004 年度开始在新的法令基础上新设新规章和废除旧的规章制度,以社会影响大的为对象,就有关规章制度的必要性、有利条件、费用等试行评估。"③因此,政策评估和行政综合评估中都涉及政府行政立法的评估。

在政策评估与综合评估中,政府的行政立法统称之为"行政规章"④。一般来讲,在独立的政策评估中,行政立法即规章是评估的主要对象;在行政综合评

---

① 周实:《日本地方政府行政评价制度的特征及启示》,载《国家行政学院学报》2007 年第 1 期。
② 张秋萍编译:《日本文部省推进评估政策概要》,载《中国高等教育评估》2007 年第 1 期。
③ 同上书,第 59 页。
④ 崔卓兰、于立深著:《行政规章研究》,吉林人民出版社 2002 年版,第 4 页。

估中,首先涉及行政事业评估,其次就事业评估涉及的规章进行评估。因此,立法评估是政策评估与综合评估的重要内容或中心内容。

还有必须提到的,日本的行政评估是一种行政中的"循环型管理",即行政机关"规划方案政策,加上反映实施原来的行政流程,测定和评估其业绩,将结果反映在以后的规定方案的过程中,反映结果的原因"[①]。可以看出,日本的政策评估、综合评估,就行政立法的评估内容来讲,涉及行政立法的事前评估、过程评估以及法律绩效评估,根据《政策评估法》的规定来看,对行政立法的事前评估也给予重视。我们这里重点考察日本的政策评估以及行政综合评估中的法律绩效评估制度。

二、日本法律绩效评估制度的发展历程

日本的立法评估制度的建立有一个过程,它的路径别具特色,先从地方发展起来,然后由中央政府加以推广,最后实现在所有部门与行业实行法律绩效评估制度。根据这样的发展过程,我们将其发展历程划分为三个阶段:

(一)地方法律绩效评估制度的探索阶段(1995年—1997年)

日本的行政改革运动首先在地方自治团体得以开展。1995年,日本三重县实施了作为行政改革核心内容的事务事业评估;同年,日本静冈县实施了以业务评估表为内容的行政改革活动,1996年日本北海道开始讨论实施"即时评估"和"政策评估"。其他的都、道、府、县、市、区、町、村也都开展了行政评估的改革运动。

1995年7月,日本三重县北川知事为了使政府机构的活动从考虑国民利益的角度来进行,开展了一场"明白服务改革运动"。所谓"明白服务",即政府提供的各项服务内容都是能够让国民清楚与明白。该运动要求政府机构从国民的立场出发,对政府服务的质和量作为评估内容。1996年开展了一项名之为"事务事业评价制度"的活动,该项活动的基本理念是根据工作的目标进行评估。评估体系的重点是按照政府工作成果的各项指标来衡量完成工作目标的程度,并据此改进以后的工作。"三重县事务事业评价制度"的贡献就在于它将评估纳入到整个事业过程,是事业过程的一个环节,是"规划——执行——评价"(PLAN—DO—SEE)的循环过程。

静冈县根据民间设计的"业务评价表"作为分析行政活动的一种工具,1997年开始实行由行政改革室设计的"行政评估表"评估行政职员的业绩。其过程

---

① 张秋萍编译:《日本文部省推进评估政策概要》,载《中国高等教育评估》2007年第1期。

与方法是:政府机关设置共通的管理指标,由职员对其所负责的全部业务进行"目的和手段的树状构造"的几个阶段,通过组织实行自己评估,明确职员的实际业绩和当前的目标值以及目标完成期限。值得一提的是,静冈县利用现代信息手段将所有的业务评价表输入到因特网中,公民可以很方便地检索到所有的数据资料。

北海道政府在1997年实施"即时评价",即对那些长期处于停滞状态的政策重新进行讨论和评价。采取的基本方法是:把纳入预算的每一项事业作为一个单位实行绝对评价;把一组政策作为一项事业,以各项事业的重要性和紧迫性为基础,实施相对评价,以此判定每项事业的优先程度,作为事业选择的判断基准。北海道政府"即时评估"的贡献在于:设置了第三者委员会,是独立于政府的第三方评估主体。政府在作出最终评价之前必须听取第三者委员会的意见,以保证评价的客观性。

(二) 中央政府的推广阶段(1997年—2002年)

日本中央政府在总结地方自治体行政评价的基础上,探索中央政府的"政策评价"策略。1996年11月,桥本内阁成立由首相、企业界负责人、大学教授和新闻广播媒介负责人等组成的咨询机构"行政改革会议",对改革作精心周密的调查研究,弄清问题的所在,判断其性质,确定改革重点与方向,明确改革的步骤和推进改革的方针、措施。1997年12月,日本首相桥本龙太郎在中央引入了"再评价制度",并要求与公共事业有关的六省厅(北海道开发厅、冲绳开发厅、国土厅、农林水产省、运输省和建设省)对全部公共事业进行评价。因此,从1998年开始,日本建设省、运输省和农林水产省都对其掌管的公共事业进行了评估,如1999年8月,建设省出台了一个公共事业评价的基本政策。

1999年4月,日本内阁会议根据《中央省厅等改革关联法案》制定了《关于推进中央省厅等改革的基本方针》,并将总务省的行政监察局改为行政评价局,由行政评价局行使政策评价的职能,它对内阁和政府各部实施的各项政策进行全面深入的评价,同时也负责对内阁和政府各部实施的政策评估进行再评估。日本的行政评价局在职人员共有1100名,除总部外,在全国设立了47个地方分支机构,地方分支机构负责地方政府执行国家政策的情况,对地方政策实施状况进行评估并提出建议。

2001年1月,中央政府设立政策评价和独立行政机构评价委员会,该委员会对行政评价局实行政策评价进行必要的协商并将意见提交给总务省和邮政省等部门。委员会是由民间的独立的专家组成的,行政评价局就充当政策评价和独立行政机构评价委员会的秘书处。

（三）制度化及全面实施阶段（2002年至今）

随着2001年1月中央省厅等的改革，在各省厅引进评估政策制度的同时，从2002年开始实施《行政机构实施评估政策有关的法律》（简称《政策评估法》），这部法律的实施标志着日本政策评估制度或法律绩效评估制度的成熟。

根据该项法案，内阁和政府各部都被要求在其权限范围内实施政策评估。评估的目的有两个：（1）把握政策效果，明确其必要性、有效性、效率性，以及正确反映其规划方案和实施的情况；（2）公布评估结果等与评估政策有关的信息，力求对国民彻底说明其责任。

该法案要求将上述评估政策置于"规划方案（PLAN）"、"实施（DO）"、"评估（SEE）"的循环型管理中，形成制度化的框架，要求客观严格地实施上述评估政策①。

在此法案中，还对行政评价局的评价职能进一步明确：为政策评价体系构建一个基本框架；掌握内阁和政府各部执行政策评价的过程，并编写和出版年度报告；提供政策评价的培训；加强政府的统一票据交换所的职能，票据交换所提供有关政策评价的信息，人们可以随时进入其中获取所需要的信息；促进政策评价质量的提高，尤其是通过系统地收集相关信息和研究评价的方法、技巧、技能等来提高政策评价质量等②。

自该法规公布实施以后，日本的文部科学省、国土交通省等各省厅及地方自治团体全面开展政策评估活动，包括对各种形式的行政立法（规章）进行了系统的评估活动。

三、日本法律绩效评估制度的运作机制

日本法律绩效评估制度在不同的政府机关可能有一些不同的操作规范，但基本上大同小异，这里从总体上对日本法律绩效评估制度包括评估主体、程序、方法、指标等方面作一系统考察：

（一）法律绩效评估的主体

（1）内阁及政府各部、地方自治体政府部门。日本法律绩效评估首先在部门内进行评估，由各政府部门成立独立的评估机构对其法律政策进行评估，有的成立独立的行政评估委员会（如文部省）；有的成立第三者委员会（如国土交通省）。

---

① 张秋萍编译：《日本文部省推进评估政策概要》，载《中国高等教育评估》2007年第1期。
② 王ert生、张汉林编著：《发达国家规制改革与绩效》，上海财经大学出版社2006年版，第154—155页。

(2) 行政评价局。设立于总务省的中央行政评价局对每一个内阁办公室和政府各部门的法律政策的必要性、效率、效果、公平性以及优先顺序作出评估。行政评估报告以及根据评估而提出的建议要提交给相关的负责人,并对这些报告和建议内容予以公开。设立于地方的行政评价局分支机构对地方的政策评估进行二次评估或再评估。

(3) 独立行政法人评估委员会。独立行政法人是"政府按市场规律将一些本来由政府承担的公共事务让位于民间,并使民间机构自负其责的作法","迄今已有国立研究所、美术馆、博物馆等59个机构从政府资助转换为自负盈亏的独立行政法人机关"①。本来成立行政法人评估委员会是为独立行政法人的政策实施情况进行评估的,但后来也成为重要的相对独立的政策评估机构,如日本文部省也吸收独立行政法人评估委员会进行法律政策的评估。

(4) 政策评价和独立行政机构评估委员会。2001年1月成立,从全国专家、学者和名望较高的人中选出5000名国民作为行政委员,由总务大臣任命,担当行政调查、行政监察方面的工作,听取国民意见,向行政评价局报告,对行政评价局实施的政策评价进行必要的协商并将意见提交给总务省和邮政省等部门②。

(二) 法律绩效评估的对象

从日本的法律绩效评估制度的实际运作来看,主要是以政府行政立法确定的政策为评估对象。日本现行的行政立法体系包括中央行政立法与地方行政立法,中央行政立法有这样一些形式:(1)政令,是指内阁经内阁会议制定而由天皇公布的行为规则;(2)府、省令,是由内阁总理大臣、各省大臣就其主管行政事务制定的行为规则;(3)外局规则,是由外局的首长,依其他法律规定发布的命令;(4)独立机构的规则,是指由人事院或会计检察院等独立行政机构,依其权限发布的命令;(5)告示、指示、通知。依据《行政组织法》第14条规定,"各大臣、各委员会及各厅长官就其机关职掌事务,为命令及指示起见,得对其所属各机关及职员发布指示和通知;有公告之必要时,得发布告示。"

地方行政立法也就是地方自治立法,是地方公共团体根据自治权制定的法规性规定,包括两种形式:条例和规章。条例是地方公共团体的议会在不违反法令的范围内制定的,有关地方公共团体事务的规定;规章是指地方公共团体的行政长官,在不违反法令的前提下,可以就其权限所属事务制定的行为规则③。

---

① 淳于森泠、赵泽洪、贺芒:《日本新一轮行政改革理念及现状》,载《重庆大学学报》(社会科学版)2002年第3期。
② 王林生、张汉林编著:《发达国家规制改革与绩效》,上海财经大学出版社2006年版,第155页。
③ 曾繁正等编译:《西方主要国家行政法行政诉讼法》,红旗出版社1998年版,第68—70页。

这些政府立法有时作为独立的评估对象,如政策评估中涉及政策的政府规章就可以作为独立的评估对象,有时是附带的评估对象,即在评估行政事业过程中就涉及行政事业政策的政府规章进行附带性的评估。

(三)法律绩效评估的程序

一般来讲,法律绩效评估经过三个阶段,有这样几个环节:

第一阶段:准备阶段。组织准备阶段的主要任务包括:确定评估对象,实质上是解决评估什么的问题;制定评估方案,评估方案详细的阐述评估对象,明确评估的目的、意义和要求,确定评估标准,说明评估的时间、地点及工作进度以及评估经费的筹措与使用等问题;挑选与培训评估人员等工作。

第二阶段:实施阶段,该阶段的任务包括:利用各种调查手段,全面收集法案实施的各种信息;综合分析各种信息;作出评估结论等。

第三阶段:结束阶段,主要任务是处理评估结果,撰写评估报告。

这里以日本文部省的法律绩效评估为考察,概括出一般的评估程序:

(1)确定评估的主体,如文部省确定独立行政评估委员会为唯一的被推荐的评估委员会机构。

(2)进行有关评估政策的进修。参加评估的主体通过进修,了解与把握评估的任务、意义、手段等知识。

(3)明确评估措施。由行政评估委员会参照其他评估主体如独立法人评估委员会的评估措施,制定适合本规章评估的具体措施。

(4)设置评估目的。把握规章的效果,明确其必要性、有效性、效率性以及正确反映规章实施情况的信息,并将结果反映在以后的规章方案的制订上。

(5)设置评估目标,一般根据规章的立法目的,可以设置多重目标,通过目标考察规章的实施状况。

(6)考察完成目标的状况,通过调查等方式考察评估对象目标的实际完成状况。

(7)评估结果的运用。评估主体对规章进行评估后,要形成评估报告,对规章存在的问题进行分析,得出规章进一步完善或废止的结论,在以后的规章制定中有所体现。如"在文部省,以承担评估的组织——大臣办公厅政策课评估室为中心,力求与负责预算的部局等的密切合作,力求促进反映评估结果的政策。"[①]

---

① 张秋萍编译:《日本文部省推进评估政策概要》,载《中国高等教育评估》2007年第1期。

(四) 法律绩效评估的指标

日本东京都政策报道室将政策评价指标定义为：容易了解政策目标，并能清楚地表示政策实际工作成效的指标。他们认为，设置这些指标有这样一些意义：(1) 针对地方自治体，从过去到现在的实际成效数值和未来的目标值概况，能够清晰地了解政府某些政策领域的现状与目标；(2) 在讨论和评价政府政策的时候，自治体现有的居民、议会、公务员及新闻工作者习惯采用的标准；(3) 根据政策目标达成度，对政策目标恶化及目标值落后的领域，能够进行合理预算，并对政策资源进行优化和重点利用；(4) 能够使政策目标更为清楚，且促使行政管理当局建立起以"预算获得"为导向的管理模式转换为以"成果对策"为导向的管理模式；(5) 针对不能实现的政策目标，能够清楚地说明理由与应该承担的责任，并提出要求加强的策略。①

因为评估的对象、目的、意义等的不同，评估主体设计的评估指标也有差别，但基本围绕"法律政策的必要性、有效性、效率性以及实施状况"等来设计评估指标。比如，东京都针对福祉、安全、环境能源垃圾、废品再利用、产业情报化、雇佣劳动与消费生活、都市基础设备、居住环境、社会老年化、教育学习、男女平等与人权、国际交流 11 个不同领域，精心选择了 229 个评估指标。文部科学省设计了 9 大类 45 项指标，对文部科学省的有关规章制度实施评估。

(五) 法律绩效评估的方法

一般地，各国采用的法律绩效评估方法大致有：文献调查法、调查问卷法、访谈法、观察法、测量法等，日本中央与地方政府进行法律绩效评估时也采用多元化的方法。评估方法的采用往往与评估对象的目标相联系，如关于公民满意度的调查，多采用调查问卷法。如日本青森县 1999 年 5 月至 6 月，从全县居民中抽取 5000 人作为调查样本进行民意调查。从政策市场化的观点出发，又对调查结果一个一个进行追溯和彻底分析。日本国土交通省在对《城市铁道建设应有状态》进行评估时，"对在三大都市圈和地方中枢都市圈居住的约七千人进行了调查，从而了解到人们对经过约二十年时间努力所取得的工作成果的评估和对当前服务水平的满意度。"② 日本青森县也采取了部门调查与专家访谈的方法，充分展开民意调查，然后汇总这些调查结果来规划与制定政策。实际上，

---

① 王林生、张汉林编：《发达国家规制改革与绩效》，上海财经大学出版社 2006 年版，第 155—156 页。

② 龚深弟编译：《日本实施政策评价工作——〈城市铁道建设应有状态〉评论概要》，载《现代城市轨道交通》2006 年第 2 期。

方法的采用是多元的,《政策评估法》也没有明确规定用什么样的方法,由评估主体根据评估项目采取灵活多样的方法。

四、日本法律绩效评估制度的简要评价

日本的法律绩效评估的制度实践取得了显著的成效,"可以说是以转变政府职能为中心的,涉及行政机构、行政运行、行政手段、行政服务的整个行政体制结构。"[1]直接的后果是,政府清理了一大批政府规章,放松了对经济的规制,在1997年确定的12个放松规制管制类别的基础上,1998年又增加了3个类别,涉及竞争政策、保健和福利及法律事务,并总共规定了624项内容,1999年又使放松规制的总项达到了917项[2]。

应该说,该项制度有日本创造性的特色:

(1) 注重评估结果对立法完善的作用。正如日本学者对政策评估的认识:"在既有政策中选出国民关心度高的题目,对其政策的实施与效果的相关性以及根据外部原因实施的政策所获效果进行详细的分析和评价,是对政策进行修改和重估的继续。"[3]在《评估政策法》中特别规定"循环型行政管理"的基本指导思想,将法律绩效评估纳入到"规划方案(PLAN)"、"实施(DO)"、"评估(SEE)"的循环型管理中,从而不断促进立法质量以及行政效率的提高。

(2) 创造了法律绩效评估的独特模式。在日本,法律绩效评估的类型有两种:一是独立型评估模式。即专门针对立法的实施状况、效果而进行的评估;二是附带性评估模式。即在考察某项事业的时候,就该项事业所依据的相关规章也附带进行评估。第一种模式主要是针对单项立法,可以对单项立法的实施状况有个客观的了解;第二种模式主要是针对某一类立法,对某一类的立法实施状况有个客观的了解。

(3) 注重吸收市民的意见。在日本,法律绩效评估的一个标准就是依据市民的满意度来制订、修订实施或放弃某项法律。法律绩效评估的内容不仅包括立法实现目标的程序、被有效执行的程度、相对于投入成本所产出的效益水平,还包括对市民需求的分析。"政府正是通过有意识的、自觉的方式而获取政府行为结果

---

[1] 淳于淼泠、赵泽洪、贺芒:《日本新一轮行政改革理念及现状》,载《重庆大学学报(社会科学版)》2002年第3期。
[2] 杜钢建:《中国、韩国、日本规制改革比较研究(下)》,载《北京行政学院学报》2002年第6期。
[3] 龚深弟编译:《日本实施政策评价工作——〈城市铁道建设应有状态〉评论概要》,载《现代城市轨道交通》2006年第2期。

的反馈信息,反过来作用于政府政策的制订与修订及执行政策的行为中。"①

然而日本的法律绩效评估制度仍然存在需要完善的地方,甚至有些缺陷是非常明显的:

(1)评估主体不能只有行政机关本身。我们可以看到,日本的法律绩效评估基本上都是行政主体自身来实施,虽然有的地方建立了比较客观的第三方评估主体,但是在真正评估时对他们的意见仍然很少采纳。为了保证评估的客观性,政府应该鼓励设立独立的第三方评估机构以及让公众参与立法评估,而不仅仅限于行政主体自身的主观评价。

(2)包括评估过程在内的评估公开性不够。为了实现政府对国民的说明责任,使得评估能取得实际的、积极的效果,对评估进行公开是有必要的。评估公开不仅仅限于评估结果的公开,从构筑评估制度、开始评估到评估结束以后的评估结果都要公开。日本虽然有些自治体作了这方面的探索,总体上,不论是中央政府部门还是地方自治体,都需要积极探索,尤其是通过因特网公开的方法还要进行研究。

(3)评估的客观性需要加强。日本的法律绩效评估不仅是行政主体本身的评估,而且在评估方法上多采用定性分析。自己设计的问题,自己回答,自己评分,这不能实现对公民的说明责任。而只有定性评估,缺乏客观的数据资料也无法保证评估的客观性,必须设立一些定量指标,实行定量评价。因此,不仅从评估主体上加以构建,保证评估的客观性,还要注意从评估方法上加以改革,以促进评估结果的客观与公正。

第四节 韩国法律绩效评估制度

为构建我国成熟的法律绩效评估制度,借鉴与吸收一些国家业已证明的较为成熟的做法,无疑是一条较便捷的途径。韩国在这方面有较为完整的制度与实践,本节对韩国的法律绩效评估制度进行较为深入的探讨,以为我国的制度构建有所裨益。

一、韩国语境中"法律绩效评估"概念的理解

我国近年兴起的法律绩效评估制度,一般是指在法律法规实施一段时间以

---

① 周实:《日本地方政府行政评价制度的特征及启示》,载《国家行政学院学报》2007年第1期。

第一章　域外一些国家的法律绩效评估

后,由有关主体对其实施效果进行定量与定性评价,并针对法律实施过程中的立法问题,提出修改或完善等的措施的一种制度。这种制度主要产生于我国地方立法实践以及行政立法实践中,在实践中有不同的称呼,有的就叫"立法评估"、"立法评价"、有的称之为"法律跟踪问效评估"、"立法跟踪评估"、"立法回头看"等。

韩国的制度与实践中并没有出现类似"法律绩效评估"的话语,在一些专家与学者的研究视域中,也没有对韩国"法律绩效评估"或类似的活动进行过探讨。由此我们是否可以断定,韩国不存在"法律绩效评估"的制度与实践。这个结论为时过早,在韩国有这样三种类型的制度与实践,即"政府绩效评估"、"规制影响评估"和"制度评估",它们三者与"法律绩效评估"有什么样的关系呢?

为解决政府的财政危机、经济危机,改革传统的"效率"型的行政管理模式,提高政府的工作效率与服务质量,在新公共管理运动的推动下,西方一些发达国家相继进行了政府改革运动,英美等国家在20世纪七八十年代逐渐开展了一场轰轰烈烈的政府改革运动。韩国也在20世纪末期(20世纪90年代)开展了政府改革运动。

从不同的角度解读韩国的政府改革运动,它可以称之为"政府绩效改革运动"、"规制改革运动"和"制度评估运动"。

韩国政府政策协调办公室于2000年颁布实施了《政府绩效评估法案》(Framework Act on Government Performance Evaluation),在该法案中,它对政府绩效评估的含义、目的、原则、程序、评估机构以及评估结果的运用等作了明确的规定。该法案对"政府绩效"作这样的定义:中央行政机关及其下属机构以及地方政府履行的职责以及从事的事务。所谓"政府绩效评估"就是对政府绩效的内容和结果进行的审查、分析和评价,也是对政府履行职责的结果的反映。根据该法案的规定以及韩国政府绩效改革的实践,"中央行政机关的负责人可以对地方执行国家政策的绩效进行评估",韩国政府绩效评估的监督机构——政策评估委员会对中央与地方执行国家政策的绩效进行审查。因此,不论是中央行政机关还是地方行政机关在其绩效评估中都包含有对"法律政策"尤其是中央政府机关制定的"规章"效果的评估,可以看出,政府绩效评估中包含有"规章"评估的内容。

规制影响评估是韩国开展的规制改革运动的中心内容。所谓规制改革,根据经济合作与发展组织的界定,"是指旨在提高监管效率的改革,即改善监管的执行力度,提高成本效率,强化规章制度的法律依据,优化相关的政府手续。改革可能是指改革单个规章制度,或废止和重建整个监管体系及机构设置,或改善规章制度的制定及改革的管理方面的程序。"①根据韩国规制改革的实践,它所实施的规制改革就是对政府制定的规章进行审查,废止、修正或改善规章。韩国的中央规制改革委员会和地方规制改革委员会指导各级政府机关运用规章制度的成本与利益分析方法,对各种规章进行"规制影响评估",以决定规章的废除、修改或完善。因此,韩国的"规制影响评估"实质上或主要内容是"行政法律绩效评估"。

韩国的"制度评估"活动,也是韩国政府改革运动的重要内容,是韩国这场改革运动的特色地方。根据韩国国家事务和协调规则的相关规定,制度评估被定义为:"监督、分析、评估主要政策的实施及其效果、政府机构和代理机构执行政策的能力、公民的满意度。"②由此,制度评估的内容也包括三个方面:政策评估、政策实施能力的评估以及公民、客户对政府提供的服务和政策实施的满意度。从制度评估的制度与实践来看,政府主要是考察政府机关制定的对社会经济发展影响较大的行政立法即"政府规章"的影响及效果,转换成中国语境,就是"行政法律绩效评估"。

当然,在实践中,"政府绩效评估"、"规制影响评估"、"制度评估"是互为内容的,也是不可分的,是近几年韩国改革的一系列举措,作出这样的分类,更多的是一些学者对韩国政府改革运动某一方面的认识。因此,将该节题名为"韩国法律绩效评估制度",是从内容与实质上而不是从形式上对韩国"政府绩效评估"、"规制影响评估"、"制度评估"的一种抽象,一种概括,是用我们的语言去解读韩国类似的制度与实践。

二、韩国法律绩效评估制度的发展历程

韩国法律绩效评估制度的发展历程与韩国政府改革运动的历程紧密联系,在每一届政府实施的改革措施不同的基础上,法律绩效评估制度也呈现出不同的内容与特点,根据对韩国法律绩效评估制度的实践的认识,其经历了这样几个阶段:

第一阶段:法律绩效评估制度的启蒙阶段(1988年至1993年)。

这个阶段是韩国卢泰愚总统执政时期,政府改革已提上了历史日程,主要举措有两个方面:

---

① 张汉林、蔡春林等编译:《韩国规制改革——经济合作与发展组织考察报告》,上海财经大学出版社2007年版,第14页。

② 王林生、张汉林编著:《发达国家规制改革与绩效》,上海财经大学出版社2006年版,第159页。

(1) 成立了政府行政改革委员会等政府规制改革机构。依据1997年颁布的《行政监管基本法》，总统授权成立了规制改革委员会，该委员会是最为重要的改革执行机构。根据《行政监管基本法》第23条的规定，该委员会有权制定和协调各种监管政策，及审批各种监管方面的规章制度。1988年卢泰愚政府开始将规制改革工作纳入行政改革委员会的职责范围。1990年5月，决定成立由国务总理任委员长的"行政规制缓和委员会"，负责政府规制缓和的审批制度改革工作。为使政府规制改革得到民间业界的意见支持，1991年9月，成立了由经济界、工商界和中小企业界代表以及大学学者组成的"行政规制缓和民间咨询委员会"。"行政规制缓和委员会"是政府的规章审查评估机构，而"行政规制缓和民间咨询委员会"是民间的审查评估并向政府机关提出意见和建议的机构。

(2) 面对部分目标行业多余的生产力和极低的利润率，政府实施针对特定行业的规制改革，将特定行业的规章评估作为主要内容。这些特定的行业主要集中在外资企业和金融企业等，"政府减少了对企业的优惠贷款和税收优惠，价格控制规定也于1981年被公平交易法案替代，以促进竞争的发展。禁止外商直接投资的行业数目也大幅削减，金融行业的改革关键是商业银行的私有化。"法律绩效评估的对象也主要集中在这些行业，"政府于1989年开始清理利率方面的规章制度。"[①]

第二阶段：法律绩效评估制度的探索阶段（1993年至1998年）。

金泳三政府执政时期，政府提出了建设"新韩国"的目标，经济上实施《新经济五年计划》和《新经济一百天计划》，政府进一步推进规制改革[②]。在法律绩效评估制度的探索上，有两个方面的贡献：

(1) 完善了法律绩效评估的主体制度建设。"其中有经济企划院下设的经济行政规制缓和委员会（1993年）；总统直属的行政刷新委员会（1993年）；商工资源省下设的企业活动规制审议委员会（1994年）；总务省下设的行政规制协议审议会（1994年）；国务院总理所属的国民苦情处理委员会；总统秘书室领导的国家竞争力强化企划团；总统咨询机构的世界化推进委员会；总统秘书室领导的经济行政规制缓和点检团（1994年）。"[③]

---

① 张汉林、蔡春林等编译：《韩国规制改革——经济合作与发展组织考察报告》，上海财经大学出版社2007年版，第20页。

② 中国社会科学院韩国研究中心编：《韩国的改革——改革实践简析》，社会科学文献出版社1994年版，第19页以下。

③ 杜钢建：《中国、韩国、日本规制改革比较研究》（上），载《北京行政学院学报》2002年第5期。

(2) 政府规制改革的制度化保障,即法律绩效评估的制度化建设。1993 年出台了《关于完善企业活动规制的特别措施法》;1994 年制定的《关于行政规制与民愿事务的基本法》等,对各行业的规制加强审查与清理,同时对新制定的规章注意听取公众的意见以及加强规制影响的评估与分析,进一步放松对经济的规制。

第三阶段:法律绩效评估的成熟阶段(1998 年至今)。

金大中政府组建以后,进一步加强政府绩效评估,推进政府规制改革,完善法律绩效评估制度。金大中政府采取的推进战略包括:所有的政府规章都必须经过登记、实施规制总量管理;每年选择重点改革推进部门,有计划地推进部门规章的整理;政府各部门要制定规制的废改计划,确定每年计划缩减的目标量;立即整改没有法律依据的规制,其中有必要适用的规制,必须于 1998 年底前补充法律依据,自 1999 年开始,所有无法律依据的规制一律丧失效力;需要新设或加强的规制,在法制处审查前必须经过规制改革委员会的审议;实施规章期限限制,新设或加强的规章存续期不得超过 5 年等①。这个阶段在法律绩效评估制度的建设上有这样几个贡献:

(1) 规范了法律绩效评估制度的主体制度。在政府层面,根据 1997 年的《行政监管基本法》,1998 年成立了作为政府规制改革的最高意思决定机构的"规制改革委员会"。该委员会由 20 人组成,其中民间委员 13 人,政府委员 7 人,委员长由国务总理和民间委员 1 人共同担任,规制改革委员会下设 2 个经济科委员会和 1 个行政分科委员会。另外,成立了一个由来自研究机构和大学的政治学、法学、行政学、经济学的专家构成的"经营诊断委员会",设立若干小组,在各部门设立办公机构,对评估的指标进行设计,监督政府部门的工作成效。

(2) 法律绩效评估制度日益规范化、制度化。2000 年,韩国政府政策协调办公室通过了《韩国政府绩效评估框架法案》,对政府绩效评估包含了政府规章评估的目的、原则、程序、评估机构以及评估结果的运用等作了明确的规定。2006 年 4 月开始,韩国政府开始实施《政府业务评价基本法》对韩国政府绩效评价的主体、内容、标准、程序等作了规定,是在《政府绩效评估框架法案》基础上的进一步修正。

(3) 发展了评估制度,建立新的评估体制——制度评估,为法律绩效评估制度的可操作性建立了基础。金大中政府改变了传统的绩效评估制度,发展了

---

① 杜钢建:《中国、韩国、日本规制改革比较研究》(上),载《北京行政学院学报》2002 年第 5 期。

一种新的评估体制——制度评估。《韩国国家事务和协调规则》对制度评估的含义、内容、评估机构、评估指标、评估程序以及评估结果的运用作了全方位的规定,为法律绩效评估制度的可操作性实施创下了坚实的基础。

三、韩国法律绩效评估制度的运作机制

韩国的政府绩效评估、规制影响评估以及制度评估在实践中虽然有一些交叠的地方,但也各有侧重。这里依据韩国《政府绩效评估法案》、《政府业务评价基本法》、《韩国国家事务和协调规则》等的规定以及韩国法律绩效评估制度的实践,从主体、对象、程序、指标等方面对韩国法律绩效评估制度进行考察:

(一)法律绩效评估的主体

在不同的总统执政期间,法律绩效评估的主体也有所不同,从法律绩效评估主体的发展轨迹来看,有两个特点:第一,注重政府评估机构与民间评估机构并重的建设;第二,由多方不同层级评估主体的结构走向协调统一、规范的综合评估机构。

1. 政府评估机构

各政府机关本身对其制定的各种规章制度进行审查,"1998年初,政府就设定了一个雄心勃勃的目标,即废止当时现存的11000条规章制度中一半,并完善所剩规章制度的40%。在短短一年内,政府就实现了这一目标。"以上这种审查是在中央规制改革委员会指导下主要由政府各部门自己审查完成的。另外,规制改革委员会还要求"各政府机构每年都必须对现有规章进行审查"[①]。

政府的规制改革委员会是一个综合的规章审查评估机构。总理办公室的规制改革委员会负责指导政府机构工作,审查规章制度与相关原则的一致性程度,公布有关改革的定期审查报告及年度改革白皮书。"1998年至1999年间,规制改革委员会实施了一项对现有规章制度进行集中审查的计划,并取消了半数的规章制度。"[②]

另外根据韩国制度评估的规定,"政策实施能力的评估主要由总理办公室的官员来实施,他们是掌握政府综合绩效评估单位的成员,评估结果在包括政

---

① 张汉林、蔡春林等编译:《韩国规制改革——经济合作与发展组织考察报告》,上海财经大学出版社2007年版,第61—64页。
② 同上书,第64页。

策评估和政策协调办公室人员的联合会议上讨论。"①

除了以上政府机构外,还有一些其他政府机构根据韩国《政府绩效评估法案》、《政府业务评价基本法》、《韩国国家事务和协调规则》的规定而享有的规章评估职能。如根据《政府绩效评估法案》的规定,总理、政策评估委员会、中央与地方政府设立的"自我绩效评估委员会"、总理办公室设立的"政府绩效评估咨询会议"等,都是政府评估机构。

2. 民间评估组织

在韩国法律绩效评估制度实践中,一方面注重政府评估机构的建立与完善,另一方面也大力建设民间评估机构。

韩国的政府经营诊断委员会是政府改革以及绩效评估的咨询和智囊机构,成员由来自研究机构和大学的学者组成,分成若干小组,在各政府部门设立办公机构,在对各部门及其工作进行评估的基础上,就政府机构的职能、机制、制度创新等提出建议②。

根据制度评估的规定,制度评估的政策评估主要是在总理办公室的协助下由政策评估者来实施,政策评估者是政策分析和评估委员会的成员,这个委员会除了一名官员外,其余全是平民。他们的职责是:根据国家事务评估和协调规则来制定评估的指导方针和评估结果标准,对政府实施评估,并着重研究提高和改善评估系统的方法。公民满意度的调查由研究机构来完成,韩国公共行政研究所(KIPA)是一个政府资助的研究机构,它来设计用于调查客户对服务提供满意度的调查问卷,分析数据并报告结果③。

(二) 法律绩效评估的对象

韩国的法律绩效评估制度从一开始注重以行业规章为评估对象。在卢泰愚总统执政期间,注重对外商投资企业以及金融行业的规章进行评估,政府1989 年开始清理利率方面的规章制度。在金大中政府执政前后,仍然选择几大行业作为评估的重点,主要集中在电信业、电力业、金融服务业等方面,也取得了一系列的成就,如在电信业方面,1996 年 12 月,政府改革了设备型运营商的价格监管措施,1997 年 12 月,政府修订互联标准法中有关分类计价的规定;在电力业方面,政府废止了诸如批准和授权方面的 20 项监管规定;在金融服务业

---

① 王林生、张汉林编著:《发达国家规制改革与绩效》,上海财经大学出版社 2006 年版,第 160 页。

② 马庆珏:《韩国 1998—2001 行政改革的基本经验》,载《国家行政学院学报》2002 年第 1 期。

③ 张汉林、蔡春林等编译:《韩国规制改革——经济合作与发展组织考察报告》,上海财经大学出版社 2007 年版,第 160 页。

方面,1998年政府修订了韩国银行业法案、证券交易法案、证券投资公司法案、资产证券化法案、金融业结构完善法案①。

另外根据政府改革委员会的规定,政府机构每年对自己制定的现行有效的规章进行审查与评估。根据五年期的"软性过渡"政策,相关部门将在具体日期内重新审查有关规章制度。所谓"软性过渡"政策类似于美国的日落立法,即在相关法案出台之时,设定一个有效期限,过了这个有效期限,除经过法案评估程序以外,不能再继续延用。根据"软性过渡"政策,"无明确理由继续存在"的规章制度最大使用期"原则"上不超过5年。也就是说,政府有关评估主体对使用年限到5年的政府规章必须进行评估,提供评估影响报告。

（三）法律绩效评估的程序

在《政府绩效评估框架法案》、《政府业务评价基本法》、《韩国国家事务和协调规则》等法案中规定了政府绩效评估程序、政府业务评估程序以及制度评估的程序,程序之间有较大的差异,应该说,制度评估的程序的规定,更大程度上符合法律绩效评估的程序。

（1）政府及其代理机构每年6月15日前提交一份上半年的规章自我评估报告,10月25日前提交下半年的评估报告。

（2）先由评估小组委员会对评估报告进行讨论,然后提交全体委员会通过,通过后再由所有评估者和政府及其代理机构参加的年中(7月底举行)和年终(12月中旬举行)报告大会上讨论。

（3）对评估中发现的相关问题,责令相关机构自行采取补救措施,并提交政策委员会备案。每年两次向其报告规章实施进展状况,而总理办公室的人员则负责对补救措施的执行进行监督与指导。

（4）评估结果确定后,通过新闻媒介和互联网进行公开,同时,评估结果也要在政策评估者、政府及其代理机构的首脑都参加的联合会议上报告给总理和总统②。

（四）法律绩效评估的方法

韩国法律绩效评估制度实践采取很多种类不同的评估方法,规范性的使用以及运用比较普遍的方法有:

（1）成本与利益评估方法。经济合作与发展组织所建议的一个核心原则

---

① 张汉林、蔡春林等编译:《韩国规制改革——经济合作与发展组织考察报告》,上海财经大学出版社2007年版,第30—35页。
② 倪星、刘奎明:《美韩两国政府绩效评估的实践与方法》,载《决策咨询》2004年第9期。

就是规制应"在考虑社会的分散效应基础上,带来大于成本的利益"。由于这种评估有助于制定满足"社会最优化"(即最大化的福利)的公共政策,很多国家都在采用。"韩国法律规定必须用成本利益方法评估新设监管规定的作用,所以韩国政府也采用了这一评估方法。"该分析评估方法在韩国于1998年6月1日开始适用,效果良好:"第一年内,规制改革委员会对884条监管条例(即法律和附属工具)进行了审查,并开展了一定程度的效果评估。委员会取消了其中241条条例,相关政府部门也主动撤销了81条。"①

(2)公众咨询。韩国《行政监管基本法》第9条要求政府机构,在所有新的或补充监管条例中,按以下规定:……通过听证会、立法通告和其他方法从其他政府机构、私人组织、利益集团、研究机构和专家中收集意见。"在韩国开展咨询机制的相关公开措施表明了咨询程序作为一种支持公开和承担责任的民主价值手段的重要性。允许所有群体参与咨询的'通告和评论'程序在韩国得到了广泛的应用,比如听证会。一些非政府组织指出参与这些委员会的机会将更加广泛。"②

(3)调查问卷。调查问卷是韩国政府实施法律绩效评估常用的方法,尤其是在"规制影响分析"和"公众对规章的满意度"调查方面,这些调查是由韩国公共研究机构(即由政府资助的)来完成,主要的研究机构就是韩国公共行政研究所(KIPA)和韩国产业经济学和技术研究所(KIET)。比如关于公众对规章的满意度调查方面,KIPA设计用于调查客户对服务提供满意度的调查问卷,负责处理问卷,分析数据并报告结果,并在研究者、政策评估者、政策协调办公室人员等参加的联合大会上讨论。

(五)法律绩效评估的指标

依据《行政监管基本法》关于规制影响分析的规定,政府通过总统令进一步明确规制影响分析的八大类指标:

——建立新的规制或加强现有规章的必要性(该问题的本质和原因,规制是否必须要解决问题,监管目标决定的方法);

——规制目标的可行性(社会限制,比如受影响的群体的反对,技术上和行政上的可行性);

——替代品的存在和规制复制的风险(现有规制可能的使用,非监管办法可能的使用,与现有规制重叠的程度);

---

① 张汉林、蔡春林等编译:《韩国规制改革——经济合作与发展组织考察报告》,上海财经大学出版社2007年版,第67—73页。

② 同上书,第194页。

——成本与收益的比较分析(社会上和经济上的);

——可能妨碍竞争的因素(对竞争的妨碍,或对商业活动的妨碍);

——监管内容的目标性和透明度(准确性,一致性和监管标准/过程的广泛性,立法基础和监管的落日条款);

——关于组织结构、人员和预算的要求(预算/人力需求,使用现有资源的可能性);

——根据民众的上诉,制定所需的文档和程序的精确性(文档的准确性,拍卖的时间期限和负责处理上诉的政府机构)①。

根据韩国政策和评估委员会确定的评估指标,就行政规章而言,涵盖三大方面(规章本身指标、规章实践能力指标以及公民满意度指标)包含了以下指标:

(1)立法目标合适(目标被明确定义了吗?与更高层次的立法目标一致吗?)

(2)立法内容合适(在方法逻辑上与目标一致吗?在准备计划、征求公众意见时有正确的步骤遵循吗?)

(3)立法正确实施(立法是按原计划实施的吗?资源的利用有利于立法目标的实现吗?)

(4)立法实施合适(立法被很好地实施了吗?在实施的过程中克服了遇到的困难吗?通过听取有关机构的意见,有关的公众知道法律是否顺利实施了吗?)

(5)完满取得预定目标(从产出方面说,预定目标按原计划实现了吗?)

(6)立法效率(从效果方面说,立法目的和目标达到了吗?)

(7)政府实施立法的能力(政府能够按照规章的要求去行为吗?)

(8)公民满意度(立法是否提供了服务,是否多途径获得服务;对公民的要求是否及时做出反应,在处理事务中是否保证公平等)。

四、韩国法律绩效评估制度的评价

韩国政府通过实施法律绩效评估制度,大幅度的减少政府规制,削减政府规章。根据规制改革委员会公布的《1998年规制改革白皮书》,金大中政府决定从中央登记的11125件规制中废除5430件(48.4%),改善2411件(21.7%),保留3248件(29.5%)。1999年,金大中政府又提出要将现有规制再减少50%,现在

---

① 张汉林、蔡春林等编译:《韩国规制改革——经济合作与发展组织考察报告》,上海财经大学出版社2007年版,第202—203页。

只剩下三千件左右。大量规章的废除,给韩国经济的发展带来了好的环境,根据韩国产业经济学和技术研究所的研究,1999年至2003年期间的改革给韩国带来了巨大的收益,外国投资的总额突破预计的120亿美元,达到480亿美元;工作岗位会增加100万个,私营企业所面临的监管压力减轻,会带来相当于GDP1%的利益[①]。

就法律绩效评估制度而言,韩国有着它自己的特色:

1. 建立了较完善的第三方独立评估制度

韩国第三方独立评估制度是各国评估制度中具有特色的。如韩国政府经营诊断委员会、政策分析和评估委员会、韩国公共行政研究所等都是独立于政府的第三方评估机构,它与传统的政府自我评估做法存在着明显的区别,"一方面,有利于提高政府绩效评估结果的客观性、公正性和可接受性;另一方面,有利于树立以顾客为导向的服务型政府的价值理念。"同时可以看到,"将专家学者的理论知识与政府的实践经验紧密结合起来,有利于提高政府的公共管理水平和服务能力。"[②]

2. 制度化的推进与保障策略

韩国政府注重通过国家法律将改革成果固定下来,也通过国家法律进一步推进改革。韩国的法律绩效评估制度也是如此,从金泳三总统开始到金大中执政时期,就注重法律化的推进与保障策略。如1993年的《关于完善企业活动规制的特别措施法》、1994年的《关于行政规制与民愿事务的基本法》、1997年的《行政监管基本法》、2000年的《政府绩效评估框架法案》、2006年《政府业务评价基本法》等是直接规范法律绩效评估制度,除此之外,相关的配套制度也纷纷出台,如1996年的《公共机构信息披露法案》和《行政程序法案》等,构建了一个完善的法律绩效评估的制度体系,为韩国的法律绩效评估制度的运作提供了坚实的基础。

3. 行业规章的系统化评估

韩国的改革是分步推进的,它不是一开始就是对经济领域的所有方面都进行改革,而是针对几个典型的行业分步推进。因这样的改革策略,法律绩效评估制度实施也有了特色,即评估对象是行业性的规章,一次性的对整个行业所有的规章进行系统化的评估与清理。这种评估的优越性在于:加强了这个行业

---

① 张汉林、蔡春林等编译:《韩国规制改革——经济合作与发展组织考察报告》,上海财经大学出版社2007年版,第46—47页。

② 范柏乃、程宏伟、张莉:《韩国政府绩效评估及其对中国的借鉴意义》,载《公共管理学报》2006年第2期。

规章之间的协调性与可操作性。但是同时出现的问题是，一些针对多行业的规章的评估怎么操作？如何注意一个行业规章与其他行业规章之间的协调。因此，在金大中执政期间，对政府登记的所有规章进行一次大规模的评估与清理，是很有必要的。

4. 评估指标与评估目标的有机结合

法律绩效评估很容易陷入的技术性困境之一就是评估指标与标准的设置混乱，常常是大而全，重点不突出，其重要原因就是评估目标不明确。韩国在这方面作了有益的探索，它将制度评估的目标分为三大类型：政策本身质量评估、政策实施能力评估、公众满意度评估。每一种类型设立更具体的指标，根据这些具体指标，可以清晰了解评估的目标。将评估指标的设计与评估目标结合起来，才能实现评估制度的真正目的，了解法律法规在这三个方面的基本状况，从而作出修正、废除还是重新制定规章的决策。

尽管如此，韩国法律绩效评估制度还需要进一步完善：

第一，评估机构的规范化需要加强。各种政府评估机构并存，等级不一，其评估的效力也不一样，如何协调这些政府评估机构的关系？有学者建议："在放宽约束的同时，要废除和精简不必再保留的机构和组织。与此同时，大规模整顿政府部门的下属团体也是一项重要工作。"① 还有民间评估机构的评估，它的公正性、客观性不容怀疑，但怎样保证它的效力，都需要加以规范化。

第二，评估目标之间的权衡。多元化的评估目标，可以全方位的、准确的认识一个规章的实施状况。但是，这样的目标如何权衡？如可能出现公众满意的规章，政府执行能力不行，或者其本身质量不高的情况，或者规章本身质量高，政府却没有执行能力，或公众不满意。注意评估目标的权衡，是韩国评估方法与技术值得改进的地方。

第三，以数量为标准对规章评估的正当性问题。韩国政府在1998年1年内就实现了年初预定的废止11000条规章制度中的一半的目标。"有的时候，韩国的政府机构似乎放弃了次要的规章制度，而保留了重要性较高的规章制度。其他经济合作与发展组织国家的经验表明，以数量而非其他更为切中要害的标准来评价改革的效果确实可以给人以深刻的影响。……但是，该工作是否真能产生巨大的积极意义就不得而知了。"②

---

① 〔韩〕金荣枰、崔炳善编著：《韩国行政改革的神话与逻辑》，沈仪琳译，国家行政学院出版社2001年版，第69页。
② 张汉林、蔡春林等编译：《韩国规制改革——经济合作与发展组织考察报告》，上海财经大学出版社2007年版，第62页。

第二章

法律绩效评估活动的启动

第二章　法律绩效评估活动的启动

第一节　法律绩效评估的触发机制
——国家主导的视角

美国于 20 世纪 80 年代开始进行法律绩效评估(也称为规制影响评估),其后英国、日本、韩国、澳大利亚等国家也都开展了法律绩效评估活动。我国的法律绩效评估开展于 21 世纪初,首先是在一些地方由地方人大常委会对其制定的地方性法规开展的绩效评估活动。从现在各国开展的法律绩效评估活动来看,其发起者都为政府国家,社会主体在其中发挥的作用很少,所以称为国家主导下的法律绩效评估。以美国为例,"从州政府的情况来看,各州 20 世纪 90 年代的绩效测评要么是立法推动的,要么是州长推动的。在联邦政府层次上,历次绩效评估的巨大发展都是民选官员特别是总统正式推动的结果。"①我国福建、上海、安徽、云南、青岛、山东、海南等开展的地方性法规评估都是由地方人大常委会作出决定的,即由立法主体本身决定开展法律绩效评估的,如 2005 年初福建省人大常委会决定将《福建省青年志愿服务条例》作为本省第一个立法效果评估的法规②;2005 年 7 月,上海市人大常委会决定对《上海市历史文化风貌区和优秀历史建筑保护条例》进行评估,这也是上海市第一个被评估的地方性法规③。从国家与社会划分的二元视角来看,法律绩效评估的发起者皆为国家,国家在法律绩效评估的发起到开展过程中都起到了主导性的作用。

一、国家主导下法律绩效评估发生的理论基础

美国政策研究学者韦斯认为,国家或政府机构缺少主动发起绩效评估的动力,这就是评估与管理的逻辑悖论④。然而这种论断又不准确,自 20 世纪 80 年代以来,发达国家所进行的法律绩效评估,其发起者都为国家或政府部门。那

---

① 盂华:《政府绩效评估:美国的经验与中国的实践》,上海人民出版社 2006 年版,第 82 页。
② 陈美华:《立法效果评估推动青年志愿事业发展》,载《中国人大》2007 年第 8 期。
③ 郭光辉:《〈上海市历史风貌区和优秀历史建筑保护条例〉立法后评估工作追记》,载《中国人大》2007 年第 8 期。
④ 韦斯认为,评估倾向于批判,这与管理者所需要的对管理活动的肯定倾向相矛盾,从而出现了评估的批判逻辑与管理的肯定逻辑之间的矛盾。参见〔美〕尼古拉斯·亨利:《公共行政与公共事务》(第 7 版),项龙译,华夏出版社 2002 年版,第 198 页。

么国家或政府部门有什么动力启动法律绩效评估呢？有学者总结出三个方面的因素，决定了政府法律绩效评估的开展："(1)政府部门面临的各种危机对政府长期低效率构成的压力。如果压力过大，政府就不得不采用绩效评估，来提高政府绩效，缓解或解决外在危机。(2)政府观念的转变。政府如果不再认为对其绩效评估是一种制约，而是认为绩效评估是实现良治的有效途径，那么政府绩效评估就可以顺利开展。(3)政府外部对政府绩效评估的权力和能力。"①从实践以及学者的总结来看，国家主导下法律绩效评估发生的理论基础有以下方面：

（一）潜在利润理论

潜在利润理论是制度经济学描述制度变迁机制的理论。从制度经济学的观点来看，国家主导下的制度变迁属于强制性制度变迁②，强制性制度变迁是"在存在制度不均衡从而存在外部利润的情况下，在统治者的预期收益高于强制推行制度变迁的预期成本时才能发生"③。也就是说，国家作为法律绩效评估机制的发起者，其内在动力是来自于这一行为的"潜在利润"，当然这种"潜在利润"可能表现有所不同，如领导人的政绩、其他政治利益、纯粹的收入分配等。"潜在利润"决定了国家或政府部门采取这种行动是正当的、合理的。"由于绩效评估是一种能够让机构了解自身绩效情况从而实现绩效改善的重要工具，因此，当行政机构在内部管理中遇到一些问题，需要通过控制组织的绩效来加以解决时，行政机构自身借助一些公共行政官员的推动会自发地实施绩效评估。"④

（二）政府形象理论

政府作为法律绩效评估的发起者，主要目的是重新塑造政府形象。从不同的角度考察，政府所要确立的形象有：

1. 服务型政府

所谓服务型政府，就是"在公民本位、社会本位理念指导下，在整个社会民主秩序的框架下，通过法定程序，按照公民意志组建起来的以为公民服务为宗

---

① 周凯主编：《政府绩效评估导论》，中国人民大学出版社2006年版，第17页。
② 制度经济学家们把制度变迁分成诱致性制度变迁（或需求诱致性制度变迁）和强制性制度变迁（或供给主导型制度变迁）两种模型。诱致性制度变迁是由个人或自愿性组织为响应获利机会而自发倡导、组织和实现的对现行制度的变更、替代或新制度安排的创造。强制性制度变迁是由国家强制力或政府命令推动和实现的制度变迁。
③ 柳新元：《利益冲突与制度变迁》，武汉大学出版社2002年版，第42页。
④ 孟华：《政府绩效评估：美国的经验与中国的实践》，上海人民出版社2006年版，第82页。

第二章　法律绩效评估活动的启动

旨并承担着服务责任的政府。"①美国法律绩效改革中的"顾客导向",重建公民对政府的信任、英国的公民宪章运动无一不是代表着各国力图确立"服务型政府"的形象。确立服务型政府,政府部门就要在其职能范围内提供高质量的公共用品与公共服务。

2. 业绩导向型政府(也称结果导向型政府)

业绩导向型政府提倡政府的管理实现结果导向型管理,"旨在将管理焦点转移至结果,提高服务质量与项目效益,将机构与项目活动的价值传递给关键的利益相关者与公众,强化责任制,支持资源分配与其他决策制定,并帮助重建公众信任与支持。"②业绩导向型意在要求政府部门为社会提供卓有成效的公共物品和服务。

3. 回应型政府

回应型政府就是确立政府对公民、社会需求的回应性,基本意义在于:"公共管理人员和管理机构必须对公民的要求做出及时和负责的反应,不得无故拖延或没有下文。在必要时还应当定期地、主动地向公民征询意见、解释政策和回答问题。回应性越大,善治的程度也就越高。"③

服务型政府、业绩导向型政府、回应型政府都是从某一方面构建政府形象,重点都是强调政府应及时回应社会与公民的需求,为社会提供高质量的公共物品与公共服务。而政府主动发起法律绩效评估也是为满足社会对良善之法、效果之法的需求,为社会提供质量更好、效果更好的公共物品——法律。

(三) 立法中心任务转移理论

一个国家机关在一定时期根据形势的要求有其中心或主要的任务,但形势变化以后,其中心或主要任务也发生变化。我国近几年的法律绩效评估的兴起与我国现阶段国家机关立法职能转换有密切关系。"经过历届特别是十届全国人大及其常委会的持续努力,我国现行有效的法律已近二百三十件,在十届人大任期内,中国特色社会主义法律体系基本形成的立法目标如期完成。"④故有学者认为,我国立法进入了"后立法时代"。也就是说,"随着法律体系的不断健全,中国未来的立法工作主要面临的将不是新法的制定,而是大量法律法规

---

① 刘熙瑞:《服务型政府——经济全球化背景下中国政府改革的目标选择》,载《中国行政管理》2002年第7期。
② 〔美〕凯瑟琳·纽科默、爱德华·詹宇斯、谢里尔·布鲁姆、艾伦·洛马克斯主编:《迎接业绩导向型政府的挑战》,张梦中、李文星译,中山大学出版社2003年版,第14页。
③ 俞可平:《权利政治与公益政治》,社会科学文献出版社2000年版,第118—119页。
④ 吴坤:《立法:中国法律体系基本形成》,载《法制日报》2007年12月30日第3版。

的废、改工作。由此,立法评估作为'二次立法',理应提到立法工作的重心。"①

二、国家主导下法律绩效评估发生的具体方式

国家主导下法律绩效评估发生的具体方式是指国家机关通过什么方式而触发了法律绩效评估,也就是国家机关在做出什么样的行为时,能够导致法律绩效评估机制的发生。各国关于法律绩效评估发生的具体方式有所不同,根据我国法律制度规定以及法律绩效评估的实践,我国国家主导下法律绩效评估发生的具体方式有:

(一)因法规批准而触发

"一定的立法主体制定的法规范性文件需经特定主体予以批准后才能生效,这就是法规的批准制度。"②根据我国《宪法》、《立法法》、《民族区域自治法》等的规定,省、自治区人民政府所在地的市、经济特区所在地的市和经国务院批准的较大的市人大及其常务委员会(《立法法》统称之为较大的市)制定的地方性法规,须报省、自治区的人大常委会批准后施行。自治区的自治条例和单行条例,报全国人大常委会批准后生效;自治州、自治县的自治条例、单行条例,报省、自治区人大常委会批准后生效。因此,我国的批准制度具体内容是:

(1)批准的主体是该法规范性文件制定机关的上级机关,如省、自治区的人大常委会对较大的市人大及其常委会制定的地方性法规;全国人大常委会对自治区的自治条例和单行条例;省、自治区对本省、自治区范围内的自治州、自治县的自治条例和单行条例等行使批准权。

(2)批准的范围限于较大的市制定的地方性法规以及自治区、自治州、自治县制定的自治条例和单行条例,其他法规范性文件不需要经过批准程序。

(3)批准的性质是一种法律监督,较大的市制定的地方性法规以及自治条例和单行条例都必须经过批准才能生效,否则不能发生法的效力。

有权主体在进行法规批准时,就会触发法律绩效评估,法规批准实质上也就是法规绩效评估,批准的过程就是评估的过程。但与一般意义的法律绩效评估有所区别的是,它只能针对法规的合宪性、合法性与合理性进行评估,还不能对其实施效果状况进行评估。

---

① 高勇:《法规质量评估,走向地方立法前台》,载《人民之声报》2006年7月13日第44期第4版。
② 汪全胜:《制度设计与立法公正》,山东人民出版社2005年版,第343页。

第二章 法律绩效评估活动的启动

(二) 因法规备案而触发

法规规章备案制度是将法规规章文本报送相应的有权机关,让其备查的程序制度,包括报送、登记、统计、存档等环节。备案不影响法律的生效,是一种重要的事后监督形式[①]。我国地方性法规的备案工作始于1979年[②]。我国的法规备案制度的具体内容有:

(1) 接受法规规章备案的主体有两个:一是全国人大常委会,其具体接受备案的部门是全国人大常委会办公厅秘书局;一是国务院,其具体接受备案的部门是国务院法制办。

(2) 备案的法规范性文件范围有所不同。报全国人大常委会备案的法规是:国务院制定的行政法规;省、自治区、直辖市人大及其常委会制定的地方性法规;较大的市的人大及常委会制定的地方性法规,报省级人大常委会批准后,报全国人大常委会备案;自治州、自治县人民代表大会制定的自治条例与单行条例报省或自治区的人大常委会批准生效,并报全国人大常委会备案。报国务院批准的法规规章有:省、自治区、直辖市和较大的市的人民代表大会及其常委会制定的地方性法规;自治州、自治县的人民代表大会制定的自治条例和单行条例;国务院各部、各委员会、中国人民银行、审计署和具有行政管理职能的直属机构制定的部门规章;省、自治区、直辖市的较大的市的人民政府制定的地方政府规章。

(3) 备案是一种法律监督方式,但不影响法规规章的生效。

如果备案只是有关机关的登记、统计、存档,不进行审查的话,也就无法触发法律绩效的评估。只有备案并进行审查才能触发法律绩效的评估。审查是一种评估方式,而备案则不是。关于备案能否提起审查,实践中与理论界都有一些争论,实践中也在探索备案是交由有关专门委员会进行审查,但由于各专门委员会任务繁重,审查工作并未很好开展起来。笔者认为,备案机关在备案时,应进行初步审查,如果认为被备案的法规范性文件可能涉及违宪或违背上位法时,应启动审查程序,即法律绩效的评估程序。

(三) 因法规清理而触发

"法的清理是指法定有权的国家政权机关,在自己的职权范围内,按照一定的方法,对一国现存的规范性法的文件进行审查,解决这些规范性法的文件是

---

① 曹康泰:《中华人民共和国立法法释义》,中国法制出版社2000年版,第210页。
② 全国人大常委会办公厅研究室文化研究室编:《国家权力机关的监督制度和监督工作》,中国民主法制出版社1999年版,第76页。

否继续适用或是否需要加以变动(修改、补充或废止)问题的专门活动。"①

法规清理根据形势变化情况以及立法任务的要求,有:(1)集中清理,即立法主体对较长一段时间以来的所有现行的法规范性文件进行较大规模的清理活动。如五届全国人大常委会第12次会议通过的《关于中华人民共和国建国以来制定的法律、法令效力问题的决议》,即是对新中国成立以来制定的法规范性文件进行的大规模的清理。(2)定期清理,即对法律法规的定期清理,就是把清理工作作为立法主体的常规性工作,每间隔一段时间就对其制定的法规范性文件进行的清理活动。如1985年国务院办公厅发布41号文件,规定今后国务院各部门和各省、自治区、直辖市人民政府每年对法规清理一次,做到该废的废,该改的改,该立的立,使国务院和地方人民政府清理法规工作经常化、制度化②。(3)专项清理,即针对一定内容的法规范性文件所进行的清理。如1996年3月八届全国人大四次会议通过的《行政处罚法》,为了克服、制止乱处罚、滥处罚问题,行政处罚法对行政处罚的设定权、实施主体及处罚程序等作了明确规定,并规定:"本法公布前制定的法规、规章关于行政处罚的规定与本法不符合的,应当自本法公布之日起,依照本法规定予以修订,在1997年12月31日前修订完毕。"

法的清理是一项立法活动,一般只能由立法主体对自己制定的法规范性文件才有权进行清理。法的清理可能导致法的修改、废除或重新制定等后果,因此,法的清理也是法律绩效评估活动。

(四)因立法提案而触发

立法提案是指享有立法提案权的机关、组织或人员(以下简称为提案主体)按照法定的程序和方式向特定的立法机关提出的关于制定、修改、废止某项法律法规的动议③。

立法提案只能由一定的提案主体才能提起,其他主体不享有立法提案权。如《宪法》第64条规定:宪法的修改,由全国人民代表大会常务委员会或者1/5以上的全国人民代表大会的代表的提议;《立法法》第12条、第13条规定:全国人民代表大会主席团、全国人民代表大会常务委员会、国务院、中央军事委员会、最高人民法院、最高人民检察院、全国人民代表大会各专门委员会、一个代表团或者30名以上的代表联名,可以向全国人民代表大会提出法律案。其他

---

① 周旺生主编:《立法学》,法律出版社2000年版,第662页。
② 李步云、汪永清主编:《中国立法的基本理论和制度》,中国法制出版社1999年版,第392页。
③ 汪全胜:《制度设计与立法公正》,山东人民出版社2005年版,第192页。

立法主体也是有其一定范围的立法提案主体。因此,根据我国法律的规定,立法提案的主体多为国家机关,即使是个人也必须是人大组成人员并达到一定的数量要求。它不同于提出建议,社会其他主体可以向人大提出关于制定、修改、废止某项法律法规的建议,但是它并不一定能引起法律上要求的启动立法程序的后果。

通过特定主体提案活动,可能触发法律绩效评估机制的发生。因为通过提案活动,有关立法主体需要对相应提案进行审查,看是否启动立法程序。我国现行法的制定、修改、废止,在很大程度上来自于提案主体的提案。当然,在真正启动法的制定、修改、废止程序之前,有关主体必须进行法律绩效评估,因此,立法提案也可能触发法律绩效的评估。

（五）因人大执法而触发

执法检查是有关国家机关对法律法规在本地方实施情况进行检查监督的制度。1993年9月2日第八届全国人民代表大会常务委员会第二次会议通过了《全国人民代表大会常务委员会关于加强对法律实施情况检查监督的若干规定》以及2006年8月27日第十届全国人民代表大会常务委员会第二十三次会议通过了《中华人民共和国各级人民代表大会常务委员会监督法》等,规定人大执法检查制度的内容;一些地方也通过了相关的执法检查的制度规定,如《北京市人大常务委员会关于加强和改进执法检查工作的意见》。执法检查多侧重于（行政意义上的）法规执行情况,对（立法意义上的）法规本身评价、原因分析以及对法规需要修改、补充、解释的建议等涉及不多。比如根据《全国人民代表大会常务委员会关于加强对法律实施情况检查监督的若干规定》第2条之规定,"全国人大常委会和全国人大专门委员会的执法检查,主要是检查监督法律实施主管机关的执法工作,督促国务院及其部门、最高人民法院和最高人民检察院及时解决法律实施中存在的问题。执法检查组不直接处理问题。"因此人大执法检查不同于法律绩效评估。但是人大在执法检查期间,也可能发现法律存在的不属于执法方面的问题即立法本身以及法律实施效果方面的问题,也有可能导致法律绩效评估机制的启动。但是这种机制在我国目前还没有出现过,可以探索将人大执法检查与法律绩效评估机制结合起来,可能它所达到的效果会更好。

（六）因案件诉讼而触发

人民法院在审查案件过程中发现适用的法律规定有冲突,它要确定如何适用该案件最适合的法律,虽然有一些原则帮助法院确定适用的法律,如"上位法优于下位法"、"特别法优于一般法"、"新法优于旧法"以及"法律不溯及既往"

原则,但是在这些原则不能解决法律适用时或发现法律有冲突时,人民法院应报请有权机关审查并作出裁决。有观点提出人民法院应直接向全国人大常委会法制工作委员会提出书面审查请求。采取这种做法,至少有三点好处:一是人民法院在适用法律的过程中更容易发现法律、法规中存在的问题,二是可以及时地纠正立法中的失误,三是使立法审查工作拓展到了诉讼领域[①]。如果建立由人民法院直接提出审查请求的机制,则是法律绩效评估机制触发的一种新的机制。

（七）因"日落条款"而提起

"日落条款"是西方国家对法律实施有效日期规定条款的一种说法,即在法律中规定了法律实施的自动到期日条款。很多国家采取这种措施,在法律规定的有效期限届满之前,启动法律绩效评估,以决定是否继续沿用该法律。如澳大利亚法律中规定有10年、7年、5年的有效日期,到期就要自动废除;韩国也规定了法律实施的有效期限原则不超过5年。"美国就所有的政府文书工作要求都设定了3年的日落条款期限;墨西哥对技术标准设定了5年的日落条款期限。"[②]我国现在尚无在法律法规中明确设置这一条款,不过在地方政府规章中开始尝试使用这一条款。2006年河南省郑州市政府发布《关于建立规范性文件有效期制度的通知》,要求郑州市各级政府发布的规范性文件要规定有效期。有效期最长自规范性文件发布之日起不超过5年;安排部署工作有时限要求的规范性文件,有效期不得超过工作时限。过了有效期的规范性文件停止执行。如果规范性文件过了有效期,负责实施的部门认为文件需继续实施怎么办?该通知规定:应在文件到期前6个月对规范性文件的实施情况进行评估,根据评估情况重新修订,并按要求重新报送审查[③]。这种条款的设置使得法律绩效评估有了直接的法律依据。

三、国家主导下法律绩效评估触发机制的优势

（一）国家主导下法律绩效评估触发机制的特点

根据前文对国家主导下法律绩效评估触发机制的理论基础、发生方式的考

[①] 全国人大常委会办公厅研究室文化研究室编:《国家权力机关的监督制度和监督工作》,中国民主法制出版社1999年版,第75—76页。

[②] 经济合作与发展组织编:《OECD国家的监管政策》,陈伟译、高世楫校,法律出版社2006年版,第32页。

[③] 王明浩:《郑州为行政规范性文件"保鲜"文件有效期,五年一评估》,载《人民日报》2006年8月3日第10版。

第二章 法律绩效评估活动的启动

察,我们可以总结出国家主导下法律绩效评估触发机制具有以下特点:

(1) 评估程序的正式性。国家主导下的法律绩效评估属于立法的正式评估。所谓立法的正式评估是指特定的立法评估主体按照预设的评估方案,依据一定的评估标准和严格的程序,采取一定的形式,对立法的质量及实施效果等做出判断与评价。因此,其触发机制也具有严格的程序性。不论是法规备案审查、法规清理、人大执法、案件诉讼还是立法提案等,启动程序都有严格的规定,有关主体需启动法律绩效评估机制必须遵循法律绩效评估方式启动程序的规定。如有关主体启动法规规章备案审查程序必须按照《立法法》、《法规规章备案条例》、《行政法规、地方性法规、自治条例和单行条例、经济特区法规备案审查工作程序》和《司法解释备案审查工作程序》等的规定。

(2) 评估主体的内部性。从评估主体的角度来看,国家主导下的法律绩效评估属于立法的内部评估。立法内部评估是指由享有立法权的国家机关,尤其是国家机关的组成机构(即系统内部)所进行的立法评估活动,它包括法律的制定主体以及法律的执行或适用主体的评估。同样,法律绩效评估的启动主体都具有共同的特性,即都是法律法规规定的有关国家机关,从国家与社会的二元区分来说,它都属于国家层面的组织机构。如《立法法》规定的不同立法主体的立法提案主体范围。

(3) 评估对象的法定性。一般来讲,国家主导下的法律绩效评估对象都是由评估主体根据法定程序来确定。如全国人大常委会与国务院作为接受备案审查的主体,它接受备案审查的法规范性文件有一定范围,全国人大及其常委会制定的法规范性文件并不需要国务院来加以备案审查。人大执法检查必须严格依据人大常委会确定的执法检查对象。

(4) 评估内容严格依据法律的规定。国家主导下的法律绩效评估的内容严格依据法律的规定,如《立法法》第87条规定的对法律、行政法规、自治条例和单行条例、规章的审查内容包括:超越权限的;下位法违反上位法规定的;规章之间对同一事项的规定不一致,经裁决应当改变或撤销另一方的规定的;规章的规定被认为不适当的,应当予以改变或者撤销的;违背法定程序的。

(5) 评估结果的权威性。国家主导下的法律绩效评估结果具有一定的权威性与强制力,它能对法律法规的立、改、废产生直接的影响,也就是评估结果具有很强的回馈性。我国近几年实施的立法跟踪评估,评估结果都得到了立法部门的重视,列入了立法部门的立法规划或计划。如2003年安徽省法制办在对《安徽省流动人口计划生育工作管理实施办法》的评估中,省法制办评估报告中提出的建议被接受,省政府责成有关部门按照建议整改,其中关于取消育龄男性须办理婚育证明制度,受到国家人口和计划生育委员会的认同,同时,他们提出的关于修改《安徽省禁止非医学需要鉴定胎儿性别和选择性别终止妊娠的规定》的建议,也为安徽省人大常委会所采纳,并列入了次年省人大常委会的立法实施类计划①。

(二)国家主导下法律绩效评估触发机制的优势

国家主导下的法律绩效评估,从制度经济学的角度来讲,属于强制性制度创新行为。前面分析了国家主导下法律绩效评估启动机制的特点,实际上它的一些特点也就构成了它的优势,在这里,我们将其与社会促动下的法律绩效评估相比较,它又具备以下的优势:

(1)实施成本较低。在制度经济学看来,国家强制力有很大的规模经济效应,国家不仅能以比初级行动团体低得多的费用提供制度服务,而且可以利用其"暴力潜力"降低制度的组织成本与实施成本。因此,国家主导启动法律绩效评估,其组织与实施成本要低。

(2)实施效果明显,尤其是短期效果明显。国家以其强制力和意识形态控制力等优势去减少或遏制"搭便车"(既想享受新制度的好处又不愿为新制度付出代价)现象以及制度外部性(如制度创新的收益大大小于社会收益)。因此,它启动绩效评估具有一定的效率性与效果性,但是它也面临着国家管理者的有限理性、意识形态刚性、官僚政治、利益集团压力和社会科学知识的局限性等方面的限制和困扰,可能在长期效果方面会逐渐不明显或不突出。

(3)评估经费有保障。国家启动法律绩效评估以及保障法律绩效评估的运行都较容易,相对于社会主体启动的评估来讲,它有足够的经费作保障。有充足的经费保障,就能使得评估更富有成效。

(4)评估信息易获得。法律绩效评估的信息从法治过程中的主体角度来看,有立法信息、执法信息、司法信息以及守法信息。充分的法律绩效信息是获得科学评估结果的保证。内部评估主体因为其对法律法规的制定与执行情况有着透彻、详尽的了解与认识,有效的内部评估能够为管理者提供必不可少的支持②。美国学者西奥多·H.波伊斯特也提出,"许多联邦机构保留了对人口统计、住房、犯罪、运输、经济、健康、教育和环境方面的数据档案,这些数据本身可以跟踪分析某些工作的绩效。"③而这些信息中,前三类信息都是国家机关所

---

① 参见:《安徽:"立法后评估"让规章更管用》,载《浙江人大》2005年第11期。
② Evert Vedung, Public Policy and Program Evaluation, New Brunswick and London: Transaction Publishers, 1997, p.117.
③ 〔美〕西奥多·H.波伊斯特:《公共与非营利组织绩效考评》,肖鸣政等译,肖鸣政校,中国人民大学出版社2005年版,第82页。

拥有的,第四类信息国家利用它的权力也可较为轻易地获得。因此,国家机关掌握的法律绩效信息为法律绩效评估的有效实施提供了保证。

(5)专业人员与科学方法较为具备。法律绩效评估不仅需要充足的信息保证,还需要有一定的专业技术人员以及掌握一定的科学评估方法,在这一点上,我们从国家主导下的法律绩效评估中可以看出。近几年我国所进行的法律绩效评估都是国家主导,而且具备一定的专业人才队伍与评估技术,如人大常委会法制工作委员会,它不仅知晓法律制定中的诸多信息,而且具备立法经验,在评估中也都掌握如调查、观察等评估技术,这为法律绩效评估的正常进行提供了保证。

(6)评估的回应性强。法律绩效评估目的不仅仅在于发现法律法规存在的问题、法律法规实施的效果状况,更重要的目的是"及时修改完善法律制度,更好地发挥法律法规的规范作用",不是为评估而评估,而是为法律的延续性提供决策借鉴。正如日本学者对政策评估目的的认识:"在既有政策中选出国民关心度高的题目,对其政策的实施与效果的相关性以及根据外部原因实施的政策所获效果进行详细的分析和评价,是对政策进行修改和重估的继续。"① 相比于独立第三方、利益相关者等社会主体发起的评估,它的评估结果更能得到重视,评估目的更容易实现。

四、国家主导下法律绩效评估触发机制的缺陷或不足

尽管国家主导下法律绩效评估触发机制有一定的优势,但是它也受到各方面的批评,有学者评说,国家主导下法律绩效评估的发起,"可能就只是为了满足一些特定的政治需求,或者为了造势,或者为了向民众展示一种政治形象,其实施效果却可能不受重视。"② 从实践中的国家主导法律绩效评估来看,它的缺陷或不足也需要引起足够的重视:

(1)国家主导下法律绩效评估触发机制最大的不足或缺陷就是忽视了社会公众的参与。我国近几年发起的法律绩效评估,多为立法主体内部组成机构进行的评估,"只重视自身评估,忽视作为政府行为相对人的社会组织和社会公众的评估,导致进行意愿表达以及利益诉求的绩效评估主体单一化,使得绩效评估结论难以客观。"③

---

① 龚深弟编译:《日本实施政策评价工作——〈城市铁道建设应有状态〉评论概要》,载《现代城市轨道交通》2006年第2期。
② 孟华:《政府绩效评估:美国的经验与中国的实践》,上海人民出版社2006年版,第81页。
③ 范柏乃著:《政府绩效评估与管理》,复旦大学出版社2007年版,第166页。

（2）国家主导下法律绩效评估结论的公正性颇受质疑。针对国家主导下法律绩效评估的内部性特点，有学者认为"要求公共组织对自己的行为作出客观公正的评价实非易事"，这是因为："首先，评价意味着批评，对公共组织成员来说就是对他们能力的质疑，影响自己的声誉，因而评价往往夸大成绩，掩盖失误；其次，评价往往代表着某一组织的局部利益，这使得绩效评价容易走向片面并带有浓厚的主观色彩；最后，绩效评价是一项复杂而细致的工作，需要评价者掌握相关的理论知识，并熟悉专门的方法技术，而公共组织人员本身往往缺乏这方面的系统培训。"①

（3）国家主导下法律绩效评估的适用范围有限。因国家主导下的法律绩效评估属于正式评估，不仅要求遵循严格的评估程序、评估原则与评估标准，还要求完整的、严格审查的评估方案以及充足的评估经费，适用起来有一定的难度，也从而限制了它的适用范围。

（4）国家主导下法律绩效评估可能与社会主体的需求不一致。在制度经济学看来，强制性制度创新行为，容易导致制度供给的扭曲与错位。一方面，会发生某些领域的制度供给过剩而某些领域制度供给不足的问题，另一方面，也会发生权力中心意愿供给与实际供给的不一致问题②。也就是说，国家主导下的法律绩效评估可能是国家机关的一厢情愿，它与社会的法律绩效评估需求可能不一致。

（5）国家主导下法律绩效评估可能招致"评估困境"，即当法律绩效评估主体与法律制定主体为同一个主体或者有共同利益的主体时，他们会为法律的低绩效或无效用等进行辩护。美国学者托马斯·R.戴伊指出："政府机关有强烈而固定的兴趣，要证明他们的方案有积极的效用。行政人员常常将评估他们方案效用的企图，看成是试图限制或破坏他们的方案，或者是怀疑他们行政人员的能力。"并且"政府机关会对当前的政策方案有很大的投入，包括组织上、财政

---

① 齐二石主编：《公共绩效管理与方法》，天津大学出版社2007年版，第90页。

② 制度经济学认为，在强制变迁的场合，并不是国家供给多少就供给多少。在实际的制度变迁中，可能出现意愿性供给与实际供给不一致的情况，具体表现形式是制度在实施中的不彻底，例如被修改等。这是由于在供给处于主导型的制度变迁中，权力中心要根据既定的目标函数的种种约束条件，在宪法秩序所规定的框架内形成的制度创新的整体方案，并据此制定具体的操作规则。但由于新的规则是通过各级政府和下面的组织具体实施的，他们的目标函数和约束条件可能与权力中心有所不同，从根本上讲就是利益关系的不同，因此可能不愿意或无法实施新的规则，导致意愿供给与实际供给的不一致。作为制度核心或主要架构的法律制度，具有较强的刚性特点，所以尽管意愿供给可能超过了实际需要，但从理论上讲，不应出现意愿供给与实际供给不一致的情况。这种情况一出现，就表明了法律制度本身的低效率。但实际上，这种情况是经常出现的，或是由于该法规不符合经济社会的实际需要，或是由于法律程序和执法系统低效。参见高德步：《产权与增长：论法律制度的效率》，中国人民大学出版社1999年版，第281页以下。

上、体力上和心理上的投入,因此,他们会倾向于反对任何表明这些政策没有作用的研究发现。"即使有确凿的证据表明,他们所钟情的方案毫无用处,甚至会产生反面效果,他们仍然会辩说:"1. 方案的效果是长期的,难以在当前就得到测量;2. 方案的效果本质上是全面而分散的;没有任何单一的标准或指标能够充分测量方案的实现程度;3. 方案的效果是很精细的,难以用粗略的标准或数据来准确界定;4. 实验研究是难以有效地进行的,因为不给一些人提供服务以观察这样做的效果对他们来说是不公平的;5. 在接受服务与没有接受服务的人们中间没有发现差别,这一事实意味着方案实施的强度还不够充分,因此它表明需要为方案投入更多的资源;6. 没有找到方案的积极效果可能是因为研究不够充分或者存在偏见,而不是方案有什么问题。"①

(6) 国家主导下的法律绩效评估需建立长期有效的保障机制,我国目前还尚无制度规定。现代法治与社会治理都要求,应完善法律绩效评估的制度规定,以对国家主导的法律绩效评估提供制度依据与保障。如果没有相关的制度规定,法律绩效评估可能陷入"运动式评估",可能产生评估形式主义,那么与现代社会所要求的法律绩效评估相距甚远。世界各国都有相关的制度保障法律绩效评估的有效运行,如美国《政府绩效与结果法案》和《政府规定绩效分析》、日本的《行政机构实施评估政策有关的法律》、韩国的《行政监管基本法》和《政府绩效评估法案》等,我国也需要建立规范的法律绩效评估制度,以适应法律绩效评估制度化的需求。

第二节 法律绩效评估的社会促动机制

从国家与社会的二元区分来看,法律绩效评估的触发机制主要有三种类型:一是国家主导型、二是社会促动型、三是国家与社会联动或互动型。法律绩效评估运动自 20 世纪 80 年代在美国兴起以来,二十多年的历程似乎也揭示了这样的运动规律,第一阶段即从 20 世纪 80 年代开始到 21 世纪初,法律绩效评估为国家或政府主导型的;第二阶段也就是从 21 世纪初至今,随着独立第三方评估组织的兴起,法律绩效评估进入了社会促动型阶段。当然,第三阶段也会随着公民社会的不断发展,在各个国家不同的时间发生。

法律绩效评估的社会促动机制,意味着法律绩效评估的触发主要是由公民

---

① 〔美〕托马斯·R.戴伊:《理解公共政策》(第10版),彭勃等译,华夏出版社2004年版,第290—291页。

社会引起的而非国家或政府占主导地位,当然,在法律绩效评估过程中,公民社会也起着主要或重要的作用。目前我国开展的法律绩效评估活动还主要是国家或政府主导下进行的,但是随着法律绩效评估活动的不断开展,公众参与的深度与广度都在不断增加,法律绩效评估的社会促动机制将会越来越多的发生。我国法律绩效评估活动也将进入第二阶段,即法律绩效评估的社会促动阶段。

一、法律绩效评估社会促动机制的理论基础

社会促动也就是社会主体或公众的促动,法律绩效评估的社会促动机制是指在法律绩效评估的发起活动中,社会主体或公众起到了主要和重要的作用。那么公众有什么样的动机去积极促动法律绩效评估活动的发生呢?这也就涉及法律绩效评估社会促动机制的理论基础。

(一)积极公民权理论

积极公民权理论来自于对公民权的理解与划分。在西方社会,公民权有两个基本含义:"公民权本质上同权利和责任相关,同时它也是一种社会成员和参与者的关系。"斯蒂沃(Stivers)认为:"古典意义上的公民权被认为是一种地位和一种实践。作为一种地位,它是个人与国家之间的正式关系,它包括权利(投票权、言论自由、结社权力),但极少有义务(如果有的话)。作为一种实践,公民权是由构成政治生活的各种活动组成的,包括参与国家的治理以及对普遍物品的考虑。"[1]

公民权根据其公民参与政治的实践,分为消极公民权、半消极公民权和积极公民权。谢尔·阿斯汀认为,公民自主参与发展的历程可以划分为三个阶段,第一阶段是无参与形式,公民的实际参与的程度很低,参与过程由官方操纵,或以教育、动员方式达成参与。第二阶段为象征性参与形式。公民通过政府的信息分布、政策听证与质询,具有了一定程度的公共政策过程进入和积极参与的机会,但是,政府为了避免对其权力产生激烈的影响,通常会改变参与的相关团体的权力分配方式,决定参与的过程,其自主性程度不高。第三阶段为完全型公民参与。公民享有合法的实体性权力与程序权力,参与公共政策的制定和执行,对社区的公共事务进行自主式的管理。这三个阶段对应了三种不同类型的公民权[2]。美国学者金(King)认为,政府绩效测评的目的是效率,"当前

---

[1] Stivers, C. Citizenship Ethics in Public Administration, In T. Cooper, ed., Handbook of Administrative Ethics, New York: M. Dekker, 1994, pp.435—456.

[2] Arstein, Sherry R. A Ladder of Citizen Participation, Journal of the American Institute of Planners, Vol.35. No.3, 1969, pp.216—224.

第二章　法律绩效评估活动的启动

公民对政府的不满是政府过于疏远公民的产物，而不是对要达到的目的的不满。"①因此，应发展积极公民权，扩大公民对政府绩效测评的参与，真正实现绩效评估的目的。

（二）参与民主理论

参与民主是民主理论发展的一个新阶段，它兴起于20世纪六七十年代。1960年阿诺德·考夫曼首次提出"参与民主"概念，随即广泛运用于各个领域。但是，最初参与民主理论主要集中于校园活动、学生运动、工作场所、社区管理以及与人们生活密切相关的政策领域，主要关注社会民主领域，特别是与工作场所的民主管理紧密联系起来，并没有上升到政治生活和国家层面。1970年，卡罗尔·佩特曼的《参与和民主理论》一书的出版，才标志着参与民主政治理论的正式出现。佩特曼认为："当代精英主义的民主理论实际上并不是充分的民主，而仅仅描述了现实政治制度的运作逻辑。民主理论并不完全是经验的，它也应该是规范的，有着特定的规范要求和取向。""真正的民主应当是所有公民直接的、充分参与公共事务的决策的民主，从政策议程的设定到政策的执行，都应该有公民的参与。""只有在大众普遍参与的氛围中，才有可能实践民主所欲实现的基本价值如负责、妥协、个体的自由发展、人类的平等等。"②

"参与民主的本质在于民主体验可通过民主方式改造个人的观点，人们认为拥有这些体验的个人因此变得对公共事务更加热诚，更能包容，更有知识，也更能自我反省。"③只有建立起公众直接的、广泛的公共参与兴趣，才有可能激发公众对法律绩效评估的热情。正如盖伊·彼得斯在《政府未来的治理模式》中断言，公众参与是20世纪90年代的主要政治议题之一，没有公众的积极参与，政府很难使其行动合法化④。

（三）公民社会理论

公民社会是当代国际社会科学中的热门概念。一般意指"国家或政府之外的所有民间组织或民间关系的总和，其组成要素是各种非国家或非政府所属的

---

① 〔美〕凯瑟琳·纽科默、爱德华·詹宇斯、谢里尔·布鲁姆、艾伦·洛马克斯主编：《迎接业绩导向型政府的挑战》，张梦中、李文星译，中山大学出版社2003年版，第10页。
② 〔美〕卡罗尔·佩特曼著：《参与和民主理论》，陈尧译，上海世纪出版集团2006年版，第7—8页。
③ 〔美〕弗兰克·费希尔著：《公共政策评估》，吴爱明等译，中国人民大学出版社2003年版，第220页。
④ 〔美〕B.盖伊·彼得斯：《政府未来的治理模式》，吴爱明等译，中国人民大学出版社2001年版。

公民组织,包括非政府组织(NGO)、公民志愿性团体、协会、社区组织、利益团体和公民自发组织起来的运动等。"①

公民社会兴起的主要标志就是各种非政府组织的产生。非政府组织也称为非营利组织或第三部门,是指:"按照一定的法律、法规、规章,或根据政府委托,遵循独立、公平和公正的原则,凭借其特有的社会服务功能、沟通功能、公正鉴定功能和监督管理功能,沟通政府与市场、政府与社会之间的信息,协调双方的利益,为全社会提供各种无偿或有偿服务的社会自律性组织。"②各种非政府组织一方面为社会公众参与公共事务治理提供了组织保证以及活动平台,使得公民个人的利益表达与诉求更加有效,因为,"个人的利益诉求往往是具体的、分散的。如果所有的人民个人都把个人的利益、要求直接输入政治系统的话,政治系统将由于负荷过多、过重而陷于瘫痪。而且,作为政治系统输出的主要内容——政策,并不是针对某个人而是全社会或某些阶层、群体。因此,在个人的利益要求输入政治系统之前,一般应先进行综合(聚集),以减轻政治系统的负荷。"③另一方面各非政府组织通过自身的活动制约国家或政府权力,正如罗伯特·达尔所言:"这种社会组织的出现,不仅仅是民族国家统治过程民主化的一个直接结果,也是为民主过程本身运作所需要的,其功能在于使政府的强制最小化,保障政治自由,改善人的生活。"④

因此,塞拉蒙认为:"如果说代议制政府是18世纪的伟大社会发明,而官僚政治是19世纪的伟大发明,那么,可以说,那个有组织的私人自愿性活动也即大量的公民社会组织代表了20世纪最伟大的社会创新。"⑤

其实以上三种理论都有共同的内容,即扩大公民权利,参与社会公共事务的治理,有效制约政府权力,同样也是构成了社会主体促动法律绩效评估坚实的理论基础与思想根源。

二、法律绩效评估社会促动机制的发生方式

各国因国情、文化传统等的差别,社会公众发起法律绩效评估的具体方式有差异。在美国,社会公众发起法律绩效评估的具体方式或途径主要有三个:"第一个就是通过选票在一定程度上左右民选官员的政策倾向,并借助于一些

---

① 郁建兴、刘娟:《国家与社会关系视野中的中国公法变迁》,载《浙江社会科学》2002年第5期。
② 井敏:《构建服务型政府理论与实践》,北京大学出版社2006年版,第177页。
③ 桑玉成著:《利益分化的政治时代》,学林出版社2002年版,第202—203页。
④ 〔美〕罗伯特·达尔:《多元主义民主的困境》,尤正明译,求实出版社1989年版,第1页。
⑤ 转引自何增科主编:《公民社会与第三部门》,社会科学文献出版社2000年版,第257页。

利益集团表达控制政府绩效的意志,从而通过民选官员发动绩效评估;第二个是通过一些民意调查来表达意愿,再间接地影响政府机构与民选官员的作为;第三个是通过直接的抗议式行动如抗税运动迫使民选官员和政府机构采取措施评估政府的运行情况。"①

根据我国现行的法律制度及实践,我国社会公众发起法律绩效评估运动的具体方式有:

(一)因立法提案而提起

立法提案是法律规定的提案主体向特定的立法机关提出法律制定、修改或废止等议案的活动。在一些国家,除国家机关外,一定数量的选民或社会组织可以向立法机关提出立法提案,如奥地利宪法规定,20万以上的选民联名,可以提出法律草案;意大利和瑞士规定,5万以上的选民联名,可以提出法律草案;索马里规定,1万以上选民可以联名提出法案②。根据我国《立法法》第12、13条的规定,除特定有关国家机关外,一个代表团或者30名以上的代表联名,可以向全国人民代表大会提出法律案。这些除国家机关以外的特定主体提出法律案时,可以启动法律审查即法律绩效评估活动。

(二)因告诉而提起

根据《立法法》第90条第2款的规定,除特定的提案主体以外的有关国家机关和社会团体、企业事业组织以及公民认为行政法规、地方性法规、自治条例和单行条例同宪法或者法律相抵触的,可以向全国人民代表大会常委会书面提出进行审查的建议。有学者认为,只有当有关国家机关、社会团体、公民等主动投诉,有关审查与评估主体才可对被诉的法规范性文件进行审查。为什么呢?这是考虑到以下几个原因:"一是对于法律的评价与判断具有理论和实践双重评估。从某种意义上说,法律、法规是否符合宪法与法律,主要是通过实践来检验。只有通过实施,才能发现法律、法规中存在的问题。二是需要审查的法律、法规数量繁多,只有采取有针对性、有选择的作法,才能达到事半功倍的效果。三是实行告诉审查制度,也是为了动员社会各方面力量参与宪法监督。"③

---

① 孟华:《政府绩效评估:美国的经验与中国的实践》,上海人民出版社2006年版,第85页。
② 吴大英、任允正、李林:《比较立法制度》,群众出版社1992年版,第438页。
③ 全国人大常委会办公厅研究室文化研究室编:《国家权力机关的监督制度和监督工作》,中国民主法制出版社1999年版,第75页。

(三) 因诉讼而提起

当事人或社会公众因某一具体诉讼案件发生,适用法律有违宪或违背上位法时,向国家特定机关提起法规范性文件的审查建议。2003年1月25日河南洛阳中院审理种子案件①中,涉及《河南省农作物种子管理条例》与《种子法》相冲突。该案披露以后,肖太福、涂红兵、陈占军、朱嘉宁四律师上书全国人大常委会,要求审查《河南省农作物种子管理条例》的法律效力,并向河南省人民代表大会常务委员会提出书面审查意见②。

(四) 因社会监督而提起

社会主体根据法律规定对国家机关的行为享有批评、建议、申诉、控告、检举的权利,也即进行社会监督的权利。"社会监督是社会力量对法律实施的监督,监督主体主要包括执政党、民主党派和人民政协、社会团体、人民群众以及新闻媒体。"③我国《宪法》第41条规定:"中华人民共和国公民对于任何国家机关或国家工作人员,有提出批评和建议的权利;对于任何国家机关和国家工作人员的违法失职行为,有向有关国家机关提出申诉、控告或者检举的权利,但是不得捏造或者歪曲事实进行诬告陷害。"社会主体在行使法律监督权时,如果发现实施的法律存在违宪或违背上位法的情况下,也可以向有关国家机关提起,从而会启动法律绩效评估活动。

(五) 因信访而提起

信访实际上是社会监督的一种具体方式。在我国,各级国家行政机关、国家立法机关、国家司法机关都建立有信访机构,专门接受社会公众的来信来访,发现问题并尽可能地解决问题。比如最高人民法院2003年12月2日出台的

---

① 2003年1月25日,河南省洛阳市中级人民法院开庭审理了伊川县种子公司委托汝阳县种子公司代为繁殖"农大108"玉米杂交种子的纠纷,此案的审判长为30岁的女法官李慧娟。在案件事实认定上双方没有分歧,而在赔偿问题上,根据《河南省农作物种子管理条例》第36条规定,"种子的收购和销售必须严格执行省内统一价格,不得随意提价。"而根据《中华人民共和国种子法》的立法精神,种子价格应由市场决定。法规之间的冲突使两者的赔偿相差了几十万元。

此案经过法院、市人大等有关单位的协调,法院根据上位法做出了判决。然而,判决书中的一段话却引出了大问题:"《种子法》实施后,玉米种子的价格已由市场调节,《河南省农作物种子管理条例》作为法律阶位较低的地方性法规,其与《种子法》相冲突的条(原文如此)自然无效……"

此案的判决书在当地人大和法院系统引起了很大的反响。为此,河南省高级人民法院在关于此事的通报上指出,人民法院依法行使审判权,无权对人大及其常委会通过的地方性法规的效力进行评判。在河南省人大和省高级人民法院的直接要求下,洛阳中院已初步拟定撤销李慧娟审判长职务,并免去助理审判员的处理决定。参见《法制日报》2003年11月19日。

② 参见《法制日报》2003年11月19日。

③ 马怀德主编:《法律的实施与保障》,北京大学出版社2007年版,第260页。

第二章　法律绩效评估活动的启动

《最高人民法院关于落实 23 项司法为民具体措施的指导意见》中将"对来信来访和申诉进行摘报,及时反映和解决群众关注的焦点热点问题"作为重要内容,要求各级法院做好信访摘报,"摘报件要及时报送本院领导,根据情况,可批转有关组织、部门或者层报上级法院并通报有关法院。要及时查处和解决摘报反映的问题,及时了解问题或案件处理的进展情况。对领导批示查报结果的问题或案件,要及时向领导汇报,必要时,可将结果回复当事人。"《北京市高级人民法院关于司法为民为群众办实事的实施意见》也专门规定:"对于群众来访的,即时解答。建立信访摘报制度、信访通报制度和全市三级法院信访工作协调联动制度,解决群众信访中所反映的问题。"

信访多会涉及具体的问题,但有时也涉及法规范性文件实施的问题,通过这样的渠道,可能引起国家机关的重视,从而启动有关部门对法规范性文件的审查与评估机制。

以上几种方式是我国目前法律制度以及实践中常见的情形,通过这些方式,可能激发有关国家机关启动对法规范性文件的审查与评估机制。我们说这些方式是法律绩效评估社会促动机制的发生方式,就是强调通过这些方式,直接导致了国家有关机关对某法规范性文件的绩效评估活动,而不是在国家或政府部门主导下发生的。

三、法律绩效评估社会促动机制的发生过程

法律绩效评估的启动实质上是一种制度创新过程,在社会主体作为主要发起人形成法律绩效评估的动议后,最终是否能真正启动而实现法律绩效评估的运作过程,还是由有关主体(享有评估权力的国家机关)决策实现。否则,尽管社会主体形成强烈的动议,但决策主体(评估主体)对此没有任何反应或不想采取任何措施,则法律绩效评估也无法真正启动。只有社会主体的动议得到决策主体的认同,社会主体与决策主体才会共同促成法律绩效评估的发生。这种意义上法律绩效评估启动过程才是法律绩效评估社会促动机制的发生过程。

制度经济学代表人物诺斯和戴维斯揭示了制度创新的一般过程,他们认为制度创新过程分为五个步骤(或阶段)[①]:

第一步:形成"第一行动集团"(即发起者)。这是指在决策方面支配着创新过程的一个决策单位,它预见到潜在利润的存在,并认识到只要进行制度创新,就可以得到潜在利润。

---

① 傅殷才:《制度经济学派》,武汉出版社 1996 年版,第 187 页。

第二步:"第一行动集团"提出制度创新方案。

第三步:"第一行动集团"对实现之后纯收益为正数的几种制度创新方案进行选择,选择的标准是最大利润原则。

第四步:形成"第二行动集团"。这是在制度创新过程中,为帮助"第一行动集团"获得预期纯收益而建立的决策单位(实质上的决策主体)。制度创新实现后,"第一行动集团"和"第二行动集团"之间可能进行追加的收益再分配。

第五步:"第一行动集团"与"第二行动集团"共同努力,使制度创新得以实现。

以上是制度经济学者揭示制度创新的一般过程,如果用它来解释法律绩效评估启动的一般过程的话,"第一行动集团"就是准备发起法律绩效评估的社会主体,可能是企业事业组织、社会团体,甚至可能是公民个人;制度创新方案就是具体涉及某一法规范性文件的审查或评估;"第二行动集团"则是评估主体(实施正式评估的国家机关)。这里结合我国实践中的做法,试图描述社会主体促动法律绩效评估机制发生的一般过程:

第一步:社会问题的产生。所谓社会问题,就是一个社会的大部分成员和一部分有影响的人物认为某种社会状况不理想或不可取,应该引起全社会关注并设法加以改变的问题。我们知道,现实生活中发生过许许多多的问题,有一些能成为社会问题,而有一些则不构成社会问题。"人们的主观认识、思想信仰、生活态度等价值因素在社会问题的形成过程中具有决定性的影响。"[1]如我们社会生活中出现过很多行政机关野蛮执法的问题,但直到2003年发生"孙志刚事件"[2]后,野蛮执法才被认为是一个社会问题。

第二步:法律问题的确认。法律问题的确认是指对法律问题的察觉、界定和描述的过程。对问题的确认是对问题解决的最首要的一环,对问题进行明确

---

[1] 谢明:《政策透视——政策分析的理论与实践》,中国人民大学出版社2005年版,第171页。

[2] 孙志刚,男,27岁,湖北武汉人,2001年在武汉科技学院艺术设计专业结业。2003年2月24日受聘于广州达奇服装有限公司。3月17日晚10时许,孙外出上网,途遇天河区黄村街派出所民警检查身份证,因未带身份证,被作为"三无人员"带回派出所。孙的同学成先生闻讯后赶到派出所并出示孙的身份证,警官仍拒绝放孙。3月18日,孙被作为"三无人员"送往收容遣送站。当晚,孙因"身体不适"被转往广州市收容人员救护站。20日凌晨1时多,孙遭同病房的8名被收治人员两度轮番殴打,于当日上午10时20分死亡。救护站死亡证明书上称其死因是"心脏病"。4月18日,中山大学中山医学院法医鉴定中心出具尸检检验鉴定书,结果表明,孙死前72小时曾遭毒打。紧接着,三位法学博士上书全国人大常委会提出对《城市流浪乞讨人员收容遣送办法》的违宪审查建议。2003年6月20日,国务院颁布了《城市生活无着的流浪乞讨人员救助管理办法》,废止了原《城市流浪乞讨人员收容遣送办法》。参见马怀德主编:《法律的实施与保障》,北京大学出版社2007年版,第224页。

第二章　法律绩效评估活动的启动

和系统的阐释是探求问题解决方案的有效途径①。

（1）问题察觉。问题察觉是指某一社会现象被发现并扩散，逐渐引起社会广大公众和政府部门关注的过程。在这个过程中，人们普遍感到应该行动起来做点什么，以改变目前这种状态，但具体怎么做，人们并没有认真的考虑。如前述孙志刚事件经过媒体广泛宣传之后，人们都认为是需要改变这种行为的时候了，但怎样去改变，很多人没有明确的解决方案。

（2）问题界定。社会问题经过传播以后，引起了一些人的思考。它其中可能隐含着某种需要解决的问题。经过一定的方法对问题进行归类、分析，人们发现这个问题可能需要通过法律的路径去解决。如孙志刚事件，三位青年博士发现这种行政执法的背后原来是有着法律依据。问题不仅仅在于野蛮执法，还在于有着"不合法""恶法"之称的"法"依据，那么不仅要改变野蛮执法现状，更重要的是审查其背后的"法"，即《城市流浪乞讨人员收容遣送办法》。

（3）问题描述。问题描述是指运用可操作性语言对问题进行明确表述的过程。这个阶段还是社会主体发现问题的症结所在并提出初步的解决方案。

第三步：有关主体做出决策：对关涉问题的法律进行评估。

社会主体通过分析发现社会问题背后的法律问题，并提出了解决法律问题的方案，了解某一法规范性文件需要审查或评估，这还不够，还需要有关评估主体作出评估的决定才行。"很清楚，拥有决定哪些将成为政策问题的权力在决策过程中是一个关键。决定哪些问题将成为政策问题甚至比决定哪些将成为解决方案还更重要。"②在孙志刚案件中，如果不是国务院作出决策，废除了《城市流浪乞讨人员收容遣送办法》，则该法案可能还会适用一段时间，还会有第二个孙志刚出现。当然，我们说，三位博士的上书、媒体的宣传以及社会公众舆论的影响，在《城市流浪乞讨人员收容遣送办法》的废除中发挥了重要的作用。因此，《城市流浪乞讨人员收容遣送办法》被审查废除，社会主体在启动过程中发挥着主导性的作用，是社会主体促动法律绩效评估机制典型的例证。

四、法律绩效评估社会促动机制的优势与不足

社会主体在法律绩效评估启动中发挥着主要或重要的作用，它具备一定的优势：

---

① 谢明：《政策透视——政策分析的理论与实践》，中国人民大学出版社2005年版，第171页以下。

② 〔美〕托马斯·R.戴伊：《理解公共政策》（第10版），彭勃等译，华夏出版社2004年版，第32页。

第一,对评估对象选择的导向作用。法律绩效评估对象的范围是法规范性文件,但并不是所有的法规范性文件都需要评估,即使需要评估的法规范性文件数量很多,因评估能力的限制,至少有轻重缓急的区分。公众反应大、社会影响大、存在问题多的法规范性文件应该首先进入评估主体的评估视野。根据社会主体反应的强烈程度,评估主体可以对评估对象作个排序。因此,法律绩效评估的社会促动机制可以帮助评估主体选择适当的评估对象。

第二,社会主体启动法律绩效评估可以在一定程度上避免政府机构主导的结果非客观性。政府机构主导的评估是内部评估,"只要是来自政府本身,不论其身份如何,属于哪一级哪一类部门,都很难做到无利益牵连,也很难真正站到社会公众的角度,结果也难以令社会公众信服。"①"只有政策制定者和市民积极主动地参与业绩评估,即参与让政府机构对他们的开支负责,对他们的行动负责,对他们的承诺负责。这样的评估过程,才能实现评估的真正目标与目的。"②

第三,社会主体启动法律绩效评估可以保证法律实施信息的全面而真实的收集。评估信息是否全面、真实、客观,直接影响到评估结果的公正。而法律实施状况如何,不同利益的社会主体会有切身的感受。"作为公共组织服务的顾客,社会公众能最真切地感受到政府服务水平的高低,也最有资格对政府绩效进行评价。"③如果社会主体能实质性的启动与参与法律绩效评估,可以让评估主体收集到来自社会主体各方面的法律实施的真实信息,在一定程度上保证了评估结果的真实与可靠。

第四,社会主体启动法律绩效评估可以培养社会公众对政府的信任,提高政府工作效率,提升政府形象。现代各国都在构建"责任政府"、"业绩导向的政府"、"公众满意政府"等,那么就要求"政府管理从维护社会公众的利益出发,把公众的满意度作为政府工作的根本使命和责任,把公众满意不满意作为政府工作好坏的根本标准,作为政府工作的出发点和归宿点。"④因此,在社会主体启动法律绩效评估时,政府部门应做好积极回应,以与社会主体的需求相一致。

第五,社会主体启动法律绩效评估,是立法机关进一步了解公民法律需求的重要机制。法律需求反映了人们对社会和人的需要的认识,但法律需求转变

---

① 周凯主编:《政府绩效评估导论》,中国人民大学出版社2006年版,第215页。
② 〔美〕马克·霍哲:《公共部门业绩评估与改善》,张梦中译,载《中国行政管理》2000年第3期。
③ 齐二石主编:《公共绩效管理与方法》,天津大学出版社2007年版,第94页。
④ 周凯主编:《政府绩效评估导论》,中国人民大学出版社2006年版,第143页。

第二章 法律绩效评估活动的启动

为实际立法产品的供给则是一个较为复杂的过程。根据社会能否支付其法律运行成本的能力,可将法律需求分为意愿的法律需求和有效的法律需求。前者指的是社会主体有着通过立法方式来实现一定利益的愿望,但不具有支付其社会运行成本的能力。后者是指在社会具备支付法律运行的成本的能力范围内,能够实现法律产品的供给。通常社会主体有法律需求的意愿,政府有满足法律需求的能力,但如何将意愿的法律需求与有效的法律需求统一起来,就需要建立社会主体法律需求的意愿与政府部门法律供给的沟通机制。

尽管法律绩效评估社会促动机制有一定的优越性,但是它的不足方面也受到人们的关注,有观点认为,社会公众参与评估至少有四个方面的缺陷:一是公众不了解政府的运作过程;二是掌握的信息有限;三是缺乏专门的评估技术;四是公民代表的知识水平和背景都差异不齐,代表性难以保证。从实践来看,社会公众促动法律绩效评估的不足表现在以下方面:

(1) 法律绩效评估社会促动机制最大的不足在于与政府法律绩效评估回应的不一致。尽管社会主体有着对某一法规范性文件进行评估的需求,甚至形成社会主体自我开展的评估(如独立第三方的评估),但它的最终启动包括评估结果要为政府接受。如果政府部门缺少回应机制,对社会主体的需求不管不问或者对社会主体自我开展的评估结果不予理睬,则这种评估失去了它的目的与意义所在。如何形成社会主体与政府部门有效的沟通机制,是值得探讨的问题。比如关于《草原法》的修改,从 1995 年开始,第八届、第九届人大代表(30名以上联名)共提案 8 次,它们分别是 1995 年第 346 号议案、1997 年第 559 号议案、2001 年第 42、561、549、603 号议案、2002 年第 457、1184 号议案:"这些议案反映了社会对修订草原法的强烈愿望。但由于代表在客观上并不具备完成法律草案起草的能力和条件,因此只能从建议案的角度提案。而代表们表达的意愿能否实现,最终还得依赖于国家机关提案。这就在事实上形成国家机关单一提案的局面。"[1]

(2) 法律绩效评估社会促动机制的有效发生存在观念上的障碍。"公众参与是以自由、平等和个人权利等价值观为基础的,但政府机构的功能传统基于惯例、等级权威、专长和非个人化,这种观念上的矛盾使得政府保证公众参与有一定困难。"[2]如斯特夫(Sterver B. Frates)认为,地方政府的决策者同其他任何

---

[1] 布小林:《立法的社会过程——对草原法案例的分析与思考》,中国社会科学出版社 2007 年版,第 62—63 页。
[2] 邓国胜、肖明超等:《群众评议政府绩效理论、方法与实践》,北京大学出版社 2006 年版,第 11 页。

一个层次的决策者一样,具有一种天生的降低公民获取准确价格和服务水平信息的偏好,他们设计了一套使所提供服务的成本和水平模糊化的艺术性模式,这就必然导致普通公民很难获得关于政府活动的准确、具体的价格信息①。也就是说,公众参与是以政府信息公开为前提或基础,但政府部门会想方设法不让公众获得他们所掌握的信息。在法律绩效评估社会启动当中,对某一法规范性文件的感受可能只是社会公众自身的感受,但政府部门包括立法部门、司法部门、行政执法部门对该法规范性文件的感受是什么呢,社会公众不清楚,从而也会导致法律绩效评估社会促动机制无法有效发生。

(3)法律绩效评估社会促动机制的社会主体的广泛性与代表性可能有所欠缺。社会主体因其利益被法律所确认或保护的程度不同,对法律实施的感受有很大差别,"目标群体中既有政策受益者,也有政策受害者,他们难免从利益角度对政策进行价值判断,可能会设法掩盖政策效果的缺陷,也可能设法夸大政策执行中的阴暗面,甚至可能采取极端态度,全盘否定有关政策。"②因此,在社会主体促动法律绩效评估发生的过程中,要注意辨别主体的性质与类型,注意社会主体是否有足够的代表性以及广泛性,防止一部分人或组织打着"社会意志"的旗号促动法律绩效评估活动。

(4)独立第三方评估制度在我国还未真正兴起。应该说,真正实现社会促动法律绩效评估活动,就是"独立第三方评估机构"。第三方评估机构的评估有其优势所在:其一,专业性。由于评估专家对某一领域的知识的把握比较深入和全面,由他们参与评估使评估更具有权威性,也使评估方案更具有专业性。其二,公正性。由于专家来自政府外部,与评估本身没有直接的利害关系,因而能比政府自身的评估更公正。各国都较重视独立第三方评估机构的建立,如美国的兰德公司、布鲁金斯研究所、现代问题研究所、总会计局以及英国的伦敦国际战略研究所、审计委员会等。我国虽有这种制度的萌芽,如2005年受甘肃省政府委托,兰州大学中国地方政府绩效评估中心开展了非公有制企业评议政府的工作,完成了对甘肃省14个市、州政府和39家省属职能部门的评估活动③。我国还需要从制度、技术、资源等各方面积极孕育独立第三方评估制度,"既可以鼓励大学、科研机构成立评估研究中心,也可以鼓励社会成立非营利性的评

---

① Sterver B. Frates, Improving Government Efficiency and Effectiveness and Reinvigorating Citizen Involvement, Perspective on Political Science,2004.
② 谢明:《政策透视——政策分析的理论与实践》,中国人民大学出版社2005年版,第329页。
③ 陈天祥:《新公共管理——政府再造的理论与实践》,中国人民大学出版社2007年版,第188页。

估机构,并给予非营利性的评估机构适当的登记以及减免税的优惠政策"①,促进法律绩效评估主体的多元化。

第三节 法律绩效评估的触发机制
——国家与社会联动的视角

法律绩效评估除国家(或政府)主导型、社会主导型的触发机制以外,可能还会发生国家与社会联动激发法律绩效评估的情形。国家与社会联动发起法律绩效评估,是指国家机关作出启动法律绩效评估的决策与社会主体的意愿相吻合,或者,社会主体提出启动法律绩效评估的需求得到国家机关的积极回应,在评估对象、评估时机等的选择上达成一致,从而激发了法律绩效评估活动的开展。应该说,这种类型综合了政府主导型以及社会主导型的优势,而又尽可能规避了它们二者的不足,是法律绩效评估触发机制最理想的类型。下面即从国家与社会联动的视角,探讨法律绩效评估具体的发生机制。

一、国家与社会关系的一般理论

国家与社会是社会科学领域常用的分析视角之一。如从经济学角度看,国家属于上层建筑,社会则是社会主体在生产和交往中形成的关系,符合历史发展要求的国家职能应当适应社会要求。从法学角度看,国家主要受公法调整,社会则主要由私法调整,在法治框架下,国家赋予社会一定范围内的自治权。

根据《布莱克维尔政治学百科全书》记载,市民社会一词从14世纪开始为欧洲人使用,含义是西塞罗在公元前一世纪提出的,它不仅指单个国家,而且指业已发达到出现城市的文明政治共同体的生活状态②。而关于国家与社会二元区分的理论最早是从近代开始的。古典自然法学是其最早的理论形态之一。他们从其所设想的自然状态理论出发,在社会契约论的基础上形成了对国家利益与个人权利关系之不同理论范式,构成市民社会与政治国家关系之法哲学理论范式的最早表述,开了系统研究国家与社会关系之理论先河③。19世纪,黑格尔系统阐述了国家与社会的理论,对国家与社会加以明确区分,在其《法哲学

---

① 范伯乃:《政府绩效评估与管理》,复旦大学出版社2007年版,第183页。
② 〔英〕戴维·米勒等:《布莱克维尔政治学百科全书》,邓正来译,中国政法大学出版社2002年版,第125页。
③ 刘旺洪:《国家与社会:法哲学研究范式的批判与重建》,载《法学研究》2002年第6期。

原理》一书中对"市民社会"进行了界定,它是指"处于家庭与国家之间的差别的阶段"①,是私人自律的商品交换领域及其保障机制。黑格尔认为,国家、社会都是理念的产物,而国家是再现理念的最高领域,他从而得出了"国家高于社会"的结论。

马克思对黑格尔国家与社会观的唯心主义思维进行了批评,他说:"他不是在对象中发展自己的思想,而是按照做完自己事情的思维样式来制造对象。黑格尔要做的事情不是发展政治制度的现成的特定的理念,而是使政治制度和抽象理念发生关系,使政治制度成为理念发展链条上的一个环节,这是露骨的神秘主义。"②因而他彻底否定了政治国家决定市民社会的观点,提出了"市民社会决定政治国家","市民社会""这一名称始终标志着从生产和交往中发展起来的社会组织,这种社会组织在一切时代都构成国家的基础以及其他观念的上层建筑的基础。"③因此,市民社会是国家的真正构成部分,是国家的现实基础和原动力,是国家存在的必要条件和存在形式。

一般认为,国家产生于社会,受制于社会,社会是国家的母体和原生体。社会决定国家是国家与社会关系的主要方面。因此,"国家应当承认社会的独立性与自治性,并为社会提供制度性的保障,使社会具有一个合法的活动空间;国家应当从而培育出多元化的社会利益集团,使它们以不同的方式在政治上表达它们的意志。"④但是也要看到,"国家仍然主导着国家与社会的关系变化,虽然社会趋于分离和自主。""国家依然严格控制着政治资源,限制着公共领域,虽然它放松了对经济领域和非政治化私域的控制。"⑤

二、国家与社会联动发起法律绩效评估的理论基础

尽管国家与社会在一定程度上分离,但是在对社会治理的问题上,国家与社会有时又是协调一致的。国家与社会联动发起法律绩效评估,作为国家与社会联合治理行动,其行动的思想基础是什么呢?

---

① "市民社会是处在家庭和国家之间的差别阶段,虽然它的形式比国家晚。其实作为差别的阶段,它必须以国家为前提,而为了巩固地存在,它也必须有一个国家作为独立的东西在它面前。"参见〔德〕黑格尔:《法哲学原理》,贺麟译,商务印书馆1995年版,第197页。
② 《马克思恩格斯全集》第1卷,人民出版社1956年版,第259页。
③ 《马克思恩格斯全集》第3卷,人民出版社1960年版,第41页。
④ 吴ación清:《国家与社会:法治社会的价值选择》,载《法律科学》1999年第2期。
⑤ 龙欢:《公众舆论:国家与社会的互动——孙志刚事件的再分析》,载《社会科学论坛》2007年第3期(下)。

第二章　法律绩效评估活动的启动

(一) 市场失灵理论

18世纪,英国经济学家亚当·斯密在《国富论》提出自由竞争的市场经济是符合人的利己本性的自然秩序。他认为竞争可以激发人的主观努力,从而推动财富增长。他形象地将市场本身对经济的调整称之为"无形之手",即"看不见的手",认为当每个人在追求各自经济利益时,"受到一只看不见的手指导",结果有效的促进社会的利益。政府应尽可能减少对经济社会的干预①。亚当·斯密的理论是建立在完全竞争的完全市场的假设基础上,即必须具备以下前提(假设):"(1)所有的物品和服务可以经由市场进行交易——市场的普遍性;(2)在生产技术方面不存在不可分割性和规模经济性——收益的递减性;(3)所有的市场都处于完全竞争状态(为数众多的买者和卖者,可以自由进入和退出市场,产品具有同质性和无差别性,买卖双方对产品具有完全的知识,买卖双方的行为都是理性的,等等)——市场的完全性;(4)在信息完全的条件下不存在任何不确定性——信息的完全性。"②

然而现实生活中从来就不存在这种完全竞争的市场状态。况且,即使是充分发挥作用的市场机制,也不能执行社会需要的全部经济职能。市场体系在某些方面不能有效地满足人们生产和生活上的需要;市场体系在某些方面也会产生不良后果,而这些不良后果又不能通过市场自身加以矫正,这就是"市场失灵"③。市场失灵有一系列状态,经济学家史蒂文斯将它们归为两类:因为"效率"原因而产生的市场失灵和因为"平等"原因而产生的市场失灵④。我国有学者从市场失灵与政府干预之间关系角度对市场失灵作了三种类型的划分:"一是由市场本身固有的缺陷导致的市场失灵,这种市场失灵即使在完全竞争市场也是存在的,政府规制主要针对这种市场失灵;二是由于市场不发达或产权关系不明晰导致的市场失灵,这种市场失灵应通过加速市场发育或明晰产权关系来消除,政府干预只能作为临时措施;三是由于政府干预导致的市场失灵,政府干预行为扭曲了市场或是消灭了市场,如泛滥的地方保护主义和基础设施行业

---

① 晏智杰主编:《西方市场经济下的政府干预》,中国计划出版社1997年版,第38—40页。
② 〔日〕植草益:《微观规制经济学》,朱绍文、胡顾顾等译,中国发展出版社1992年版,第4—5页。
③ "市场失灵"术语的首次使用是美国麻省理工学院经济系巴托教授,他于1958年在美国《经济学季刊》秋季号上发表了《市场失灵》一文,正式公开地使用了这个概念。从此这个词便被学者广泛使用。
④ 〔美〕乔·史蒂文斯:《集体选择经济学》,杨晓维等译,上海三联书店、上海人民出版社1999年版,第67—92页。

的行政垄断,这种人为导致的市场失灵只能通过取消政府干预来消除。"①

"市场失灵"说明只依托市场自身的力量不能解决它本身产生的诸多问题,"市场失灵为政府干预提供了最正当的理由和政府干预的潜在可能性。"②从法律绩效评估触发的角度来看,有时单纯依托社会自身的力量并不能有效地激发,还需要国家的适度干预。

(二) 政府失灵理论

但是我们说,市场失灵仅仅是政府干预的必要条件,而不是充分条件。科斯认为:"显然,政府有能力以低于私人组织的成本进行某些活动,但政府行政机制本身并非不要成本。实际上,有时它的成本大得惊人。而且没有任何理由认为,政府在政治压力影响下产生而不受任何竞争机制调节,有缺陷限制性和区域性管制,必然会提高经济制度运行的效率,而且这种适用于许多情况的一般管制会在一定显然不适用的情况中实施。"因为,"所有解决的办法都需要一定成本,而且没有理由认为由于市场和企业不能很好地解决问题,因此政府管制就是必要的。"③政府干预导致经济运行的低效率或资源配置的无效率,最终实现的社会福利水平更低,则产生"政府失灵"现象。以政府对市场的规制为例,政府规制是政府有效治理的工具之一,但政府规制并不是万能的。政府规制的目的在于提高经济效益与社会公正,实现经济性功能与社会性功能,如果这一目标得不到实现,就是政府规制失灵。针对20世纪80年代以来各国规制失灵的状况,1995年3月9日,OECD理事会通过了《改善政府规制质量建议》,以实现以下目标:"1. 通过考察用以改进规制决策的机构和程序战略,改善规制质量;2. 促进对规制体系的更有效管理以提高规制效力和降低成本,促进OECD地区的经济结构调整,改善规制的灵活性和回应性,增强开放度和透明度;3. 通过加深理解运用创新性的规制和非规制手段实现政策目标的各种途径,推动替代手段的发展;4. 提高国际规制体系在解决共性问题方面的有效性和合理性。"④政府失灵理论说明了政府干预范围的有限性。政府干预的范围和事项主要包括四个方面:一是经济调控;二是社会福利制度的构建;三是生活质量标准的制定;四是服务和公共资源管理⑤。法律是国家规制社会经济生活

---

① 吕少华:《政府规制的三种理论视角》,载《理论与改革》2005年第6期。
② 张千帆等:《宪政、法治与经济发展》,北京大学出版社2004年版,第99页。
③ 〔美〕科斯、阿尔钦、诺斯等:《财产权利与制度变迁——产权学派与新制度学派译文集》,刘守英等译,上海三联书店、上海人民出版社1994年版,第22—23页。
④ 经济合作与发展组织编:《OECD国家的监管政策》,陈伟译,法律出版社2005年版,英文版序言。
⑤ 张千帆等:《宪政、法治与经济发展》,北京大学出版社2004年版,第101页。

的主要手段,对其实施效果的评估需要政府的配合与推进。

(三) 共同治理理论

全球治理委员会在1995年发表的一份题为《我们的全球伙伴关系》的研究报告中对治理概念有个规范的界定:"治理是各种公共的或私人的个人和机构管理其共同事务的诸多方式的总和。它是使相互冲突的不同利益得以调和并且采取联合行动的持续的过程。这既包括有权迫使人们服从的正式制度和规则,也包括各种人们同意或以为符合其利益的非正式的制度安排。"[1]这种治理理论强调国家与社会的协调一致,发展出国家或政府与公众的一种新的合作关系,就是公众作为公共治理的主体之一,在享有与政府平等地位的基础上,参与对公共事务的治理。

治理理论认为治理需要权威,但权威并非仅仅来源于国家或政府一家,其他社会主体如非营利组织、企事业单位,甚至公民个人都可以成为治理的主体,从而形成了"共同治理"理念,即"在对国家和社会公共事务的治理中,政府和其他社会力量处于完全平等的地位,没有哪个主体处于绝对的主导地位,而且在不同的治理过程中同一个治理主体也会处于不同的地位上。"[2]共同治理理论的提出,是对传统的官僚体制理论中提出政府处于公共事务治理的主导地位以及绝对权威的挑战,是公众参与民主的进一步发展。

更重要的,与传统的政府自上而下强制性地对公共事务实行单一向度的管理、下级机构或人员只能被动地听命于上级机构或人员的命令和控制的权力运行体制不同的是,治理过程中的权力运行向度不是单一的,而是多元的,它变成了"一个主要通过合作、协商、伙伴关系,确立认同和共同的目标等方式而实施的对公共事务的治理过程"。因此,共同治理的实质,"在于建立在市场原则、公共利益和认同之上的合作。它所拥有的管理机制主要不依靠政府的权威,而是合作网络的权威。其权力向度是多元的、相互的,而不是单一的和自上而下的。"[3]共同治理理论提出的这种权力运行模式的改变就为社会公众在公共事务的参与中发挥实际作用提供了保证。

法律的实施状况不仅仅是国家或政府部门的事,也是法律服务主体即社会广大公众的事,因此,在法律绩效评估中应确定政府与公众的合作关系,确保法律绩效评估结果的客观与公正。

---

[1] 转引自俞可平:《治理与善治》,社会科学文献出版社2000年版,第4—5页。
[2] 井敏:《构建服务型政府理论与实践》,北京大学出版社2006年版,第45页。
[3] 俞可平:《治理与善治》,社会科学文献出版社2000年版,第6页。

三、国家与社会联动发起法律绩效评估的基本路径

自21世纪初开始,我国一些地方如山东、甘肃、安徽、上海人大及其常委会以及一些国家立法机关如国务院等开始发起法律绩效评估活动,应该说,这些法律绩效评估还是国家或政府主导下发动的,但也有了国家与社会联动发起法律绩效评估的萌芽,据笔者掌握的资料来看,上海市人大常委会选择《上海市历史文化风貌区和优秀历史建筑保护条例》作为上海市法律绩效评估运动的开幕,在很大程度上是政府与社会公众共同发动的。2005年2月,"加强法律绩效评估工作,注重立法的质量评估"正式列入当年的上海市人大常委会的工作要点,经过研究,市人大法制委、常委会法工委决定选择《上海市历史文化风貌区和优秀历史建筑保护条例》作为首次法律绩效评估的对象①。但社会公众在评估对象的选择上发挥了重要作用,"在2005年的上海市人代会上,一些市人大代表陆续就修改完善《条例》提出了议案和书面意见。一些职能部门和市民群众也通过各种方式反映法规在实施过程中遇到的问题,提出修改完善的意见和建议。"②因此,可以看出,上海法律绩效评估的启动是由人大代表和决策部门共同作用的结果。

在美国、日本、韩国等国家开展的法律绩效评估中,国家或政府与社会公众发动的法律绩效评估也占有一定的比例,并逐渐成为法律绩效评估发展的基本趋势。"从当前美国政府绩效评估的历史发展趋势上看,加强政府与公众的沟通是政府质量战略的一个重要组成部分,也是政府绩效评估的一个重要取向。联邦与各州、地方政府都相当关注让公众参与绩效评估过程,强调与公众实现绩效评估信息的沟通。"③

应该说,法律绩效评估启动决策的作出是一项公共决策议程的建立或创立。美国学者罗杰·科布提出决策议程建立的三种模型④:

其一,外在创始型。决策诉求由政府系统以外的个人或社会团体提出,经阐释(对决策诉求进行解释和说明)和扩散(通过一定方式把决策诉求传递给

---

① 郭光辉:《提高立法质量的成功探索——上海市人大常委会首次对一地方性法规开展立法后评估》,载《中国人大》2006年第11期。

② 郭光辉:《〈上海市历史风貌区和优秀历史建筑保护条例〉立法后评估工作追记》,载《中国人大》2007年第8期。

③ 孟华:《政府绩效评估:美国的经验与中国的实践》,上海人民出版社2006年版,第125页。

④ 〔美〕罗杰·W.科布:《比较政治过程的议程制定》,载《美国政治学评论》第70卷,1976年第3期;转引自谢明:《政策透视——政策分析的理论与实践》,中国人民大学出版社2005年版,第187页。

第二章 法律绩效评估活动的启动

相关群体)进入公众议程,然后通过对政府施压的手段使之进入政府议程。

其二,政治动员型。即具有权威作用的政治领袖主动提出其决策意向,并使其进入政府议程。

其三,内在创始型。决策诉求源于政府机构内部的人员或部门,其扩散的对象仅限于"体制内"的相关团体和个人,客观上不涉及社会一般公众,扩散的目的是为了形成足够的压力以使决策者将问题列入政府议程。

柯比和爱尔德认为,公共决策议程的形成方式有两种:公众的社会权力系统提出的公众议程和公共权力系统提出的正式议程。公众议程是指:"社会政治系统的成员普遍认为值得公众注意,同时又与政府的法定职权直接相关的所有问题。"[1]正式议程是指公共决策系统认为某个公共问题应当解决而且根据一定的价值准则考虑如何解决的过程。根据琼斯的观点,正式议程包括界定问题议程、纳入政策规划议程、进行价值标准和利益讨价还价的议价议程、不断接受科学评估和利益修正的循环过程四个阶段[2]。

根据以上观点,笔者认为,国家与社会联动法律绩效评估的决策过程的建立有两条基本路径:

第一条路径是国家主导型的法律绩效评估决策议程建立,科布提出的"政治动员型"与"内在创始型"以及柯比和爱尔德提出的正式议程都属于这一种类型。这一模型根据决策议程内容的确定性可分为政府有明确决策目标的法律绩效评估决策议程和政府无明确决策目标的法律绩效评估决策议程。所谓有明确决策目标的法律绩效评估决策议程,是指政府已经很明确法律绩效评估的对象、标准、方案等内容,而无须征求社会公众来确定法律绩效评估决策议程的内容,只动员社会公众响应政府的决策,配合政府决策的执行;无明确决策目标的法律绩效评估决策议程,是指政府虽然有意图启动法律绩效评估,但对法律绩效评估的对象、标准、方案等尚无明确认识,需要向社会公众征求意见,在获得公众意见的基础上明确法律绩效评估决策议程的内容。国家主导型的法律绩效评估决策议程因为有国家权力的支持以及政治发动的便利,从而较容易形成国家与社会联动发起法律绩效评估。但是也要看到,政府虽然有一定的主动性,但如果法律绩效评估决策议程的内容与公众的意愿不相符合,比如对法律绩效评估对象的确立,公众反应较大的不进行评估或不优先进行评估;或者

---

[1] Roger W. Cobb and Charls D. Elder, Participation in American Politics Opinion, N.Y.: Alfred A. Knopf, 1971, p.30.
[2] Charles O. Jonse, An Introduction to the study of Public Policy, 2nd. ed. North Scitate, Mass: Duxbury Press, 1977, pp.40—41.

评估标准与公众认知水平不一致,都有可能造成公众对政府决策议程的抵制或消极应对。

第二条路径是社会为主导的法律绩效评估决策议程的建立。罗杰·科布的"外在创始型"以及柯比和爱尔德的"公众议程"即属这一模型。当然这种模型根据公众建立决策议程是否与政府发动有关系而区分为应政府发动而建立起来的法律绩效评估决策议程(可称为被动型的公众议程建立)以及非应政府发动而是由公众主动向政府施加压力而建立起来的法律绩效评估决策议程(可称为积极型公众议程建立)。前者因为与政府的需求相一致,所以很容易与政府决策意愿相结合而启动法律绩效评估活动;后者因与政府的需求可能产生一定的距离,并不一定能够形成公共权力系统的正式决策议程。这时的公众议程能否转化为正式的决策议事日程,不仅取决于社会公共问题的性质以及社会权力系统的力量对比,而且还直接取决于公共决策系统对公共问题认知以及对解决公共问题条件的判断。从形式看,公共决策系统对于公众的决策诉求有四种处理态度:放任其产生、推动其产生、促使其产生、阻止其产生[①]。

四、国家与社会联动发起法律绩效评估模式的评价

国家或政府主导型的发动法律绩效评估优势很明显,它拥有法律绩效评估的人财物力资源,为法律绩效评估的发起与开展提供物质保障;法律实施过程中的很多信息如立法、执法、司法等信息为政府部门所拥有,为法律绩效评估所需要的信息提供资料准备。更重要的是,它的评估结果直接能对法律的立、改、废提供决策依据等,也就是说它的评估结果能够及时得以反馈,从而更容易实现法律绩效评估的目的与目标。然而国家或政府主导下的法律绩效评估也有它不可避免的缺陷,如内部评估的性质决定了它可能只能评估法律绩效的优越性方面而对它的不足轻描淡写,即评估结果的公正性难以令人信服;另外,国家或政府主导下的法律绩效评估可能因为缺少社会公众的支持甚至消极应付,难以获得社会公众对法律实施的真实感受,也使得法律绩效评估成为国家或政府部门自演自唱的一曲戏,其结果必然会出现,"由于这种自上而下的评估容易导致少数官员只唯上、不唯下,结果是上级满意而群众不满意。"[②]

社会主导型的法律绩效评估的发动,最重要的优势在于,作为法律调整的主体,社会公众对法律实施状况有真切的感受,他们对法律实施效果的评价可

---

① 张国庆:《公共政策导论》,北京大学出版社1997年版,第135—136页。
② 邓国胜、肖明超等:《群众评议政府绩效理论、方法与实践》,北京大学出版社2006年版,第5页。

第二章 法律绩效评估活动的启动

能也客观而真实;社会公众法律绩效评估的发动是政府部门感受社会公众法律需求的一个重要机制。Michael H. Walker 认为,更好地了解顾客所需是提高政府绩效的关键,将公民调查结果融入绩效评估过程可以为政府提供服务呈现一个更为明了和准确的目的,只有当政府官员对公众期望和满意度有更多了解时,他们才有可能从实质上提高政府管理[①]。同时,社会公众积极地发动法律绩效评估对提升社会主体的参与意识、民族凝聚力等有着重要的作用。但是也要看到,这种模式最大的缺陷在于两个方面:一是公众议程建立的困难。我们知道,社会主体因其利益立场、价值追求等有着不同的利益诉求,如何将这些不同利益诉求的社会主体法律绩效评估意愿加以整合,是值得探讨的问题。在这个过程中,可能会出现某一强势集团打着社会公众的旗号追求其利益团体的利益;也可能难以整合不同的利益诉求,从而难以建立公众议程。二是公众议程进入正式议程的困难。尽管公众已形成法律绩效评估的意愿,但它能否最终发挥作用,还要依靠国家政权机关的决策。即使社会主体能够自己建立有效的评估机制(如独立第三方评估制度的建立),但是它的评估目标与目的又如何实现?如果评估的结论对法律的立、改、废没有任何意义,那么这种评估又有什么样的存在意义?

应该说,国家与社会联动发起法律绩效评估模式结合了前两种模式的优势,而又回避了前两种模式的缺陷,是一个国家法律绩效评估追求的理想模式:

(1)法律绩效评估启动的效率性。政府机关的法律绩效评估的意愿到法律绩效评估的真正发动体现政府工作的效率,同样,社会主体的法律绩效评估的意愿与法律绩效评估的真正发动不仅体现了政府对公众需求回应的效率,也体现政府工作的效率。在国家或政府部门掌握有决策的权力与意愿、而社会公众有法律绩效评估的诉愿的情况下,双方有效结合,法律绩效评估决策议程的建立也就表现一定的效率性。

(2)法律绩效评估信息的全面性。法律绩效评估是一个信息收集和加工过程,评估主体只有在掌握全面、真实的信息基础上,才能对法律实施绩效作出科学、客观的判断。在国家或政府与社会公众联动机制下,不论是政府部门所拥有的立法、执法与司法信息,还是社会公众守法等信息,评估主体都能够真实而全面的获得,从而为评估结论的可靠性打下了坚实的基础。

(3)法律绩效评估结果的公正性与可接受性。法律绩效评估的过程因为

[①] Michael H. Walker, How are we doing? Using Citizen Surveys to Improve Government Management, General Management Consultants. 转引自邓国胜、肖明超等:《群众评议政府绩效理论、方法与实践》,北京大学出版社 2006 年版,第 8 页。

国家与社会公众的多元互动与协调,各种力量都能够通过正式或非正式途径表达自己的意愿,各种利益诉求以及不同的评估信息得以整合,从而使得评估的结果更具有公正性。同时,因为是各方共同参与与协商的结果,不论是政府机关还是社会公众都能够接受。

(4) 法律绩效评估结果的回应性强。法律绩效评估的直接目的是通过对法律法规实施效果的评价,总结经验,发现问题,为法律法规的进一步完善服务。在国家与社会互动过程中形成的法律绩效评估报告,可以为立法机关的决策提供参照依据,在国家与社会联动机制下,法律绩效评估报告进入立法机关的议程也就很顺利了。

(5) 国家与社会联动发起法律绩效评估对政府工作效率的提高、政府的责任心等政府工作形象的构建发挥着重要的作用。同时有助于促进公众对政府行为的参与与监督,改进政府与公众的关系,提高政治合法性,纾解个人与民众对政府的质疑①。

五、培育我国国家与社会联动发起法律绩效评估的制度环境

我国法律绩效评估只是近几年在行政法规、地方性法规以及政府规章中才逐渐适用,还远没有形成制度化、规范化的法律绩效评估机制。就法律绩效评估的萌发机制来讲,政府主导型是我国现阶段的主要特征。我国要建构制度化、规范化的法律绩效评估机制,首要的任务就是注重培育我国国家与社会联动发起法律绩效评估的制度环境。目前迫切的任务要从以下方面入手:

(一) 促进政府树立"顾客至上"的服务理念

从美国及西方发达国家法律绩效评估的兴起可以看出,它是与政府确立"顾客至上"的服务理念是相伴产生的。1991年英国梅杰首相发起了"公民宪章"运动,在全国大力推行政府服务承诺制,受到国际社会的关注。1992年法国政府要求公共服务部门颁布了"公共服务宪章"。1993年,美国戈尔报告提出了"顾客至上"的公共服务理念。1993年美国总统克林顿签署了《设立顾客服务标准》第12862号行政令,要求联邦政府部门制定顾客服务标准。"在过去15年内,美国和其他国家的政府将焦点放在顾客服务的努力一直在稳定上升。"②我国同样也在探索建立"顾客至上"的行政服务理念与实践。1994年6

---

① 孟华:《政府绩效评估:美国的经验与中国的实践》,上海人民出版社2006年版,第115页。
② 〔美〕凯瑟琳·纽科默·爱德华·詹宇斯·谢里尔·布鲁姆·艾伦·洛马克斯主编:《迎接业绩导向型政府的挑战》,张梦中、李文星译,中山大学出版社2003年版,第124页。

月,山东省烟台市政府借鉴英国公民宪章和香港公共服务承诺制的经验,率先在建委系统实施社会服务承诺制。"政府主动将服务的内容、标准、程序等向公众承诺,并明确宣示自己的违诺责任,这是政府强化服务观、自我加压、积极向公众负责的表现。"①在法律绩效评估中遵从顾客至上的基本原则,奉行公民满意为基本主题,在评估的要素、模式、组织结构中,都可以看到明确服务对象、了解服务需要和促进满意程序的理念设计。

(二)鼓励设立非营利组织

公众社会兴起的主要标志是各种非营利组织的广泛设立。"为了保护社会价值与满足公共需要,民主社会都实施法律、创建公共机构项目、并鼓励设立非营利组织。"②所谓非营利组织,又称为非政府组织、社会中介组织,主要是从组织目标上加以界定的,强调这类组织存在的目的不是为了营利。"社会中介组织的发达将是公民本位和公民意志在公共管理中居于决定性地位实现的一个前提。"③它不仅为公民参与公共事务治理提供了组织保证与活动平台,更是公民和社会制约行政权力的一道屏障。我国目前社会中介组织整体力量薄弱,独立性差,管理混乱,体制不健全,正如有学者描述的:"绝大多数社团的组织结构、管理体制、决策程序、财务制度、激励机制、监督机制都不健全,而且人员老化、经费短缺、财务混乱是普遍现象……"④我国政府要为社会中介组织发展提供一个良好的环境。一方面要鼓励各种社会中介组织的发展,简化注册程序,使社会中介组织的发展不仅成为政府由管制向服务转型中承接政府剥离出来的部分职能的一支重要力量,还要成为参与公共事务决策的重要主体。另一方面,也要为社会中介组织的发展提供一些政策优惠,如税收方面的优惠以及必要的财政支持。⑤

(三)培育独立第三方评估制度

法律绩效评估过程中的独立第三方评估主体是指有别于公共组织与私人组织的、对立法实施效果进行评估的非营利组织,它主要包括受立法机关委托的大学研究机构、专业评估组织,不包括立法机构、法律执行者以及由立法机构

---

① 范柏乃:《政府绩效评估与管理》,复旦大学出版社2007年版,第70页。
② 〔美〕凯瑟琳·纽科默、爱德华·詹宇斯、谢里尔·布鲁姆、艾伦·洛马克斯主编:《迎接业绩导向型政府的挑战》,张梦中、李文星译,中山大学出版社2003年版,第13页。
③ 井敏:《构建服务型政府理论与实践》,北京大学出版社2006年版,第180页。
④ 康晓光:《转型时期的中国社团》,转引自中国青少年发展基金会、基金会发展研究委员会编:《处于十字路口的中国社团》,天津人民出版社2001年版,第5页。
⑤ 井敏:《构建服务型政府理论与实践》,北京大学出版社2006年版,第183页。

临时组织的、由立法机构主导控制的专家评估。独立第三方的评估最大的价值倾向就是评估结果的客观公正性。因为它超然于法律法规制定与执行的公共部门之外，与法律法规没有密切的利益关系，在很大程度上能够保证客观、公正的进行评估。同时，作为专门的法律法规评估与研究机构，具备评估所需要的专业技术人员，熟悉法律法规评估的理论知识、专门方法和技术，并积累有一定的评估实践经验，因而能够保证法律法规评估的质量①。我国学者毛寿龙谈到中国建立第三方独立评估制度的意义时认为，独立第三方独立评估使服务型政府的原则得以贯彻；为政府绩效评估增加了新的途径；是政府进一步了解公民需求的重要机制；进一步完善了中国政府政务公开的制度建设②。

（四）建构政府信息披露机制，保障政府信息的公开化、透明化

法律绩效评估的过程，从信息论的角度来看，就是信息的收集和处理的过程。评估的有效性在很大程度上取决于信息本身及其信息的质量。"从最初的数据收集到最后的报告之整个旅程，数据质量必须在每一个步骤被考虑和处理。"③"现代信息技术在政府绩效评估中的广泛运用决定了绩效评估本身又是一种信息的交流与沟通。"④但是，大量的法律绩效信息被立法、执法、司法部门所掌握，社会公众无法获知绩效信息的情况下，就无法对法律绩效评估的发动产生很大热情，更谈不上对政府活动的参与与监督。因此，各国都非常注重政府信息公开制度的建设，如美国1966年制定了《信息自由法》、1976年制定了《阳光下的政府法》、1974年制定了《隐私权法》、1996年制定了《电子情报自由法》等；法国1978年制定了《行政文书公开法》，澳大利亚、加拿大都于1982年制定了《信息自由法》；英国、日本也于1999年制定了《情报公开法》等。2007年国务院制定通过了《政府信息公开条例》并于2008年5月1日起实施，这是我国政府信息公开制度的重大举措。"在现有制度框架内，我们要进行政府信息公开立法，必须走地方、部门立法先行的路子，在地方、部门立法成熟的基础上，制定《政府信息公开条例》和《政府信息公开法》，逐步建立我国的政府信息公开法律制度。"⑤

---

① 范柏乃著：《政府绩效评估与管理》，复旦大学出版社2007年版，第165页。
② 转引自周凯主编：《政府绩效评估导论》，中国人民大学出版社2006年版，第215页。
③ 〔美〕凯瑟琳·纽科默、爱德华·詹宇斯、谢里尔·布鲁姆、艾伦·洛马克斯主编：《迎接业绩导向型政府的挑战》，张梦中、李文星译，中山大学出版社2003年版，第2页。
④ 蔡立辉：《西方国家政府绩效评估的理念及其启示》，载《清华大学学报》2003年第1期。
⑤ 汪全胜：《政府公开立法的路径探析》，载《情报资料工作》2005年第5期。

第三章

法律绩效评估活动的准备

第三章　法律绩效评估活动的准备

第一节　法律绩效评估主体的建构

法律绩效评估主体是组织、实施、参与法律实施效果评估的个人、团体或组织。在法律绩效评估过程中,不同的评估主体选择对法律绩效的评估及其结论产生很大的影响。因此,在确立科学的评估指标体系以及评估方法基础上,还需要对法律绩效的评估主体进行选择与建构,以实现法律绩效评估结果的科学化、客观化。

一、现行法律绩效评估主体的考察

我们通常理解的法律绩效评估是指自21世纪初开始的首先兴起于地方性法规、地方政府规章后到国务院行政法规等的法律实施效果评估。如2005年,海南省人大法制委员会组织有关机构和人员对该省制定的《海南省红树林保护规定》开展了法律绩效评估工作;2005年,北京市人大常委会法制办组织有关部门人员对《北京市实施〈中华人民共和国水污染防治法〉办法》《宗教事务条例》和《城市规划条例》进行了"法律跟踪问效评估";福建省人大常委会对本省《福建省青年志愿者服务条例》实施情况进行了跟踪问效评估;上海市人大常委会也选取了《历史文化风貌区和优秀历史建筑保护条例》等进行了专项评估活动;2006年,浙江省人大常委会对其制定的《浙江省殡葬管理条例》进行法律实施效果评估;2007年,黑龙江省人大常委会对其制定的《黑龙江省草原条例》、《黑龙江省湿地条例》、《黑龙江省农业机械管理条例》、《黑龙江省排污费征收使用管理规定》、《黑龙江省建设工程安全生产管理办法》等地方性法规进行法律绩效评估;2006年,国务院也选取了《劳动保障监察条例》、《特种设备安全监察条例》等六件行政法规作为首批法律绩效评估的对象。其他省、自治区、直辖市人大及其常委会以及享有立法权的地方人民政府都相继开展了法律绩效评估工作。可以想见,在不久的将来,全国各个地方享有立法权的主体(不仅包括地方人大也可能包括地方政府)甚至中央立法主体(如全国人大常委会、国务院及其所属各部门)也会陆续开展法律绩效评估工作,并且它将作为一种规范化、制度化的措施在我国逐步确立。

在建构我国法律绩效评估主体时,首先要考察一下实践中法律绩效评估主体的选择,我们对21世纪以来的部分地方或部门开展的法律绩效评估活动时的评估主体作一下统计:

我国部分地方与部门法律绩效评估主体的统计情况表

时间	法的名称	制定主体	评估的组织实施主体	评估的参与主体
2005 年	《海南省红树林保护规定》	海南省人大	海南省人大法制委员会、海南省人大常委会法工委	林业、海洋、环保等部门、社会公众
2005 年	《北京市实施〈中华人民共和国水污染防治法〉办法》《城市规划条例》	北京人大常委会	市人大常委法制办、市人大有关专门委员会、市政府有关部门	相关主管部门、社会公众
2005 年	《福建省青年志愿者服务条例》	福建省人大常委会	省人大法工委	团省委、团市委、青年志愿者组织、志愿者代表
2005—2006 年	《上海市历史文化风貌区和优秀历史建筑保护条例》	上海市人大常委会	上海市人大法制委、上海市人大常委会法工委、市人大有关专门委员会	上海市城市规划管理局、上海市房屋土地资源管理局、上海市文物管理委员会、区人大常委会、社会公众等
2006 年	《浙江省殡葬管理条例》	浙江省人大常委会	浙江省人大法制委员会、浙江省人大常委会法制工作委员会、浙江省国土资源厅	省民政厅、各地民政部门、县(市、区)人大常委会、社会公众
2006 年	《福州市广播电视设施建设与管理若干规定》	福州市人大常委会	福州市人大常委会法工委	各县(市)区人大常委会、政府有关部门、人大代表、政协委员、村(居)委会主任、有线电视用户、社会公众等
2007 年	《黑龙江省草原条例》	黑龙江省人大常委会	黑龙江省畜牧局	基层政府、各部门领导、行政执法人员、行政相对人、社会各界
2007 年	《黑龙江省湿地条例》	黑龙江省人大常委会	黑龙江省林业厅	基层政府、各部门领导、行政执法人员、行政相对人、社会各界

(续表)

时间	法的名称	制定主体	评估的组织实施主体	评估的参与主体
2007年	《黑龙江省农业机械管理条例》	黑龙江省人大	黑龙江省农委	基层政府、各部门领导、行政执法人员、行政相对人、社会各界
2007年	《黑龙江省排污费征收使用管理规定》	黑龙江省人民政府	黑龙江省环保局	基层政府、各部门领导、行政执法人员、行政相对人、社会各界
2007年	《黑龙江省建设工程安全生产管理办法》	黑龙江省人民政府	黑龙江省建设厅	基层政府、各部门领导、行政执法人员、行政相对人、社会各界
2006年	《劳动保障监察条例》	国务院	国务院法制办政法司、劳动保障部法制司、劳动科学研究所	劳动保障监察机构、劳动保障监察员、劳动保障法学专家、主管部门、员工代表、工会工作者
2006年	《特种设备安全监察条例》	国务院	国务院法制办工交司、国家质检总局法规司、特种设备安全监察局	特种设备生产单位、使用单位、安全监察与检验检测人员、社会公众等

从以上统计表格我们可以看出,我国近几年开展的法律绩效评估活动的主体有这样一些特点:

其一,法律绩效评估的组织、实施主体一般为法律法规制定的主体或者其组成机构,即是典型的"内部评估"。在我国,现在尚未有法律法规明确规定法律绩效评估制度,各地方各部门所开展的法律绩效评估活动都是法律法规制定主体根据一定的情况自发决策进行的。如黑龙江省认为,根据国务院《全面推进依法行政实施纲要》的有关要求,组织省直有关部门,对本省前几年制定的部分地方性法规和规章开展法律绩效评估工作,以总结立法工作的经验教训,为有关地方性法规和规章的立、改、废提供依据。青岛市人大及其常委会在其享有立法权第20个年头,人大常委会决策认为,需要对其现行有效的82件法规进行一次全面的检查、评估,故开展一次法律绩效评估活动。在我国,经立法机关决定所发起的法律绩效评估活动基本上都是由立法机关本身或其内部机构来组织、实施。这种状况的发生可能基于以下因素:一是我国法律绩效评估活动刚刚兴起,制度尚未建立,评估相关机制也未确立,社会上也不存在独立的评估组织或机构;二是我国法律绩效评估活动作为一种法律实施的检验与监督活动,在以前的制度设计上也是立法机关内部的事情;三是考虑到法律绩效评估活动的权威性,它能够为法律法规的立、改、废提供直接的依据,可能被纳入立法机关的立法规划。

其二,利益相关者是重要的评估参与或实施主体。"利益相关者"一词的英文为"stakeholder",最早出现在 1963 年斯坦福大学一个研究小组(SRI)的内部文稿中,是指那些没有其支持,组织就无法生存的群体,包括股东、雇员、顾客、供货商、债权人和社会①。有学者将其翻译为"相关利益者"、"利害关系人"、"利害相关者"。最早将"利益相关者"方法运用于政府政策评估的是瑞典学者韦唐(Vedung E),他在其专著《公共政策与项目评估》(Public Policy and Program Evaluation)中具体探讨了政策评估的利益相关者模式②,为我们提供了一个政策制定和问题思考的视角与框架。法律绩效评估的"利益相关者"应是能够直接影响立法、立法活动、立法评估活动或被立法、立法活动、立法评估所直接影响的人或团体。如国务院对《劳动保障监察条例》的评估,它就涉及立法所影响的劳动保障监察机构、劳动保障监察员、劳动保障主管部门、企业员工、工会等;上海市所进行的《上海市历史文化风貌区和优秀历史建筑保护条例》绩效评估,它的"利益相关者"就会涉及上海市城市规划管理局、上海市房屋土地资源管理局、上海市文物管理委员会等机构。利益相关者参与法律绩效评估,其价值在于:(1)信息的全面性、真实性。不同的利益相关者对同一问题的认识会有所不同,在评估过程中,经过交流,充分考虑不同的利益相关者的意见,可以使我们对评估对象有一个全面的、完整的、真实的认识与评价。(2)目标管理性。法律绩效评估首先确立的是评估的目标,在评估目标不明确时,法律绩效评估也就失去了重要的评价标准。对不同利益相关者的要求的总结可以成为评估工作的评价依据。(3)结果应用性。我们强调的法律绩效评估重点在于挖掘与立法有关的信息,客观评价法律法规的实施效果,目的是为了改进立法工作,是在权衡各方利益的基础上作出的决策,提出的建议易于被不同主体所接受,从而使立法易于推行与实施,增加了评估结果的可应用性。

其三,社会公众的广泛参与。我国目前所开展的法律绩效评估也注重了社会公众的广泛参与,多通过社会调查、座谈会等的方式获取社会公众对法律法规实施效果的意见。如上海市在进行《上海市历史文化风貌区和优秀历史建筑

---

① 刘丹著:《利益相关者与公司治理法律制度研究》,中国人民公安大学出版社 2005 年版,第 38 页。

② Vedung E. Public Policy and Program Evaluation, New Brunswick (U.S.A) and London (U.K): Transaction Publishers, 1997.

保护条例》绩效评估时,上海市统计局城市社会经济调查队进行广泛的问卷调查,就27项指标抽样调查成功了883个样本①。如国务院对《劳动保障监察条例》的绩效评估,"课题组于2006年10月在北京召开了劳动保障监察机构负责人座谈会,听取了北京、上海、安徽、大连等20个省、市劳动保障监察部门的意见;2006年11月课题组赴浙江省宁波市、杭州市和江苏省苏州市、南京市进行了专题调研,分别召开了四次劳动保障监察员座谈会、两次相关部门主管领导座谈会、三次员工代表和工会工作者座谈会。此外,还征求了部分劳动保障法学专家的意见。"②其他法律法规的绩效评估也都注重了公众的广泛参与。

二、法律绩效评估主体的类型及其价值取向

法律绩效评估主体可以从不同的角度划分成不同的类型。从评估的活动形式上看,可以分为正式评估与非正式评估;从评估机构的地位上看,可以分为内部评估与外部评估;从评估的时间上看,可以分为短期评估、中期评估和长期评估;从评估的层次上看,可以分为宏观评估、中观评估和微观评估;从评估的指标性质上看,可以分为定量评估与定性评估。这里,我们从评估机构的地位上来考察评估主体的类型及其价值取向。

(一)内部评估主体

内部评估主体也就是由享有立法、执法等权力的国家机关及其内部组成机构(即系统内部)所进行的法律绩效评估活动。在我国,内部评估主体有:

1. 立法机关及其内部机构

制定法律法规的机关及其内部机构可以作为评估主体,如全国人大常委会、国务院、享有立法权的地方人大及其常委会、享有立法权的地方人民政府。这一点作为一项制度规定了下来,2004年国务院发布的《全面推进依法行政实施纲要》就要求制定机关应定期对其制定的法规范性文件进行评估。不过通常由立法机关作出法律绩效评估的决策,具体组织、实施的则是由其内部机构如全国人大的组织机构法律委员会、全国人大常委会的组织机构法制工作委员会、国务院的组织机构法制办、地方人大及其常委会的组织机构法制委员会或法制工作委员会、地方人民政府的组织机构法制部门等进行。

---

① 郭光辉:《〈上海市历史风貌区和优秀历史建筑保护条例〉立法后评估工作追记》,载《中国人大》2007年第4期。
② 李建、张威、王文珍等:《〈劳动保障监察条例〉立法后评估报告》,载《中国劳动》2007年第5期。

2. 法律实施机关

作为法律法规实施的政府机关,它对法律法规的实施状况有更加真实、详细的了解与认识,对于法律法规在实施过程中出现的问题和遇到的困难有更准确的把握。因此,在法律绩效评估过程中,作为法律实施机关是重要的评估主体。

3. 上级国家机关

上级国家机关有权监督下级国家机关的立法与执法活动。如根据《立法法》第88条的规定,全国人民代表大会常务委员会有权撤销同宪法和法律相抵触的行政法规,有权撤销同宪法、法律和行政法规相抵触的地方性法规,有权撤销省、自治区、直辖市的人民代表大会常务委员会批准的违背《宪法》和本法第66条第2款规定的自治条例和单行条例;国务院有权改变或者撤销不适当的部门规章和地方政府规章;省、自治区的人民政府有权改变或撤销下一级人民政府制定的不适当的规章。

4. 同级权力机关

同级权力机关即人大可以对其常设机构及其同级人民政府规章的立法活动进行监督与评估。如根据《立法法》第88条的规定,全国人民代表大会有权改变或者撤销它的常务委员会制定的不适当的法律,有权撤销全国人民代表大会常务委员会批准的违背《宪法》和本法第66条第2款规定的自治条例和单行条例;省、自治区、直辖市的人民代表大会有权改变或者撤销它的常务委员会制定的和批准的不适当的地方性法规;地方人民代表大会常务委员会有权撤销本级人民政府制定的不适当的规章。

5. 授权机关

授权机关可以对其授权主体的立法与执法进行监督与评估。根据《立法法》第88条的规定,授权机关有权撤销被授权机关制定的超越授权范围或违背授权目的的法规,必要时可以撤销授权。

6. 法律规定的监督机关

2006年8月27日第十届全国人民代表大会常务委员会第二十三次会议通过的《中华人民共和国各级人民代表大会常务委员会监督法》规定:"各级人民代表大会常务委员会参照本法第9条规定的途径,每年选择若干关系改革发展稳定大局和群众切身利益、社会普遍关注的重大问题,有计划地对有关法律、法规实施情况组织执法检查。"有关立法主体的立法活动,地方政府的立法活动与执法活动,都属于人大常委会的监督检查范围。因此,各级人大常委会在对法律、法规实施检查的过程中,应当将法律法规的实施效果作为一项内容加以评估。

（二）外部评估主体

外部评估主体是指国家机关系统以外的评估者所进行的法律绩效评估活动。其评估主体一般有学术团体、商业机构、民意调查组织、社会中介组织、社会公众等，它可以是营利性的也可以是非营利性的。

西方很多国家法律绩效评估都积极培育第三方独立的评估机构。在美国，除政府机构进行法律政策的绩效评估以外，大量的学术团体、非营利组织等第三方评估机构也发挥着重要的作用。如曾担任美国联邦人事署署长的坎贝尔创立了坎贝尔研究所，在法律政策绩效评估中设计出了一系列的评估指标，包括财务管理、人事管理、信息管理、领导目标管理、基础设施管理等，为评估规范化作出了努力。美国行政学会的"责任与绩效中心"（CAP）也对绩效评估的工具的选择作出了研究，提出在选择绩效评估工具时须考虑以下因素：了解各种不同类型评估工具的价值；建立目前组织绩效的基准；确定对顾客、委托人或公众的影响效果等。其他一些民意测验机构在政府法律政策的绩效的评估中也发挥着重要作用。在韩国，政府经营诊断委员会是政府改革以及绩效评估的咨询和智囊机构，成员由来自研究机构和大学的学者组成，分成若干小组，在各政府部门设立办公机构，在对各部门及其工作进行评估的基础上，就政府机构的职能、机制、制度创新等提出建议。

我国独立第三方评估机构正在孕育之中。如2006年，兰州大学中国地方政府绩效评价中心组织的甘肃省非公有制企业评价政府绩效工作，是首次由第三方组织、系统化的对甘肃省14个市（州）政府及39个省直部门绩效进行评价，形成了独具特色的"甘肃模式"，"兰州大学中国地方政府绩效评价中心，作为此次甘肃省非公有制企业评价政府绩效的组织实施者以及最后做出评价报告的第三方，是整个评价指标体系的制定者和评价结果分析的综合评判者。"[①] 还有民间研究机构零点研究咨询集团从1994年开始就进行有关投资环境的评估，到目前为止零点研究咨询集团介入中国政府绩效评估研究已经有十个年头。

另外，社会公众也是重要的外部评估主体，不论是由政府机关作为评估的组织实施主体还是由独立第三方作为评估的组织实施主体，在其评估过程中，社会公众是非常重要的参与主体。在英国法律绩效评估制度中，公众磋商不仅被认为是质量控制和信息收集的一项基本工具，同时它也被视作规制影响过程成功的关键。《内阁事务指南》建议应使得人们在部门网站上就能简便地查找

---

① 包国宪、冉敏：《政府绩效评价中不同主体的价值取向》，载《甘肃社会科学》2007年第1期。

到规制影响评估。如果有人对正在进行的磋商感兴趣，政府部门也可以直接用邮件通知他们，向他们提供信息，便于他们对政府的规章制度进行评估或提出完善的建议。我国近几年开展的法律绩效活动中，公众都是重要的参与主体。

（三）不同类型的评估主体价值取向上的差别

"所谓价值取向是指一定的主体以某种价值观为指导，根据一定的价值标准，对价值目标进行价值选择和价值决策的行为倾向"①。价值取向反映的是主体的价值定向及价值选择的行为。在法律绩效评估过程中，不同绩效评估主体的价值取向反映了不同评估主体的价值判断、价值确认和利益选择的差异，从而对评估结果产生了不同的影响。

我们知道，就内部评估主体与外部评估主体的划分来看，其评估活动都有一定的意义。内部评估主体的评估的意义在于：第一，内部评估主体因为其对法律法规的制定与执行情况有着透彻、详尽的了解与认识，有效的内部评估能够为管理者提供必不可少的支持②。第二，内部评估主体因为比较容易获得法律实施、法律制定与执行的第一手资料，从而使评估结论更加真实、更加可靠。第三，内部评估主体因为其地位与影响力，它所作的评估报告、评估结论更容易得到重视与使用。

但是内部评估这种方式也受到一定程度的质疑，"要求公共组织对自己的行为作出客观公正的评价实非易事"，这是因为："首先，评价意味着批评，对公共组织成员来说就是对他们能力的质疑，影响自己的声誉，因而评价往往夸大成绩，掩盖失误；其次，评价往往代表着某一组织的局部利益，这使得绩效评价容易走向片面并带有浓厚的主观色彩；最后，绩效评价是一项复杂而细致的工作，需要评价者掌握相关的理论知识，并熟悉专门的方法技术，而公共组织人员本身往往缺乏这方面的系统培训。"③

为弥补立法内部评估的缺陷，很多国家注重外部评估主体及制度的构建。外部评估主体是指国家机关系统以外的评估者所进行的法律绩效评估活动，是非政府本身的评估。立法的外部评估优点在于：有一定的专业技术人员；身份地位较为中立，不受评估对象或其他因素的限制；评估的结论具有客观性；但是其缺陷也较明显，立法的外部评估获取评估的信息、资料相对比较困难；评估影响缺少一定的权威性；评估结论也不易受到重视等。因此，在评估实践中，最好

---

① 包国宪、冉敏：《政府绩效评价中不同主体的价值取向》，载《甘肃社会科学》2007年第1期。
② Evert Vedung, Public Policy and Program Evaluation, New Brunswick and London: Transaction Publishers, 1997, p.117.
③ 齐二石主编：《公共绩效管理与方法》，天津大学出版社2007年版，第90页。

将内部评估与外部评估结合起来,共同提高立法评估的质量。

但单纯的内部评估与外部评估都有一定的缺陷,正如美国公正行政学的创始人威尔逊提出的两条法规说明的,"威尔逊的第一条法规:如果研究是由那些执行政策的人主持或者他们的朋友主持,那么结论是:对社会问题的所有政策干预都会产生预期的效果。威尔逊的第二条法规:如果研究是由独立的第三方主持,尤其是那些对政策持怀疑态度的人主持时,那么结论就会是:对社会问题的政策干预不会产生预期的效果。"[①]为解决这样的困境,各国在法律绩效评估过程中,试图将内部评估与外部评估结合起来,实现评估主体的多元化。

三、现行法律绩效评估主体的单一性及其困境

根据我国现行法律绩效评估的实践状况,我们知道,现行我国法律绩效评估主体的一个重要特征就是评估主体的单一性,单纯由国家机关或其内部机构的评估,是典型的"内部评估"。当然,与国外法律绩效相比较,我国法律绩效评估活动才刚刚开始,法律绩效评估制度还是处于逐渐摸索的阶段,法律绩效评估主体也需要有一个逐渐建构的过程。就目前来说,我们认为,单一性的内部评估还是有必要的,是我国法律绩效评估制度发展的初级阶段。

第一,信息的易获得性。由立法机关或其他国家机关发起的法律绩效评估,与其他社会主体有所不同,它对于法律绩效评估所需要的信息容易获得。我们知道,绩效信息对绩效评估结果有决定性的作用,只有掌握充分、全面、客观的绩效信息,才能获得公正、客观的评估结果。而目前大量的立法与执法信息是掌握在国家机关手里,由权威的国家机关发动,就可以相对于其他社会主体更容易从政府机关获得这些信息。

第二,评估经费的保障性。法律绩效评估活动是一项资源消耗活动,是一项消耗人财物力的活动,必须有一定的经费给予其充分保障,否则其绩效评估活动无法开展。在我国,因法律绩效评估活动是立法机关的决策行为,它对其决策行为的有效性能够提供充足的经费保障,从而使得法律绩效评估活动顺利开展并取得实质性的结果。

第三,评估结论的易回应性。法律绩效评估不仅仅在于评估法律的实施状况,对它的实施好环进行优劣评价,更重要的是获得法律实施的立法方面的信息,获得法律本身条款、内容存在问题的信息,以为进一步的立、改、废提供科学依据。也就是说,评估结果要能够得到立法机关的回应,能够对法律的立、改、

---

① 〔美〕托马斯·戴伊:《自上而下的政策制定》,鞠方安译,中国人民大学出版社2001年版,第158页。

废产生实际的作用。因为是立法机关自己发动的,自己评估的,从而更容易进入立法机关的议程,更容易地得到立法机关的重视。

正因为如此,我国有学者建议,我国法律绩效评估的主体应为立法机关。理由是:第一,我国目前的政治体制决定了立法机关作为评估主体有利于提高评估的效率和评估效果;第二,政府各直属部门往往是法律法规的执行机关或者说直接受益者,其评估的公正性可能会大打折扣;第三,我国目前正处于机构改革的关键时期,设置专门机构作为法律绩效评估的主体对于本来就机构臃肿的中国来说不太现实。当然立法机关可以委托第三方,如中介机构、高校、研究机构、社会团体等实施法律绩效评估,但其评估主体仍然为立法机关[①]。

然而正如我们以上分析的,内部评估主体存在不可避免的缺陷。我国现行的法律绩效评估也存在这样的问题。作为法律绩效评估的主体是法律制定主体本身或者与法律制定主体有着千丝万缕的联系,这就难以保证法律绩效评估的客观公正性。有时难以避免法律绩效评估主体把法律绩效评估与"政绩"挂钩,使得法律绩效评估深深地打上了个人利益或部门利益的烙印。有时,法律的制定主体或执行主体利用自己的权力去影响其他主体的意愿,以获得对自己有利的法律绩效评估,这就使得法律绩效评估容易走向反面,并可能带有很浓的主观色彩。另外,法律绩效评估毕竟是一项专业性较强的工作,需要评估者掌握法律绩效评估的理论知识,熟悉评估的技术与方法,但对于这些内部评估主体来说,往往缺乏这方面的知识和理论准备,从而也让人们对其获得的评估结论不可信与怀疑。

事实上不仅仅如此,我们要进一步考虑到单一的内部评估主体可能面临的其他一些困境:

其一,垄断性。因法律绩效评估主体只是单一的内部主体,如果没有积极培植与孕育多元化的评估主体,可能会产生法律绩效评估主体的垄断性,一方面立法机关认为法律绩效评估是它们自己的事情;另一方面社会也只认可法律绩效内部主体的权威性。这对我国正在兴起的法律绩效评估活动显然是不利的。

其二,形式化。评估活动流于形式,只注重形式化的开展,不注重法律绩效评估主体的建构,不注重评估程序、方法与指标的设计,甚至不注重法律绩效评估的结果及其回应性。只是作为一种形式而存在着,它的实质意义没有得到重视。在我国,法律绩效评估首先兴起于一些地方,现在范围在不断扩大,甚至引起了中央立法的重视,也逐渐开展起法律绩效评估活动。但我们一定要防止它

---

① 熊艳峰:《浅议立法后评估的制度化》,载《长沙民政职业技术学院学报》2006年第2期。

的形式化的倾向,不是别人做了我们也要做,是因为我们必须做我们才做,要真正落实与实现法律绩效评估制度的实质意义。

其三,运动化。将法律绩效评估活动作为一场运动,在全国迅速展开,过了一段时间就销声匿迹了,不再开展了。这不是这项制度产生的真正目的以及它所追求的目标。实际上,我们开展法律绩效评估活动,是寻找法律立、改、废的科学基础,是建立法律制定、修改、废止的科学机制。我们在探索法律绩效评估的制度化、规范化,最终建立法律绩效评估制度的长效机制。

因此,我们说法律绩效评估主体的内部化是我国目前应当经历的一个过程,但它最终目标是实现法律绩效评估主体的多元化。

四、多元化法律绩效评估主体的建构之路

多元化法律绩效评估主体是我国法律绩效评估完善化的制度选择,它不仅是为避免单一化的内部评估主体的缺陷而作出的选择,也是因为法律作为社会公共政策的公共性基础以及社会主体利益多元化的必然结果。

法律与其他社会公共政策一样,本质属性是公共性。"公共性的本质特征要求公共政策从制定、执行、评估、反馈到调整都必须体现作为总体的人民(the people in general)的利益和意志。这里的人民不是单向度的,而是多元性的,它的重要特征就是存在利益的差异性和利益的分化,承认这种利益差异和分化就必须承认利益的多元性。"[①]因此,法律调整的是社会整体的利益,是社会多元利益的一种调和,作为一种公正、善良的法律,必须是社会多元利益的合理安排。法律绩效评估也会反映不同社会主体的利益感受,尽管法律制度体现多元利益的安排,但其在实施过程中对社会多元利益主体又会产生不同的影响,需要听取他们的意见,反映他们的利益。因此,就法律绩效评估而言,建构多元化的评估主体实际上是平衡不同利益主体利益的结果。正如西方著名学者史瓦兹曼所认为的:"现代社会是自由的民主社会,这种自由的民主社会存在不同的利益,人民的力量是透过团体的活动来实现,政党与压力集团或是利益团体的运作,每一种都是必须众多利益之一,因此一个已开放的社会是分裂的,多元主义者传达以及强调这种利益的多样性,并且和自由派理论家一样,将这种多样性视为社会生活中必要的以及正面的面向。"[②]

建构我国多元化的法律绩效评估主体,基本路径是:

[①] 赵勇、李敏:《试析公共政策评估主体的多元性》,载《上海行政学院学报》2005年第6期。
[②] 转引自〔英〕米切尔·黑尧著:《现代国家的政策过程》,林钟沂、柯义龙、陈志伟译,韦伯文化国际出版有限公司2003年版,第50页。

(一) 完善内部评估主体

尽管我国现行法律绩效评估的主体都归结为内部评估主体,但是在实践操作层面,范围则有所不同。有的以立法机关的内部组成机构作为组织实施主体,如海南省对《海南省红树林保护规定》的评估,组织实施主体为海南省人大法制委员会与人大常委会法制工作委员会;上海市对《上海市历史文化风貌区和优秀历史建筑保护条例》的法律绩效评估,组织实施主体为上海市人大法制委、上海市人大常委会法工委、市人大有关专门委员会。有的以立法机关的组成机构与对口管理部门联合组成法律绩效评估的组织实施主体,如北京人大常委会对《北京市实施〈中华人民共和国水污染防治法〉办法》、《城市规划条例》的评估,组织实施主体就是市人大常委会法制办、市人大有关专门委员和市政府有关部门。有的以对口政府管理部门为主组织法律绩效评估,如黑龙江省对《黑龙江省农业机械管理条例》等五部地方性法规的评估,组织实施主体就是对口的政府管理部门如省农业厅、省环保局、省建设厅等。有的以立法机关组成机构、政府管理部门以及事业单位组成法律绩效评估主体,如国务院对《劳动保障监察条例》的评估,组织实施主体就是由国务院法制办政法司、劳动保障部法制司、劳动科学研究所三家单位组成。

在我国尚无法律法规对法律绩效评估主体作统一规范的情况下,这些法律绩效评估主体的模式带有探索的性质,至于什么样的法律绩效评估主体是最适合的组织实施主体,笔者认为可以总结实践经验,在条件成熟时,实现内部评估主体的规范化。

(二) 进一步拓展"利益相关者"的评估

法律绩效评估制度较为成熟的美国、英国、韩国、日本等国家,都比较注重"利益相关者"的评估。但实践中对"利益相关者"的范围认识有所不同,从而参与的主体范围也有所不同。如云南省人大常委会对《云南省供用电条例》的评估,云南省人大法制委员会和云南电网公司选择了各地的供电局、地方人大、经贸委、林业局以及当地供电部门进行调研,召开座谈会。在这里,这些部门都是该法规的"利益相关者",但必须要对各种不同的"利益相关者"进行分析,明确不同利益相关者的性质与范围。

我国有学者对政策评估的"利益相关者"模式的基本程序作过概括:(1) 利益相关者的定位;(2) 利益相关者抽样,确定评估样本;(3) 调查利益相关者的意见,内容视评估对象而定;(4)对调查结果进行统计分析,作出评估结论。①这可以为我们建立法律绩效评估的"利益相关者"模式提供借鉴。

(三)培植"独立第三方"评估主体

独立第三方的评估最大的价值倾向就是评估结果的客观公正性。因为它超然于法律法规制定与执行的公共部门之外,与法律法规没有密切的利益关系,在很大程度上能够保证客观、公正的进行评估。同时,作为专门的法律法规评估与研究机构,具备评估所需要的专业技术人员,熟悉法律法规评估的理论知识、专门方法和技术,并积累有一定的评估实践经验,因而能够保证法律法规评估的质量。还有学者从评估资料的民意收集角度论证了独立第三方评估主体在我国存在的必要性。他认为:"民意的收集工作由无利益牵连的第三方进行具有独立性,能够从机制上保证评估结果更加客观与公正。只要是来自政府本身,不论其身份如何,属于哪一级哪一类部门,都很难做到无利益牵连,也很难真正站到社会公众的角度,结果也难以令社会公众信服。"②一些国家的独立第三方评估机构以其评估结果的公正、操作的正当性获得政府、公众的广泛好评,"美国各州、市政府和民众对坎贝尔研究所的绩效评估结果的认可率高达92%。"③我国学者毛寿龙谈到中国建立第三方独立评估制度的意义时认为,独立第三方独立评估使服务型政府的原则得以贯彻、为政府绩效评估增加了新的途径、是政府进一步了解公民需求的重要机制、进一步完善了中国政府政务公开的制度建设④。

独立第三方法律绩效评估主体在我国尚未形成,需要积极探索独立第三方评估主体形成孕育的条件,建立鼓励独立第三方评估主体产生与形成的制度环境,同时也探索独立第三方评估主体的评估模式。

(四)扩大公众参与的评估

法律绩效评估的公众参与模式在现代各国受到普遍重视,各国也在积极采取有关措施不断去完善这种模式。实践中,我国自开始开展法律绩效评估活动以来,公众参与评估都是不可缺少的一个环节和内容,而且效果也不错。

公众参与法律绩效评估有很多优越性,很多学者多加以论述,如美国学者约翰·克莱顿·托马斯认为公众参与可以促进公共管理工作的有效性和决策

---

① 李瑛、康德顺、齐二石:《政策评估的利益相关者模式及其应用研究》,载《科研管理》2006年第2期。
② 周凯主编:《政府绩效评估导论》,中国人民大学出版社2006年版,第215页。
③ 范柏乃著:《政府绩效评估与管理》,复旦大学出版社2007年版,第165页。
④ 周凯主编:《政府绩效评估导论》,中国人民大学出版社2006年版,第215页。

的有效性,"1. 由于公民或公民团体的参与为决策带来了更多的有效信息,这使得决策质量有望提高。2. 伴随着公民参与决策过程,公民对决策的接受程度大大提高,从而促进了决策的成功执行。3. 如果公民能够辅助公共服务的提供,那么,公共部门提供的服务就会更有效率和效益。4. 公众参与将会增强公民对于政府行为的理解,从而减轻人们对政府机构的批评,改善官僚遭到围攻的困境。"①马克·霍哲认为:"即使政府提供服务的效率没有改变,更多的公众参与也可能会使政府更受其公民的欢迎。因为当参与程度提高后,公民对政府运作的理解也就提高了,对政府机构的批评意见也就会相应减少,从而改善政府官员受到'鞭策'的困境,这不愧是一种逃离对政府低效率批评的好方法。"②但是公众参与法律绩效评估还依赖于一定的条件,Cheryl Simrell King 认为,现实中,公众的真正参与面临以下三大障碍:当代社会生活的本质、行政管理过程和参与的技术。具体而言,生活的快节奏使得人们无暇顾及工作以外的事情;而大量的信息被政府部门控制与操纵,这就限制了公众的参与能力;同时参与技术也是不充分的③。在我国,尤其要加强公众参与相关制度的建设,如信息公开制度、社会团体制度、公益代表制度、专家咨询制度等,只有构建完善的法律绩效评估的公众参与机制,才能发挥法律绩效评估以及法律绩效评估公众参与模式的积极作用。

第二节 法律绩效评估对象的选择

近几年我国开展的法律绩效评估活动,都选取立法机关制定的一件或几件代表性、典型性法律法规作为评估对象,如云南省人大法制委员会选取《邮政条例》、《广播电视管理条例》、《农村土地承包条例》作为评估对象;甘肃省人大常委会选取本省《麦积山风景名胜区保护管理条例》和《农机管理条例》作为评估对象;上海市人大常委会也选取了《历史文化风貌区和优秀历史建筑保护条例》作为其首次评估对象;国务院法制办选取了《艾滋病防治条例》、《劳动保障监察条例》、《信访条例》、《蓄洪区运用补偿暂行办法》、《特种设备安全监察条

---

① 〔美〕约翰·克莱顿·托马斯著:《公共决策中的公民参与:公共管理者的新技能与新策略》,孙柏瑛译,中国人民大学出版社 2005 年版,第 153 页。
② 〔美〕马克·霍哲:《公共部门业绩评估与改善》,张梦中译,载《中国行政管理》2000 年第 3 期。
③ Cheryl Simrell King, question of Participation: Toward Authentic Public Participation in Public Administration, Public Administration Review, Vol. 58, No. 4, 1998.

例》、《个人存款账户实名制规定》六件行政法规作为首批评估对象等。那么，作为评估组织活动的主体为什么选取这些法律法规作为评估对象呢，其理论依据是什么？是不是所有的法律法规都可以进行评估？这些问题有必要进行深入探讨，以为我国建立规范化、制度化的法律绩效评估制度有所助益。

一、法律绩效评估对象的范围

法律绩效评估对象的范围就是要判断立法评估对象即国家立法的范围。一般意义上说，所有的国家立法（法规范性文件）都可以进入立法评估的视野，都应该进行效果评估，但是不同的评估对象或客体在评估主体、评估方法、评估程序等方面可能有所差别。

法规范性文件所指什么？这就涉及对"法"概念的理解。根据法理学界通常的认识，"法是由国家制定、认可并依靠国家强制力保证实施的，以权利和义务为调整机制，以人的行为及行为关系为调整对象，反映出特定物质生活条件所决定的统治阶级（在阶级对立社会）或人民（在社会主义社会）意志，以确认、保护和发展统治阶级（或人民）所期望的社会关系和价值目标为目的的行为规范体系。"① 法律的基本特征就表述为：法律作为不同于道德、宗教等其他社会现象的社会规范，具有规范性、国家意志性、以权利和义务为基本内容和强制性等属性。

法规范性文件的范围有多大？各个国家由于国情的差异、体制的不同，对于法规范性文件的范围也就有不同的规定。我国《宪法》、《立法法》等规定了以下形式的法规范性文件：

（1）宪法。宪法是由全国人民代表大会制定或修改的，遵循严格的程序，具有最高法律效力的法规范性文件。

（2）基本法律。《宪法》第62条第3款以及《立法法》第7条第2款规定，全国人民代表大会制定和修改刑事、民事、国家机构的和其他的基本法律。

（3）法律。《宪法》第67条第2款以及《立法法》第7条第3款规定，全国人民代表大会常务委员会制定和修改除应当由全国人民代表大会制定的法律以外的法律。

（4）行政法规。根据《宪法》第89条第1款以及《立法法》第56条的规定，国务院可以制定行政法规。

（5）地方性法规。《宪法》第100条规定，省、直辖市的人民代表大会和它

---

① 张文显主编：《法理学》，高等教育出版社、北京大学出版社1999年版，第46页。

们的常务委员会,在不同宪法、法律、行政法规相抵触的前提下,可以制定地方性法规,报全国人民代表大会常务委员会备案。根据《立法法》第63条第1款的规定,省、自治区、直辖市的人民代表大会及其常务委员会根据本行政区域的具体情况和实际需要,在不同宪法、法律、行政法规相抵触的前提下,可以制定地方性法规。根据其第2款的规定,较大的市①的人民代表大会及其常务委员会根据本市的具体情况和实际需要,在不同宪法、法律、行政法规和本省、自治区的地方性法规相抵触的前提下,可以制定地方性法规,报省、自治区的人民代表大会常务委员会批准后施行。

(6)规章。根据《宪法》第90条第2款的规定,国务院各部、各委员会根据法律和国务院的行政法规、决定、命令,在本部门的权限内可以制定规章;根据《立法法》第71条第1款的规定,国务院各部、委员会、中国人民银行、审计署和具有行政管理职能的直属机构,可以根据法律和国务院的行政法规、决定、命令,在本部门的权限范围内,制定规章;根据《立法法》第73条第1款的规定,省、自治区、直辖市和较大的市人民政府,可以根据法律、行政法规和本省、自治区、直辖市的地方性法规,制定规章。

(7)自治条例和单行条例。根据《宪法》第116条和《立法法》第66条第1款的规定,民族自治地方的人民代表大会有权依照当地民族的政治、经济和文化的特点,制定自治条例和单行条例。自治区的自治条例和单行条例,报全国人民代表大会常务委员会批准后生效。自治州、自治县的自治条例和单行条例,报省或者自治区的人民代表大会常务委员会批准后生效,并报全国人民代表大会常务委员会备案。

通过以上分析,我们发现,《立法法》在宪法、基本法律、法律、行政法规、自治条例和单行条例的制定主体范围上与《宪法》的规定相一致。但在地方性法规、规章的制定主体范围上作了扩大的规定。到底以何规定为依据?这要看《立法法》的法律性质,"立法法是划分立法权限,规范立法程序的重要的宪法性法律,涉及权力机关与行政机关,中央与地方的关系,是政治体制改革的重要组成部分。"②因此,根据"新法优于旧法"的法的适用原则,作为同为宪法性文件的《宪法》与《立法法》,《立法法》制定与实施在后,当以《立法法》规定为依据。同时,《立法法》对地方性法规与规章的规定,是综合考虑我国现实状况以

---

① 根据《立法法》第63条的规定,较大的市是指省、自治区的人民政府所在地的市,经济特区所在地的市和经国务院批准的较大的市。
② 曹康泰主编:《中华人民共和国立法法释义》,中国法制出版社2000年版,第5页。

及法律体系的统一等因素,作出的客观与科学的规定①。

另外,还存在一个问题,怎样判断一个规范性文件属于法范畴的规范性文件呢?有些主体既能制定法规范性文件,也能制定不属于法范畴的规范性文件,如国务院可以制定行政法规,也可以发布决定、命令,制定行政措施。从法律实施与适用的角度来看,判断一个规范性文件属于法规范性文件要综合考虑以下方面的标准:

第一,是否是属于法定的立法主体。我国法律规定享有立法权的主体有:全国人民代表大会及其常委会;国务院;国务院各部、委员会、中国人民银行、审计署和具有行政管理职能的直属机构;省、自治区、直辖市的人民代表大会及其常务委员会;较大的市的人民代表大会及其常务委员会;自治区、自治州、自治县人民代表大会;省、自治区、直辖市以及较大的市的人民政府。不属于以上法定主体制定的规范性文件不属于法范畴的规范性文件。

第二,是否属于法定的立法权限范围。《宪法》、《立法法》等法律法规规定了不同立法主体的立法权限范围,超越立法权限范围或不具有立法权力的即使是法定的立法主体制定的规范性文件也不属于法范畴的规范性文件;

第三,是否遵循严格的法定程序。《宪法》、《立法法》、《全国人民代表大会议事规则》、《全国人民代表大会常委会议事规则》、《行政法规制定程序条例》、《规章制定程序条例》、《中华人民共和国民族区域自治法》等规定了法定立法主体立法时须遵循的程序,如果不是严格遵循法定的立法程序制定的规范性文件,也不属于法范畴的法规范性文件。

二、法律绩效评估对象的类型

我们这里讲的法是指国家制定的成文法,不包括国际法、习惯法、普通法、民间法以及不成文法等。法律绩效评估对象既然是国家法,那么国家法的分类有哪些类型呢?

(1)根本法与普通法。这是根据法律的地位、效力、内容、制定主体和程序之不同或者说根据法律的重要性及位阶关系对法律所作的分类。根本法即规定一国的根本制度、根本任务、国体、政体、公民基本权利与义务的宪法及宪法性法律;普通法指先法以外的法律。

(2)一般法与特别法。这是依照法律之效力维度或适用范围所作的区分。一般法指针对一般主体、一般事项、一般时间在域内通行的法律。特别法则针

---

① 曹康泰主编:《中华人民共和国立法法释义》,中国法制出版社2000年版,第137—147、172—178页。

对特定人、特定事项、特定地区与特定时间内生效适用的法律。

（3）实体法与程序法。这是按照法律规定的内容为标准进行的区分。实体法是规定实体上权利义务或职权职责的法律。如民法、刑法、行政法等。程序法指规定实体上的权利义务和职权职责得以实现及履行的法律，如刑事诉讼法、民事诉讼法等。

（4）公法与私法。这是大陆法系国家一般对法律所作的区分。这一区分始于古代罗马。法学家乌尔比安说："公法是有关罗马国家稳定的法，私法是涉及个人利益的法。"①一般来说，公法包括宪法、行政法、刑法、军事法、组织法等，私法包括民法、商法等。

（5）中央立法与地方立法。这是根据享有立法权力的国家机关的地位来分类的。"在联邦制国家称为联邦立法与联邦成员立法。联邦法是指联邦中央制定的法律，而联邦成员法是指由联邦成员制定的法律。"②在我国单一制国家里，中央立法包括全国人民代表大会制定的基本法律、全国人民代表大会常委会制定的法律、国务院制定的行政法规以及国务院各部委制定的部门规章。地方立法包括省、自治区、直辖市人大及其常委会以及较大的市人大及其常委会制定的地方性法规；省、自治区、直辖市人民政府以及较大的市人民政府制定的地方政府规章；民族自治地方制定的自治条例和单行条例。

（6）权力机关的立法与行政机关的立法。这是根据行使立法权主体的性质与特点来划分的。在我国，享有立法权的机关分为权力机关与行政机关。权力机关立法包括全国人大及其常委会以及享有立法权的地方人大及其常委会的立法；行政机关立法包括国务院以及享有立法权各级地方人民政府的立法。

（7）职权立法与授权立法。这是从立法权的来源与依据来分类的。职权立法权是指立法主体的立法权力来源于宪法、立法法和基本法律（如国务院组织法、地方各级人民代表大会及地方各级人民政府组织法）的具体规定，其根据是行使其相应的职权与职责的需要。授权立法权是指立法主体的立法权力源自于特定机关的授权或者特定法律的授权。其根据是基于某种特别需要。"授权立法在我国现阶段有两种情况，一种是特别授权，如全国人大或常务委员会对经济特区制定经济法规的特别授权；一种是法条授权，即某一法律中某一条款规定有关国家机构可以制定变通规定或实施细则。"③

以上法的分类只是给我们对法律绩效评估对象提供一个认识标准和判断

---

① 朱景文：《比较法导论》，中国检察出版社1992年版，第183页。
② 张文显主编：《法理学》，高等教育出版社、北京大学出版社1999年版，第57页。
③ 汪全胜：《制度设计与立法公正》，山东人民出版社2005年版，第14页。

第三章 法律绩效评估活动的准备

角度,如所评估的法律是属于根本法还是普通法、程序法还是实体法等,但不能以此确立评估标准,如根本法的评估标准、普通法的评估标准、程序法的评估标准以及实体法的评估标准,是否意味着各标准之间有所不同。在实践操作中,这种法的分类对确立法律绩效评估对象类型有一定的意义,但不具有可行性与有效性。根据各国法律绩效评估实践以及我国近几年法律绩效评估的实践经验,法律绩效评估对象主要有三种类型:

其一,单行法评估。云南省人大法制委员会组织对该省制定的《邮政条例》、《广播电视管理条例》、《农村土地承包条例》开展的法律绩效评估工作;甘肃省人大常委会对本省《麦积山风景名胜区保护管理条例》和《农机管理条例》等实施情况进行了跟踪问效评估;山东省人大法制委员会也组织有关部门人员对《私营企业和个体工商户权益保护条例》、《产品质量法实施办法》、《法律援助条例》和《就业促进条例》进行了法律绩效评估工作等。也就是说,虽然有关评估主体一次对几部法律进行评估,但在具体操作时还是针对某一单行法进行评估,我们称之为单行法评估。

其二,法的类型化评估。法的类型化不同于法的部门,但法的部门可以作为一种法的类型来进行评估。根据我国关于法律部门的理解,我国法律体系可以划分为:宪法法律部门、行政法法律部门、民商法法律部门、经济法法律部门、劳动法法律部门、科教文卫法法律部门等,这些部门法可以作为一个类型来进行评估,这时评估主体所要评估的对象不是单一的法律,而是组成同一类型的所有的单行法或法律条款。除了法律部门这种情形以外,还有调整共同对象的不同单行法或条款,如对食品安全法律法规的评估,它涉及很多法律法规如《食品卫生法》、《产品质量法》、《动物防疫法》、《消费者权益保护法》、《生猪屠宰管理条例》、《农药生产管理条例》等。

其三,法的总体性评估。实践中有三种情形属于法的总体性评估,第一种情形:是对历史上制定的法律法规进行全面的评估,如1979年11月五届全国人大常委会第12次会议通过的《关于中华人民共和国建国以来制定的法律、法令效力问题的决议》、1987年11月六届全国人大常委会第23次会议通过的《关于批准法制工作委员会关于对1978年以前颁布的法律进行清理情况和意见报告的决定》就属于法的总体性评估。第二种情形:是对现行我国法律体系的评估,也属于法的总体性评估。所谓"法律体系是指由一国现行的全部法律规范按照不同的法律部门分类组合而形成的一个呈体系化的有机联系的统一整体。"[①]考察我国法律体系是否健全所进行的评估属于法的总体性评估。第三

---

① 张文显主编:《法理学》,高等教育出版社、北京大学出版社1999年版,第78页。

种情形：是对某一立法主体在一定历史时期制定的所有法律法规实施效果进行评估，如对五届人大期间制定的法律实施效果进行的评估，在一届人大或政府任期届满时对其任期内制定的法规范性文件进行全面的评估等。

就我国近几年开展的法律绩效评估工作来看，评估对象主要是单行法即进行的单行法评估，法的类型化评估与法的总体性评估还是很少出现的。当然，每一种类型的评估发生都有其一定的积极意义，需要对其发生机制进行探讨。

三、评估对象选择的一般理论："可评估理论"

"可评估理论"并不是法律绩效评估对象的选择理论，它是政策评估理论中的一个重要方面。各国开展法律绩效评估的历史不长，理论研究上还基本上是空白。因此，在很多领域还有待借鉴与吸收其他学科的知识。

"可评估理论"是政策评估理论发展到一定阶段之后，人们对政策评估目的有效性反思的结果。政策评估理论最早产生于美国，大约形成于20世纪60年代，在70年代以后得到很大发展，"在20世纪60年代，美国政府的干预导致了公共机构开始正式的政策评估过程。20世纪70年代，政策评估的分析水平得到了更明显的提高，具有重要意义的是，国会关于项目评估的立法起到了很大的推动作用。"[①]

政策评估的目的是为了政策改进，但早期的政策评估逐渐发展起一套成熟的分析工具与评估方法，其评估结果并没有实现其政策改进的目的，要么政策评估与政策改进没有关系，要么政策评估结果被低效率的使用。这引起了一些政策分析学者的反思。最早于1975年，美国学者尼尔森发表了《评估为什么无法改善政策效能？》[②]一文，对这个问题开始进行思考。1976年，胡雷发表了《评估与评估者在改进公共项目中的角色》一文，对早期的政策评估理论进行了反思，提出"可评估性理论"。他认为，早期的政策评估存在六大弊端：一是评估活动不对政策形成支持；二是评估的时间、方式与准确性与使用者的需求不相吻合；三是评估者很少与决策者沟通；四是缺乏相同政策的不同评估比较；五是缺乏评估的累积资料；六是评估经常处理没有答案或不需答案的问题，以至于使

---

① 〔美〕弗兰克·费希尔：《公共政策评估》，吴爱明、李平等译，杜子方、谢明校，中国人民公安大学出版社2003年版，第5页。

② V. G. Nielsonl, Why Evaluation Does Not Improve Program Effectiveness? Policy Studies Journal, Vol. 34, No. 4, 1975, pp. 385—390. 转引自贠杰、杨诚虎：《公共政策评估：政府与方法》，中国社会科学出版社2006年版，第82页。

第三章　法律绩效评估活动的准备

评估没有实际成就①。胡雷提出,要克服这些弊端,评估者就必须先对政策进行"可评估性分析",并通过"可评估确定报告"实现决策者和执行机构的沟通,在得到评估结果使用者的反馈信息后,再确定政策评估的步骤。②

怎样确定可评估性呢?有学者提出可评估性的十一个方面,有一定的借鉴意义:(1)选择政策执行与社会变化存在明显因果关系的政策。如果因果关系不明确,那么社会变化是否应归于政策执行所致,将很难分析解释,评估方案也很难设计。(2)选择政策直接影响比间接影响更为主要也更为显著的政策,以减轻分析衡量的难度。(3)选择短期效益具有价值的政策。长期效益政策将受到多种因素的影响,很难精确衡量。(4)选择具有代表性的政策。这种评估结果可以推广使用,为类似的政策评估提供参照。(5)选择运作充分、执行信息资料丰富的政策,避免政策执行得不成熟。(6)选择高成本、高效益的政策。如果一项政策成本效益都微小,那么通过投资进行评估所带来的收益也将很小,这种评估有可能造成评估投入的浪费或根本没有必要。(7)选择政策绩效产生的原因明显且易说明的政策,避免对绩效产生的不同原因解释时出现偏差。(8)在政策执行中所做的工作不能明确判定时,要避免进行绩效评估,因为这种评估很难说明执行过程与绩效的密切关系。(9)选择有关人员支持的评估,主要是政策决策者和政策执行者的支持与配合。这种支持与配合将使评估工作有可能获取更为丰富的信息资料。(10)选择有经费资助的评估。社会资助的经费一方面可以充实评估费用,另一方面也说明政策评估引起一定的社会关注。(11)借助社会力量进行评估,诸如学术研究机构、高等院校研究生等都是政策评估中可利用的人员,他们可以通过学术论文的方式评估政策。这一方面可以节省评估费用,另一方面也可以促进理论研究与社会实践的沟通。③

在可评估性问题上,谢明提出:"虽然在一项实际的政策评估活动中,评估对象是既定的,但这并不是说所有政策在任何时候都可以并有必要进行评估。""评估应以有效性(有没有实际价值)、时间性(时机合适不合适)、必要性(有没

---

① Joseph S. Wholey, The Role of Evaluation and Evaluator in Improving Public Programs: The Bad News, the Good News, and a Bicentennial Challenge, Public Administration Review, Vol. 36, No. 6, 1976, pp.679—682. 转引自贠杰、杨诚虎:《公共政策评估:政府与方法》,中国社会科学出版社 2006 年版,第 83 页。

② Joseph S. Wholey, Evaluability Assessment, in L. Rutman ed: Evaluation Research Methods: A Basic Guide, London, Saga, 1977, p.48.

③ B. Bozeman & J. Massey, Investing in Public Evaluation: Some Guidelines for Skeptical Public Management, PAR, Vol. 42, No. 3, 1982, p.266. 转引自贠杰、杨诚虎:《公共政策评估:政府与方法》,中国社会科学出版社 2006 年版,第 84—85 页。

有现实需要）和可行性为前提,具体问题具体分析,不能不加区别,一概而论。"①负杰、杨诚虎认为:"应当根据评估工作的需要,遵循有效性、必要性与可行性相结合的原则来确定可评估性。"②

结合西方各国法律绩效评估的实践、西方学者提出的可评估性理论以及我国近几年的法律绩效评估过程中评估对象选择的实践,笔者认为,法律绩效评估对象选择的标准是:法律绩效评估的有效性、必要性与可行性原则相结合。

四、法律绩效评估对象选择的有效性

所谓法律绩效评估对象选择的有效性,即法律绩效评估选择的对象必须确实有价值,能够通过评估达到一定的目的。

法律绩效评估主要是通过评估,了解法律法规实施情况,找出法规实施以及法律质量方面存在的问题,为今后该法的立、改、废提供依据。法律绩效评估的目的主要有以下方面:

第一,法律法规实施状况如何,实现立法目的的程度如何?

第二,法律法规的合宪性、合法性、合理性、可操作性、可行性如何?

第三,法律实施过程中存在哪些问题,是执法本身的问题,还是立法质量的问题?分析问题产生的原因与根源。

第四,它对该法律法规的后续发展能有什么启示或建议?这是法律绩效评估活动的最终目的或根本目的。

(1)通过法律绩效评估,了解法律法规实施的成效,对法律法规的积极作用有个中肯评价。

法律法规的积极作用是指通过法律法规的实施,其对社会的影响等是积极的、主要的、肯定的方面。比如,国务院法制办启动的《劳动保障监察条例》评估,评估课题组发现,该《条例》实施两年来,"相关配套立法相继问世,宣传活动广泛展开,执法力度明显加强,社会影响与日俱增,劳动保障监察已经成为劳动者维权和推进劳动保障事业的主要手段之一。"接着课题组从"完善了我国的劳动保障监察制度"以及"促进了劳动保障法律法规和国家劳动标准的贯彻落实"两个方面具体阐述了该条例的具体绩效③。还有上海市人大常委会对《历史文化风貌区和优秀历史建筑保护条例》历时10个月的评估得出的评估结论认为,"条例的实施使上海市基本建立了以保护条例为核心的规划管理法律框

---

① 谢明:《政策透视——政策分析的理论与实践》,中国人民大学出版社2004年版,第329页。
② 负杰、杨诚虎:《公共政策评估:政府与方法》,中国社会科学出版社2006年版,第85页。
③ 李建等:《〈劳动保障监察条例〉法律绩效评估报告》,载《中国劳动》2007年第5期。

第三章 法律绩效评估活动的准备

架,健全了两级规划管理保护工作机制,立法的目的明确、手段丰富,措施得当,加快和加强了全市各项规划管理保护工作,取得了明显绩效。"①

(2)通过法律绩效评估,对法律法规的合宪性、合法性、合理性、可行性等进行评估评价。法律法规的合宪性是指法律法规的规定、原则、精神不得违反宪法的规定、原则与精神。法律法规的合法性是指在形式上不得与上位阶法律法规相抵触,其制定主体、行使权限、运行程序不得违反法律的规定,在实质上指法律法规的实施获得社会主体的支持与拥护。法律法规的合理性是指作为规范选择来讲法律法规是合理的,成本与收益的比率是合理的,法律绩效是合理的。法律法规的可行性是指法律法规的条款规定合乎实际状况,符合社会发展的规律性与客观事物的规律性。法律绩效评估的一个主要目的或重要任务就是对法律法规的合宪性、合法性、合理性、可行性进行审查与修正。如山东省人大法制委员会对该省《私营企业和个体工商户权益保护条例》、《产品质量法实施办法》、《法律援助条例》和《就业促进条例》评估时,其评估的重点看法规设定的权力和责任、权利和义务是否合理;赋予行政部门权力的同时有没有对其加以限制;规定的公民权利有没有切实得到保障以及这些规定执行的情况。北京市专门出台了《北京市地方性法规合法性评估工作规程》,将合法性评估作为评估的重要内容,认为"合法性评估是指市人大常委会有关工作机构依据国家新颁布实施的法律、行政法规,及时地对本市相关的现行有效的地方性法规进行合法性审查,并对法规中与上位法相抵触的内容提出处理意见的制度。"在北京,《宗教事务条例》于 2002 年 11 月 1 日起施行。国务院《宗教事务条例》于 2004 年 11 月 30 日颁布,2005 年 3 月 1 日才正式实施。按照《北京市地方性法规合法性评估工作规程》,2004 年底北京市人大常委会法制办公室组织市人大常委会民族侨务工作委员会、市政府法制办对该法规进行合法性评估。经过评估,认为其中部分条款与上位法相抵触,需要适时进行修改完善②。

(3)通过法律绩效评估,发现法律法规实施中存在的问题,并分析是立法本身的问题还是执法的问题以及这些问题背后的原因。法律绩效评估不仅在于真实评价法律法规的实施绩效,还要对其实施过程中的问题进行分析。在国务院法制办启动的《劳动保障监察条例》评估中,评估课题组也发现了该条例实施中的一些问题:一是《条例》本身存在的制度问题,如《条例》因立法层次的限

---

① 郭光辉:《〈上海市历史风貌区和优秀历史建筑保护条例〉立法后评估工作追记》,载《中国人大》2007 年第 8 期。
② 高勇:《法规质量评估,走向地方立法前台》,载《人民之声报》2006 年 7 月 13 日第 44 期第 4 版。

制,缺乏必要的行政强制手段;《条例》对监察处理决定的执行缺乏有效的保障措施;《条例》对法律责任的规定总体过轻等。二是劳动保障监察执法中存在的问题,如监察机构建设不健全,人员配备不足;经费保障不够;地方政府干扰监察的问题依然严重等①。

（4）通过法律绩效评估,最终的目的是对法律法规的继续沿用还是修改或废除提供决策依据。法律绩效评估与执法检查的主要区别在于侧重点有所不同。法律绩效评估的重点在于挖掘与立法有关的信息,客观评价法律法规的实施效果,目的是为了改进立法工作;执法检查则侧重于检查有关部门在贯彻执行中的薄弱环节和存在的问题,目的是为了监督法律法规的贯彻执行。以海南省人大对《海南省红树林保护规定》法律绩效评估为例,海南省人大法制委员会、法工委牵头组织了这次评估,提出了五点建议来进一步修改完善《海南省红树林保护规定》。这五点建议是:第一,理顺管理体制,明确职责。要依据国家森林法、海域使用管理法、海洋环境保护法、渔业法、自然保护区条例等法律、行政法规的规定,林业、海洋、环保等部门根据各自的职业分工,从不同的角度负责红树林的保护。第二,完善法律责任的设定,增强可操作性。法规中设定的毁坏林木处罚标准应具体、合理,要突出保护珍稀树种。第三,加大政府对红树林保护和发展的扶持力度,同时鼓励社会各类投资主体投资保护红树林,建立全社会参与红树林保护的投入机制。第四,明确红树林地和林木的产权。第五,规定正确处理保护和开发利用关系的内容②。

五、法律绩效评估对象选择的必要性

法律绩效评估对象选择的必要性在于进行某项法律法规评估有否现实的需要。法律绩效评估对象选择的必要性在实践中表现出多种类型,一般来讲,有这样几种情形:

第一,法律法规有效期即将届满或法律法规的实施时机即将结束,立法机关在决定该法是否继续延用还是修改或废止时,有必要对法律法规进行法律绩效评估。

（1）法律法规有效期是指法律法规实施的时间期限,在西方称为"日落条款",即在法律法规中明确规定法律法规实施到什么时间即终止,如果再要适用就必须对其评估后作出延续适用的决定,否则该法的有效期届满后即终结。1976年,美国科罗拉多州通过了第一个"日落法",该法律对一项计划或一个规

---

① 李建等:《〈劳动保障监察条例〉立法后评估报告》,载《中国劳动》2007年第5期。
② 《海南首次立法"回头看",五建议完善红树林保护规定》,《法制日报》2005年12月22日。

章规定一个日期,到了这个日期,该计划或规章除非再次得到批准,否则就此失效,从而迫使政府部门定期对其活动和规章的结果进行评价①。根据 OECD 的调查报告,OECD 大多数成员国都宣称自己在某些监管领域采用了日落条款。如澳大利亚规定,"监管规则每 10 年、7 年甚至 5 年就要自动废除。"韩国也采用了日落条款,"在监管规则'没有明确的理由继续存在'的情况下,它们的存续期'原则上'不能超过 5 年。"美国"就所有的政府文书工作要求都设定了 3 年的日落条款期限";墨西哥对技术标准设定了 5 年的日落条款期限,同时规定"所有的标准必须在生效后的前 12 个月内得到审查,以确定他们是否如预想的那样发挥作用。"②我国还未完全采取日落条款,但有一点迹象,如 1996 年出台的《行政处罚法》在其附则中要求,本法公布前制定的法规和规章关于行政处罚的规定与本法不符合的,应当自本法公布之日起,依照本法规定予以修订,在 1997 年 12 月 31 日前修订完毕。

(2)法律法规的实施时机即将结束,那么该法律法规的命运该如何?我们知道,有些法律法规则是针对特定时期的需要出台的,该特定时期结束以后,该法律法规怎么办?一般有两个命运:一是评估后进行修改继续适用;二是特定适用条件不存在了,即应废止。通常在特定时期出台的法律法规只是某些条款不符合社会发展状况,但还有实施的必要。在这种情况下,立法机关可以对其中某些条款作出修改后继续适用。如 1990 年 4 月 4 日七届全国人大通过的《香港特别行政区基本法》第 8 条规定:"香港原有法律,即普通法、衡平法、条例、附属立法和习惯法,除同本法相抵触或经香港特别行政区的立法机关作出修改者外,予以保留。"1993 年 3 月 31 日八届人大一次会议通过的《澳门特别行政区基本法》第 8 条也规定:"澳门原有的法律、法令、行政法规和其他规范性文件,除同本法相抵触或经澳门特别行政区的立法机关或其他有关机关依照法定程序作出修改者外,予以保留。"也就是说,在香港、澳门回归祖国以后,原有的法律制度必须重新评估,不得与基本法相抵触,否则必须经修改后方予以保留。

第二,法律法规的规定存在明显违反宪法或上位法的问题,或者法律法规实施过程中存在问题较多,社会反响较大,公众要求对法律法规进行修改,此时应有必要启动法律绩效评估机制。

"法制统一原则"是我国宪法确立的基本原则。任何法律法规不得违反宪

---

① 包国宪、董静:《政府绩效评价在西方的实践及启示》,载《兰州大学学报》(社会科学版) 2006 年第 5 期。
② 经济合作与发展组织编:《OECD 国家的监管政策》,陈伟译、高世楫校,法律出版社 2006 年版,第 30—32 页。

法，下位法不得违背上位法，否则违法立法应是无效。但是如果缺少相应的法律绩效评估机制，这些问题便不容易发现出来，甚至早应该过时的法律法规还会沿用很多年。2003年3月，孙志刚在广州收容站被打死，引发三位法学博士以公民名义"上书"全国人大常委会，要求启动对国务院1982年5月出台的《城市流浪乞讨人员收容遣送办法》的违宪审查机制。后国务院迅速启动法规审查机制废止了这个适用二十多年的行政法规。如果不是孙志刚事件，该法规或许还会沿用至今。上海市人大常委会选取《历史文化风貌区和优秀历史建筑保护条例》作为评估对象，是因为其在实施过程中出现了诸多问题，引起了较大的社会反映。《历史文化风貌区和优秀历史建筑保护条例》是2002年7月25日上海市十一届人大常委会第四十一次会议通过并于2003年1月1日起开始实施的。虽然该条例也发挥了重要作用，但也出现了一些新情况、新问题。"在2005年的上海市人代会上，一些市人大代表陆续就修改完善《条例》提出了议案和书面意见。一些职能部门和市民群众也通过各种方式反映法规在实施过程中遇到的问题，提出修改完善的意见和建议。"① "由于在三年多前立法欠考虑，导致当前在操作过程中，规划局、房地局、文管委三家职能部门管理职能交叉，互相衔接性不够，对登记不可移动文物和优秀历史建筑的认定程序和法律责任不能协调统一，执法中出现了诸多矛盾。"② 鉴于该《条例》实施已两年多，有关制度设计存在的缺陷已暴露得比较充分，上海市人大常委会2005年7月作出决定，开展对该《条例》的法律绩效评估。

第三，社会转型时期社会关系的变化或为履行国际承诺义务而进行的法律绩效评估。

社会转型时期社会关系发生了重大的变化，对社会关系的法律规范也需要作重新调整，那么怎样进行调整呢？一般情况下，社会转型时期，适应旧的社会关系的法律规范面临着三种选择：一是不再适应新的社会关系发展状况，需要加以废止；二是有部分内容或条款不适合新的社会关系调整，需要进行评估后作出修改，以适应新的社会关系发展状况；三是基本上能够满足新的社会关系的需要，还可以继续适用。

我国新中国成立后进行的三次大规模的法律法规清理活动都是因为社会转型时期社会关系的变化或为履行国际承诺义务而进行的。

第一次是在1954年。我国第一届全国人民代表大会第一次会议召开，通

---

① 郭光辉：《〈上海市历史风貌区和优秀历史建筑保护条例〉立法后评估工作追记》，载《中国人大》2007年第8期。

② 朱琦：《"评估"立法后评估》，载《上海人大月刊》2006年第5期。

过了新宪法,并通过了关于"现行法律、法令继续有效的决议"。决议指出,所有从 1949 年 10 月 1 日以来由中央人民政府制定的、批准的法律、法令,除同宪法相抵触的以外,一律继续有效。根据这一决议,国务院在 1955 年对原政务院及其所属各部门发布的法规进行了一次清理。

第二次是在十一届三中全会以后,为消除"文革"法律秩序造成的混乱状况,五届全国人大常委会第 12 次会议通过了《关于中华人民共和国建国以来制定的法律、法令效力问题的决议》,宣告新中国成立以来制定的法律、法令,除同第五届全国人大及其常委会制定的宪法、法律相抵触的以外,继续有效。国务院其后开展了一系列的法规清理工作。

第三次是为迎接入世正在进行的法律、法规与规章的清理工作。我国成为世界贸易组织成员国以后,为履行对外承诺,保证法律、法规、规章与世贸规则相符合,全国人大及其常委会、国务院从 2000 年开始对有关法律、法规、规章进行清理。

第一次与第二次大规模的法律法规清理活动是为了适应社会转型时期新型社会关系调整的需要,第三次则是为了履行加入 WTO 承诺的国际义务而实施的法律法规清理活动。这些清理活动效果都比较明显。如第一次大规模的法规清理活动,原国务院法制局有重点地对原政务院发布和批准的 250 件法规进行清理,清理的结果将法规分为五类:"(1)继续适用的法规;(2)继续适用但须加以修改的法规;(3)需要重新制定或加以合并来代替的法规;(4)过时的法规;(5)已废止的法规。"[①]

六、法律绩效评估对象选择的可行性

所谓法律绩效评估对象选择的可行性,即所选的评估对象必须是可以进行评估的。有学者认为,评估方案选择的可行性包括:(1)政治可行性,即方案选择获得政治资源支持的程度(获得合法性地位和被方案执行机构接受的可能性)和对政治价值观的影响。(2)经济可行性,即方案在实施中获取人财物力资源支持的可能性。(3)行政可行性,即政府行政部门在执行能力和工作效率方面的支持程度。(4)法律可行性。方案选择是否符合国家宪法和法律的有关原则和条款。(5)技术可行性,即在现有技术条件下实现目标的可能性。(6)社会可行性,即方案选择能够获得社会的认同与支持的可能性[②]。我们这里讲的法律绩效评估对象选择的可行性主要是指,评估的时机、评估所需的人

---

① 周旺生:《立法学》,法律出版社 2004 年版,第 389—390 页。
② 谢明:《政策透视——政策分析的理论与实践》,中国人民大学出版社 2004 年版,第 226 页。

力、物力、财力等条件能够满足评估的需要①。

（一）评估的时机已经成熟

评估的时机已经成熟表明：一是如果是根据法律规定的评估，法律规定的时机已经到了；二是如果是非由法律法规明确规定的评估，则评估对象实施已达一定年限，法律法规本身的问题已暴露无遗，社会反应较大，需要及时对其进行评估。

如果是按照法律规定的评估，则在法律规定的时机到了以后，有关评估主体即应启动法律绩效评估。前面我们对西方国家法律法规条款的"日落条款"作了探讨，日落条款即表明法律规定的有效期限即将终止，如果再适用，需要对其进行评估。如美国在"9·11"事件后联邦国会通过的《爱国者法》，是一部紧急通过的反恐法，国会对其中涉及限制公民权利的15条条款设定了失效时期，随后，美国两院多次对其进行适时评估，根据实施情况决定是否延长或更改②。如果不是按照法律规定的评估，那么评估对象实施已经有一定年限，法律法规本身的问题已暴露无遗，社会反应较大，需要尽快启动法律绩效评估机制。如上海市的《历史文化风貌区和优秀历史建筑保护条例》已实施两年多，问题出现多多，社会反响较大。其他评估的地方性法规、行政法规基本上都是实施两年以后，最长的年限可达15年之久。因此，需要尽快根据社会需求及时启动法律绩效评估机制。

（二）评估的人财物力条件已经具备

从我国近几年发起的法律绩效评估活动来看，法律绩效评估的主体都是立法主体的组成机构或立法主体本身，从评估主体来看它属于正式评估和内部评估。如云南省人大法制委员会与云南电网公司组成的调研小组对《供用电条例》所进行的评估，上海市人大对《历史文化风貌区和优秀历史建筑保护条例》所进行的评估等。既然都是正式评估与内部评估，其评估活动的发起者都是立法主体本身，它具备了评估所需要的人财物力资源。

（1）评估需要有一定懂得立法技术、评估专业知识的专业人员，既然是立法主体本身或组成机构发起的评估，它对立法本身非常熟悉，知道法律法规主要存在的问题。另外，从评估活动来看，这些评估主体也掌握了社会调查、座谈会等评估技术。这些机构或人员具备了评估能力。

（2）评估经费有足够保障。地方性法规的评估主要是地方人大常委会或

---

① 贠杰、杨诚虎：《公共政策评估：政府与方法》，中国社会科学出版社2006年版，第85页。
② 傅达林：《立法评估，让法律的生命力更持久》，载《学习时报》2006年4月24日第330期。

其组成机构进行评估的,在作出评估决定时,人大常委会就专门划拨一定的经费对评估进行支持。同时行政法规、行政规章的评估也专门提供评估经费,为评估能够实现一定效果提供了保障。

(3)评估活动得到相关部门、社会组织与公民的广泛支持。如云南省人大常委会对《供用电条例》进行评估时,得到了云南电网公司的积极配合,共同组成调研组,在调研过程中,得到了州、市人大、经贸委、林业局、当地供电部门、社会公众的积极支持,使得评估活动顺利得以开展。其他地方性法规、行政法规、政府规章的评估都获得了相关部门、社会组织与公民的广泛支持。

(三)评估制度逐渐建立并完善,使得法律绩效评估活动具备了制度支持与保障

专门的法规范性文件就有1990年国务院颁布的《法规规章备案条例》、2001年国务院修订的《法规规章备案条例》、2005年十届全国人大常委会第四十次委员长会议通过的《行政法规、地方性法规、自治条例和单行条例、经济特区法规备案审查工作程序》、2005年北京市出台的《北京市地方性法规合法性评估工作规程》、2006年河北省政府法制办发布的《关于在省政府各部门开展政府法律绩效评估工作的实施意见》、2007年黑龙江省发布的《关于开展我省部分地方性法规和省政府规章立法评估工作的通知》、2006年国土资源部发布的《国土资源管理规范性文件合法性审查办法》、安徽省淮南市人民政府2001年通过的《淮南市政府立法跟踪问效办法》等。不断建立与完善的评估制度规范了法律绩效评估的主体、客体、程序、标准、方法等,逐渐实现了法律绩效评估的规范化与制度化。

第三节 法律绩效评估标准的确定

对立法实施效果的评估,需要确立一定的评估标准,然后依据评估标准设立一系列的评估指标及指标体系,从而对立法实施效果有个客观、全面与真实的了解。评估标准实质上是一种价值判断。要对立法实施效果进行价值判断,就必须建立评估标准。对于同一评估对象,由于评估标准选择不同,可能得出来的评估结论有很大区别,甚至截然相反。因此,合理选择评估标准是决定整个评估工作成败的重要因素。

一、法律绩效评估标准的界定

标准,在语言学的意义上,是指合乎某种原则、可供同类事物比较、核对的准则、尺度。法律绩效评估标准则是有关主体对立法实施效果进行评估时所依据的准则、尺度。法律绩效评估标准不同于立法评估标准、立法的实施标准。我们讲的法律绩效评估是有关主体依据一定的标准,对法律法规实施情况进行评估,了解法规实施后取得的成就,并发现法规实施中存在的问题,分析法规中各项制度设计的合法性、可操作性和针对性,从而得到科学客观的反馈信息,以便及时修改完善法律制度,更好地发挥法律法规的规范作用。因此,法律绩效评估是立法评估的一个环节,因为立法评估它包括立法的预评估、立法过程的评估以及法律绩效评估;从内容上来讲,法律绩效评估不仅评估法律本身的质量,还评估法律实施状况,其目的是为了发现立法与执法、法律实施等存在的问题,因此,法律绩效评估标准综合了立法的质量评估标准、立法的实施标准等。

关于立法质量的评估标准,有学者认为,它包括三类标准,即合目的性标准(考量其立法目的是否科学、合理以及在法规实施过程中是否达到立法目的)、合法性标准(考量其立法从实体到程序是否合法)、技术性标准(主要从狭义的立法技术角度考察法规的协调性、完备性和可操作性)[①]。有学者提出,立法质量的评估标准包括四类,即法理标准(即用法的原理来评价立法,包括立法的合法性与合理性两个方面,这是立法质量评价的首要标准)、价值标准(即考察立法者的立法目的、立法理念和立法的价值取向,主要包括制衡标准、激励标准、正义性标准和合目的性标准等内容)、实践标准(也称实效标准,即对法律实施效果的评价)和技术标准(也称规范性标准,即从立法技术的角度考察法内部的协调性、完备性和可操作性,考察法的逻辑结构是否合理,条文设计是否科学、严谨,文字表达是否准确、简练、易懂,标点符号运用是否规范等)[②]。其实以上关于立法质量的评估标准不仅包括立法的规范标准还包括立法的实证标准。

关于立法的实施标准,有学者提出,从一个国家法律制度来说,判断法律实施状况的水平的标准有:(1)人们按照法律规定的行为模式行为的程度,是否能够按照授权性规范行使权利,按照义务性规范履行义务,是否能够根据法律设定的法律后果追究违法者的法律责任;(2)刑事案件的发案率、案件种类、破案率及犯罪分子的制裁情况;(3)各类合同的履约率与违约率,各种民事或经济纠纷的发案率及结案率,行政诉讼的立案数及其审结情况;(4)普通公民和

---

① 卿泳:《立法评价对于提高地方立法质量的意义》,载《民主与法制》2005 年第 5 期。
② 王亚平:《论地方性法规的质量评价标准及其指标体系》,载《人大研究》2007 年第 2 期。

第三章　法律绩效评估活动的准备

国家公职人员对法律的了解程度;(5)社会大众对社会生活中安全、秩序、自由、公正、公正福利等法的价值的切身感受。(6)法律的社会功能和社会目的是否有效实现及其程度;(7)有关法律活动的成本与收益的比率等①。笔者认为这是指一个国家在一定时间的总体的法律实施状况的标准。

我国近些年来的法律绩效评估活动,它所坚持的评估标准既包括立法本身的质量标准也包括立法的实施标准,如2004年,云南省人大常委会对本省《邮政条例》、《广播电视管理条例》和《农村土地承包条例》等进行法律绩效评估,其重点包括四个方面:一是法规实施后取得的成效;二是法规实施中存在的问题及改进建议;三是法规是否与上位法相抵触;四是法规的有关规定是否符合实际、具有针对性和可操作性。2005年,上海市人大常委会对《历史文化风貌区和优秀历史建筑保护条例》进行的法律绩效评估,其评估重点是两个方面:一是法规实施的绩效,包括保护情况及法规取得的社会和经济效益;二是法规中各项制度设计和程序规定是否需要进一步完善。

二、法律绩效评估标准的设定

科学、客观的法律绩效评估标准,能够让评估者准确地把握评估对象的实际状况,"标准科学合理,可以正确反映立法的效果与效益,引导立法工作的良性发展。"②但如果评估标准确立不科学、不客观、不合理,则有可能误导对制度与规范的选择。正如美国政策分析专家邓恩所指出的,如果评估者将自以为是的价值标准等同于社会公认的价值观并应用于政策评估,那么,即使评估广泛使用了诸如实验设计、数学统计、随机抽样、问卷调查、社会审计等计量化的评估方法,评估依然只是一种"假评估",其引导政策实践的功用是十分有限的③。

但是,在法律绩效评估实践中,设定法律绩效评估标准有一定的难度,主要在于以下因素:

第一,评估对象本身的因素。从性质上看,立法是一种公共产品,它具有一定的特殊性,如立法产品供给的强制性与垄断性④、立法产品供给的不确

---

① 张骐:《法律实施的概念、评价标准及影响因素分析》,载《法律科学》1999年第1期。
② 许安标:《立法后评估初探》,载《中国人大》2007年第4期。
③ 张国庆:《现代公共政策导论》,北京大学出版社1997年版,第212页。
④ 法律作为一种公共物品,其供给权一般由立法部门垄断,具有强制性。在现代民主国家,法律供给以公共选择为基础,公共选择的实质在于只能作出单一的决策,互相冲突的偏好必须得到调和。比如,我国宪法的制定和修改必须经全国人民代表大会的代表的2/3以上的多数同意才能通过,而其他一些法律法规,其制定和修改的条件就没有那么严格,因此宪法是国家的根本法,其他法律法规都必须以宪法为依据,不得与宪法相抵触。

定性①等。因此,它的评估标准的确定需要考虑这一公共产品的特殊性质;从内容上看,立法是一种规制手段,规制社会经济生活的方方面面,其内容有很大的差异,建立一种共性的评估标准有一定困难;从层级上看,立法评估标准要考虑评估对象即被评估的立法在整个国家立法体系中所处的地位,不同层级的立法甚至同一层级的立法确定共性的评估标准都有一定困难。

第二,立法的目标、目的因素。一项法律法规可能有一个或多个立法目标,其不同目标在整个立法目的的设计中处于不同地位,同样的目标可以建立共同的标准,不同的目标难以用一个标准来加以测量;甚至还存在如某些法律法规中设定的目标不明确,更加增加了设定评估标准的难度,还有立法设定的目标之间互相冲突与抵消,也无法设定立法评估标准。

第三,法律绩效评估的制度环境约束。"制度环境是一系列用来建立生产、交换与分配基础的基本政治、社会法律的基础性规则。"②法律绩效评估的实施受到政治、经济、社会文化观念等各种制度环境的约束,使得评估者无法根据客观需要设立科学的评估标准。

第四,评估标准的量化与立法实施效果难以量化的矛盾。评估标准如果要容易把握与比较,一般都力求数量化、具体化、客观化,但评估过程中所面临的问题是,法律法规实施效果难以量化,这主要表现在两个方面:一方面是法律有效性的测量是相当困难的。在某些方面的效果测量方面如公众对法律的心理感受如安全感、幸福感、满意度等,缺少直接的衡量尺度与评估方法。另一个方面在于立法实施效果的分散性。立法实施所产生的效果不仅有直接效果还有间接效果,不仅有短期效果还有长期效果等,这些效果有些是可以量化的,有些则量化困难,同时,获取这些效果的完整数据也存在一定的困难。这也就使得设定评估标准有一定难度。

当然还存在其他一些因素,如评估方法与手段问题、评估主体问题、评估者的价值观问题等。尽管如此,要进行法律绩效评估活动,评估标准还是必须得设立,否则,评估活动的意义便难以体现。

鉴于此,对法律绩效评估标准的设立需要确定一定的原则,这些原则在一定程度上确保法律绩效评估标准的可行性:

---

① 人们对法律的追求源于法律的价值,即法律能够确证和保障人们对秩序、自由、正义、效益等目标的追求与实现。立法产品的供给,仅仅是确定并实现法律价值的一个过程,它不是也不能直接供给法律的价值,而是通过立法来间接满足人们的终极需求。立法的这种工具属性,说明了立法产品的供给者只能提供中间产品——法律,而不能提供最终产品——秩序、自由、正义、效益等社会目标。

② 〔美〕科斯、诺思著:《财产权利与制度变迁》,刘守英等译,上海三联书店1994年版,第270页。

第三章 法律绩效评估活动的准备

（1）科学性。法律绩效评估的标准一定要具备科学性,它能够真实而科学地反映立法活动以法律实施活动的客观规律,能够提供给评估主体真实而客观立法与法律实施活动的认识。

（2）导向性。法律绩效评估的目的是为立法的继续适用、修改或废止提供决策依据。因此,法律绩效评估标准的确立,要能够对立法起到一种导向的作用。

（3）客观性。立法实施效果的判断应该有个相对客观的标准,不应因为评估主体、评估方法的差异而出现迥然不同的结果。因此,设定评估标准应注意标准的可测性,尽量采用标准化。对那些不能量化的标准,尽可能实施公众参与评估。

（4）可比性。又称可衡量性。如果不同对象具备同样的基础与条件或同一对象在不同的时间与地点具有相同的基础和条件,则这些评估结果或结论具有可比性,只有这些标准具有可比性,才能发现评估对象发生效果的变化及其规律。

（5）稳定性。评估标准的稳定性是指在对同类对象进行比较时,要注意标准的一致性、稳定性,只有坚持标准的稳定性,才能保证立法实施效果的可比较性。当然,稳定性并不意味着标准是一成不变的,但一般涉及核心要素的标准还是要保持稳定性。

以上是对法律绩效评估标准原则的一般性考察,在进行具体法律绩效评估标准设定时,还可能涉及一些其他原则。实际上,对立法后实施效果的评估,因评估对象、考察角度等有所不同,评估的标准也有可能存在差异,要注意不同类型标准的设定：

其一,一般标准与特殊标准。一般标准也称为基础标准,共性标准,这样的标准可以适用对任何法规范性文件实施效果的评估,可以对法的实施效果作一般性了解；特殊标准,也称具体标准、个性标准,是根据评估对象、评估办法等所确定的具体的评估标准。

其二,短期标准、中期标准与长期标准。法律实施是一个过程,法律实施的效果在不同的时期会有所差别,有些法规范性文件的实施效果可能在过相当长时间以后才能有所察觉；有些法规范性文件一旦实施,效果很明显。因此,根据法规范性文件实施时间的长短,确立的标准可以分为短期标准、中期标准与长期标准。

其三,微观标准、中观标准与宏观标准。这个标准是依据评估对象的种类与数量来进行的分类。微观标准一般是指考察单一部门法如《劳动法》实施效果所确立的标准,中观标准一般是某一类型法如环境法类（包括环境治理的一系列的法规范性文件)实施效果所确立的标准;宏观标准是对一个国家整个法律体系的实施状况所确立的评估标准。

其四,最低标准与最高标准。评估主体根据立法的实施情况,结合立法目的、意图,设定的法规范性文件实施效果的最低要求与最高要求,以此了解法实施状况与立法目的、意图之间的差距,从而查找根源,提出改进措施。

三、法律绩效评估的一般标准

法律绩效评估的一般标准也是法律绩效评估的共性标准、基础标准,是指立法实施效果的最基本的价值追求,任何一部法规范性文件存在的意义与价值必须满足这一基本要求、基本标准。

法律绩效评估为什么能够设立一般标准？笔者认为,这是与法规范性文件所具有的共有特征、基本目的与任务等联系在一起的。现代社会是法治社会,法治社会的基本要求,正如亚里士多德所指出的:"邦国虽有良法,要是人民不能全部遵循,仍然不能实现法治。法治应当包含两重意义:已经成立的法律获得普遍的服从,而大家所服从的法律应该是制定得良好的法律。"①所有的法规范性文件具有这样一些共同的特征、目的与任务:

其一,法属于规范性调整;

其二,维护社会稳定与社会秩序;

其三,法是以权利义务为其内容,平等保障社会主体的权利与自由,维护社会正义与公平;

其四,遵循立法与法的适用基本的价值准则,效率与效益原则;

其五,对社会主体不同的利益予以协调,保护合法、正当利益,抑制非法与不正当利益。

基于其所具有的共同性,法规范性文件实施的绩效可以建立共同的、一般的、基础性的标准。

那么,法规范性文件实施绩效的基础性、一般性的标准有哪些呢？

美国政治学家 P. 荻辛概括了国家政策(包括法律)追求的五种理性标准:(1) 技术理性。即政策是否对社会产生效用而解决人类所面临的科学技术问题;(2) 经济理性,即政策是否对社会有效率,以最低成本提供最大的效益,或者提供固定的效益,而消耗最低成本;(3) 法律理性,即评定政策是否符合成文的法律规范和各项先例,以探讨政策在社会上的合理性问题;(4) 社会理性,即

---

① 〔古希腊〕亚里士多德:《政治学》,吴寿彭译,商务印书馆1965年版,第199页。

第三章　法律绩效评估活动的准备

断定政策的内容是否与社会上流行的规范与价值一致,分析政策在维持社会制度中所作出的贡献;(5)实质理性,即政策是否追求前面谈到四种理性的两种或两种以上内容,以及能否解决各项理性之间的冲突问题。①

20世纪60年代,美国会计总署就开始运用"3Es"标准对法律或政策进行审计。"3Es"表示"经济"(Economy);"效率"(Efficiency)和效益(Effectiveness)②。后又扩展到"五E审计",即在"三E"基础上又加上了"公平性(Equity)"和"环境性(Environment)"审计。根据美国学者塔尔伯特(Talbot)的分析,"目前,美国的行政机关运用'3Es'的情形比较普遍,其中至少有68%的政府机关使用'效果'为指标;14%使用'经济'指标;8%使用'效率'指标。"③在《1993年政府绩效与结果法》的指导下,国家绩效评估委员会建立了一套较为完整的绩效评估体系,主要标准有:投入标准(衡量某一立法项目消耗的资源)、能量标准(衡量一项法律政策提供服务的能力)、产出标准(衡量为服务人口提供的产品数量或服务单位)、结果标准(衡量立法项目实施的社会效果)、效率与成本效益标准(衡量立法项目是如何实现其立法意图或目标的)、生产力标准(融效率和效益于一体)。

英国国家审计署于2003年发布了《绩效审计手册》,提出"3Es"标准,并对其进行了解释。"经济性(Economy)是指对一项活动,在保证其质量的前提下,将其资源消耗到最低水平;效率性(Efficiency)是指产品、服务或其他形式的产出与其消耗资源的关系,一项有效率的活动应该是在保证质量的前提下,以一定的投入实现最大的产出,或实现一定的产出使用最小的投入。效果性(Effectiveness)是指既定目标的实现程度,以及一项活动的实际效果与预期效果的关系。"④

从各国法律绩效评估的实践来看,评估标准主要有三方面:一是数量标准,包括投入与产出比率、效益比率与能力比率;二是行为标准,即依据一定的法规、制度、程序和指标等实现的程度,判定行政效能的高低;三是功能标准。行

---

①　参见 Paul Diesing, Reason and Society, University of Illinois Press, 1962。转引自林水波、张世贤:《公共政策》,台湾五南图书出版公司1982年版,第521页。
②　"经济"指标表示投入成本的最小化程度,即在维持特定水平的投入时,尽可能降低成本,或者说,充分使用已有的资源以获得最大或最佳比例的投入。经济性指标一般涉及成本与投入之间的关系。"效率"表示在既定的投入水平下使产出水平最大化,或者说,在既定的产出水平下使投入水平最小化。效率指标一般通过投入与产出之间的比例关系来衡量;"效益"表示产出最终对实现法律政策目标的影响程度,包括产出的质量、期望得到的社会效果、公众的满意程度等。效益指标一般涉及到产出与效果之间的关系。
③　张成福、党秀云主编:《公共管理学》,中国人民大学出版社2001年版,第275—276页。
④　罗美富、李季泽、章轲主编:《英国绩效审计》,中国时代经济出版社2005年版,第15页。

政功能的实现程度,直接关系到社会的进步、经济的繁荣和国家的强盛,每一行政部门的功能发挥得越好,就意味着效能越高①。

从我国法律绩效评估的实践来看,我们认为,法律绩效评估的一般标准应包括以下方面:

(1) 效率标准。法律绩效评估的效率标准是指立法实施效果所达到的水平(收益)与其所投入的人财物力资源之间的比率关系。"它反映的是立法制订与实施的量与其带来的收益量之间的对比关系(技术性的投入产出关系)。"②也就是说,法律绩效评估的效率标准包括两个方面:一是技术效率,即法律执行机构的内部运作效率,也就是能否以最少的工作量和成本运作,产生达到要求的绩效,或者在一定的工作量和成本的要求下,能否设法扩大绩效。二是经济效率,即一项法律法规所动用的全部资源是否达到最有效的配置和使用,使全社会满意③。因此,运用效率标准需要关注以下问题:每单位资源的使用究竟能产生多少收益或效益?每单位的收益或效益需要多少资源的投入?在既定的收益下,能否尽可能地降低成本?或者说在既定的成本之上,能否创造更多的立法收益?通过什么方式使得立法效益或法律效益最大化?

(2) 效益标准。法律绩效评估的效益标准是指立法实施所达到的效果与其实施成本的比较关系。"立法效益是指立法收益除去立法成本所得的净收益,也即立法在现实生活作用中合乎目的的有效部分,它突出地体现为立法的应然价值与立法的实然价值的重合与差异。"它一般包括经济效益与社会效益。经济效益是指一项法律法规实施以后,社会各种主体从其实施所得到的直接经济效益与间接经济效益。社会效益是指一项法律法规实施后对社会秩序、人的行为观念的影响,是社会稳定程度等产生的综合效益。"社会效益可以通过选取特定对象和随机抽取一般公众的方式进行定性调查和分析统计。"④

(3) 效能标准。法律绩效评估的效能标准是指立法实施绩效所达到的程度或影响,即立法实施绩效与立法所预先设定(立法目的)绩效目标之比。通过这种比较关系,可以了解法律实施是否符合法律设定的目标与方向以及符合立法目或法律绩效水平的程度。当然,在采取这一标准时,必须预先设定立法的绩效目标,立法的绩效目标的设定又必须与立法目的、立法意图结合起来。如果绩效目标的设计错误,可能会使得评估偏离方向,也不能准确客观地评估

---

① 卓越主编:《公共部门绩效评估》,中国人民大学出版社2004年版,第43页。
② 汪全胜:《立法效益研究》,中国法制出版社2003年版,第192页。
③ T. H. Poister, Public Program Analysis: Applied Methods, Baltimore, University Park Press, 1978, p.10.
④ 魏明、张雅萍:《德国立法成本效益分析与评估体系》,载《水运科学》2007年第1期。

法律的实际绩效。

（4）公平标准。公平是立法的基本价值倾向,同样也是立法实施效果的价值倾向。"如果没有了正义与公道,人类就不会有任何价值。"[1]法律绩效评估的公平标准是指法律法规实施后所导致的与该法律法规有关的社会资源、利益及成本公平分配的程度。法律公平是一种社会理性,它表示法律作为一种制度对社会稳定与社会秩序的贡献。如果立法的整体效益、效率都很多,但它严重地损害了社会某一特定群体的利益,则该法律法规不能称作是具有好的实施绩效的法律法规。只有当法律法规既实现了整体的经济效率和社会效益,又实现了公平合理,法律法规才算取得了良好的绩效。所以很多国家在设定法律绩效评估标准时都不可缺少地将"公平"作为一项重要的标准。

（5）回应性标准。"回应性"一词最早源于当代西方一些法学家的论述,即提倡法律应当具有较强的回应性,使法律能够对社会环境的各种变化作出积极回应[2]。一方面,法律的出台是满足社会需求的结果,它不是国家一厢情愿的结果。如果法律不是应社会需求而产生的,其绩效也很难显现;另一方面,虽然法律具有一定程度的稳定性,但是并非意味着它不能改变,在社会环境发生重大变化时,法律作为社会的上层建筑也应有所回应。

四、法律绩效评估的特殊标准

法律绩效评估的特殊标准也称为个性标准、具体标准,是某一部门法律法规实施绩效的衡量尺度。法律绩效评估的特殊标准是由该法律法规具体的目标、任务所决定的。虽然所有的法都有分配社会资源的功能,都有保障社会秩序的功能,都有维持社会公平的功能,但对一项具体的法律法规来说,它又有具体的功能、具体的目标与任务,也就是立法目的,一般都明确规定在法律法规条文中,如：

我国《公司法》第1条明确规定："为了规范公司的组织与行为,保护公司、股东和债权人的合法权益,维护社会经济秩序,促进社会主义市场经济的发展,制定本法。"具体分解一下,它有这样几项具体任务与目标：其一,为了规范公司的组织与行为；其二,保护公司、股东与债权人的利益；其三,维护社会经济秩序；其四,促进社会主义市场经济的发展。当然这四个标准实际上也涵盖了《公司法》绩效评估的一般标准与特殊标准,第三、四项是其一般标准,第一、二项才是《公司法》绩效评估的特殊标准。当然这是《公司法》立法目标与立法意图,

---

[1] 〔德〕康德：《法的形而上学原理》,沈叔平译,林荣远校,商务印书馆1991年版,第165页。
[2] 李伟权：《政府回应论》,中国社会科学出版社2005年版,第36页。

然而其真正实施绩效如何,还需要将其实施绩效与立法目标或立法意图加以比较或对照,从而真实了解《公司法》实施状况。

另外一种类型是,法律绩效评估的特殊标准是法律绩效评估一般标准的进一步具体化,如美国各州在法律绩效评估实践中确立了一般标准如:生产力标准、效率标准、质量标准、效果标准、效益标准等,在涉及具体的规章时,它又将这些一般标准进一步具体化为个案的特殊标准。如美国州政府制定的儿童抚养执行规章实施的评估标准如下[①]:

1. 生产力标准

(1) 每个裁定员对父母未能行使监管权的案件的调查数量;

(2) 每个执行机构所负责的现行案例数量。

2. 效率标准

(1) 完成每次父子关系调查的成本;

(2) 每个账户建立的成本;

(3) 培训一个未能行使监护权的父亲或母亲的成本。

3. 质量标准

履行监护义务的父母对获得帮助的满意度。

4. 效果标准

(1) 待处理案件中为私生子建立父子关系的比率;

(2) 父母支付抚养费的案件所占的比率;

(3) 未能行使监护权的父母有工资收入的比率;

(4) 欠账案件的比率;

(5) 强制性抚养费的收集比率;

5. 效益标准

每花费一美元能够收来的抚养费。

综上,我们可以得出,法律绩效评估的特殊标准相较于一般标准,它更加容易量化,更具有可操作性,能够实现法律绩效评估更加准确、更加具体的目的。但另外一个方面,如果法律绩效评估局限于法律绩效评估的特殊标准,可能会迷失评估方向,也无法有效地做出概括性、整体性的评估。因此,在法律绩效评估实践中,宜将法律绩效评估的一般标准与特殊标准结合起来,以保障法律绩效评估的科学性,真正实现法律绩效评估的意义与功能。

---

① 〔美〕西奥多·H.波伊斯特著:《公共与非营利组织绩效考评:方法与应用》,肖鸣政等译,肖鸣政校,中国人民大学出版社2005年版,第70—71页。

第四节 法律绩效评估的一般方法

法律绩效评估方法是法律绩效评估主体用以测量法律绩效的具体方式、手段以及步骤等。一般认为法律绩效评估的方法主要有两大类型:定性评估方法与定量评估方法。定性评估方法就是评估者根据自己的经验和知识,综合运用逻辑思维,对评估对象的性质作出的整体分析与判断;所谓定量评估方法,"是指根据调查研究、资料搜集所获得的信息,运用运筹学、统计学、数学、计量经济学、系统工程理论等学科的理论与方法,建立评估的数学模型,然后借助电子计算机等手段进行大量的计算来求得答案的方法、技术的总称。"[①]定性评估无法量化立法的实施效果,只能整体上、模糊地对立法的价值做出估计或评价,难以真实、客观地了解立法的实际运行状况、实施效果等情况。定量评估关键是设计出全面的、能够真实反映立法实施效果的指标,这样的评估才能给人以直接、客观、全面而真实的印象。完善的、合理的评估指标体系能够对法律的实施状况有一个准确、客观、真实的理解,能进一步促进法律制度的完善。当然根据不同的评估目的,可以设计不同的指标体系,比如对立法所进行的"合法性"评估、"可操作性"评估、"成本与效益"评估等,指标体系就有所不同。

法律绩效评估方法往往需要根据评估目的、目标来确定,在现代各国所进行的法律绩效评估中,单纯的定性方法或定量方法都不会采用,而是呈现了一个系统运用的倾向,在定性的基础上再对法律绩效进行定量分析,或定性评估与定量评估融合在一起,有些指标明确指向定性评估,而另一些指标则明确指向定量评估,最后对这些指标加以统计分析,从而完成法律绩效评估的系统分析。另外,一国的法律绩效评估可能受一个国家文化传统、价值观念等意识形态等因素的影响,会对某一或某些评估方法给予更多关注与采纳。但基本上现代法律绩效评估中呈现两大趋势:一是评估方法中定性评估与定量评估的结合;二是多种评估方法的综合运用。下面结合各国法律绩效评估的实践,对常见的几种评估方法作一考察。

一、法律成本与效益评估方法(Benefit-Cost Analysis,简称"BCA")

法律的成本与效益分析是对法律的成本与效益之间关系的研究,其目的是

---

① 贠杰、杨诚虎:《公共政策评估:政府与方法》,中国社会科学出版社2006年版,第275页。

确定法律方案所获得的效益是否超过其成本,法律方案的选择以及具体实施是否存在了经济上的正当性。美国法律绩效分析的基本方法是成本效益分析。根据美国第12866总统令第3(1)条款,政府部门在废除或修改已有的政策或者制定新政策时应做政策规定绩效分析,尤其需要分析政策的经济效益①。根据这一总统令,2003年9月17日美国政府管理及预算办公室出台了《政策规定绩效分析》对成本效益评估方法的运用作了详细的说明。

(一)法律成本与效益的界定

1. 法律成本

法律成本是指制定和实施该法律所造成的资源消费。从其制定与实施主体来讲,法律成本有立法成本、执法成本、司法成本、守法成本等。

立法成本是指立法过程中的全部费用的支出。它一般包括:(1)支付立法机关运转及其工作人员的全部费用;(2)收集立法信息、立法资料以及形成立法草案的费用;(3)审议立法草案与修订立法文本的费用;(4)制作法律文本的费用;(5)公布与传播法律、法规的费用②。司法与执法成本是指司法与执法机关执法时消耗的费用。主要包括:一定的机构设置及有关硬件配置(如法院、检察院的设置、固定资产投资等)的费用、司法执法人员的工资与社会福利费用、司法执法机关运转的费用、制作法律文本的费用等。守法成本则是指社会组织或个人为遵守法律法规而支付的费用。除此之外,法律成本的类型还应注意以下方面:

第一,法律的直接成本与间接成本。

法律的直接成本是指法律制定和实施过程中直接的成本支出,包括为了制定和实施法律而直接投入人力、财力与物力资源。直接成本一般可用货币来加以准确计量。法律的间接成本是指法律制定和实施过程所造成的间接损失。法律的制定与实施不仅直接造成直接的成本支出,而且还会产生因政策制定、实施而产生的其他损失,需要社会支付一定的资源来弥补因法律制定和实施造成的损失。例如,不恰当的法律实施造成政府或执法部门威信下降,为重新塑造和确立政府形象,政府须花费一定的社会资源来弥补这种损失,从而间接增大法律实施的成本。

第二,法律的固定成本与可变成本。

法律的固定成本是指制定或实施一部法律所必须支出的且不随立法产量

---

① 财政部财政科学研究所《绩效预算》课题组:《美国政府绩效评价体系》,经济管理出版社2004年版,第367页。

② 汪全胜:《立法效益研究》,中国法制出版社2003年版,第61—63页。

增加而变化的全部费用,它构成了法律价值的本体,如立法、司法、执法工作人员的薪水、办公设施配备等成本;法律的可变成本是指随着法律供给数量与质量的不同而变动的成本,属于立法、执法、司法以及守法过程的活性支出,它构成法律价值的附加部分。如实施一项新的法律,需要增设新的机构或人员,这就构成了法律实施的可变成本支出。

第三,法律的短期成本与长期成本。

法律的短期成本是指法律制定与实施的短期资源消耗。法律的长期成本是指法律制定与实施的长期成本支出。如法律制定出来以后随着实施条件等的变化而付出的修改成本、法律实施时间长了以后,需要追加的成本投入等。法律的短期成本与长期成本是以法律制定和实施的成本投入时间这个维度来加以区分的。

2. 法律效益

法律的效益一般是指:"稀缺的法律资源的配置满足了社会财富极大化的制度需要,并且已投入的法律资源又确实能够促进社会财富的极大化。"可见,"法律效益的概念包含两个层次,按其实质意义,我们把第一个层次称为法律配置的效益,即稀缺的法律配置满足了社会财富极大化的制度需要。把第二个层次称为法律实施的效益,即已投入的法律资源确实能够促进社会财富的极大化。法律效益是法律配置的效益与法律实施的效益的统一。"[①]但一般将法律效益理解为法律的实施效益,即法律在现实生活作用结果中合乎目的的有效部分。法律效益的类型有:

第一,法律的可计量效益与不可计量效益。

法律的实施所产生的效益是比较复杂而多样的,其中一些可以用数量来计量的,我们将这些可用数量计量的效益称为"可计量的效益"。如《行政许可法》实施以后,政府实际减少的行政许可的数量、行政许可费用减少的具体数量等,是可用数量尤其是货币直接加以计量的。但还有些效益不可用数量加以计量,我们将其称为"不可计量效益"。如法律法规实施以后,公众安全感的增加,公众对社会秩序的满意感的增加等。

第二,法律的短期效益与长期效益。

法律的短期效益是指法律实施以后在短时期内取得的积极效果。法律的短期效益反映了法律在短时期内满足社会需要以及发生作用的情况。法律的长期效益是指法律在长时期内所取得的积极效果。法律的长期效益反映了法律的生命力,是法律体现社会客观规律以及具有一定质量与水平的标志。

---

① 曹翔:《法律的效益分析》,载《南京大学学报(哲学、人文、社会科学版)》1996 年第 4 期。

第三,法律的直接效益与间接效益。

法律的直接效益是指法律在社会生活中实施与实现后直接取得的明显效益,尤其是法律的经济效益。法律的间接效益是指法律在社会生活实施与实现后除立法者意图取得的明显的效益以外对社会其他领域又产生了间接的效益,如社会观念变革、思维方式的更新等。

(二)法律成本与效益的比较及决策标准

在法律成本与效益的比较中,要注意:

1. 成本与效益的不同比例关系

首先任何法律的制定与实施都需要消耗一定的资源,付出一定成本,这是法律制定与实施的前提。但是,在进行法律决策时,必须要考虑制定与实施法律的成本与所预期的效益之间的比例关系。付出的成本越小,取得的收益或效益越大,则这种法律方案是可取的,合理的。最大限度地降低法律成本,最大程度地增加法律收益或效益,应当是现代法治在经济学上的意蕴之一。当制定与实施某项法律的成本接近法律收益时,就应该考虑是否选择这样的法律方案,考虑是否有其他更好的法律方案选择,考虑是否有办法降低法律制定与实施的成本等。在制定与实施法律成本大于其收益或效益时,就应该放弃这种法律方案选择。因为这样的法律是不符合社会根本利益的。

2. 关注不同形态的法律成本与效益

前面我们分析了法律成本与法律收益的不同形态。在进行法律成本与效益比较时,不仅要注意法律的直接成本、法律的固定成本、法律的短期成本以及法律的直接效益、法律的可计量效益以及法律的短期效益,还应该关注法律的间接成本、法律的可变成本、法律的长期成本以及法律的间接效益、法律的不可计量效益以及法律的长期效益等。只有对不同形式的成本与效益进行综合考察,成本与效益的分析方法运用才较为适当。《美国政府规定绩效分析》也规定:"若能以货币计量损益,成本效益分析能为决策者选择最有效率的方案,即产生最大社会净收益的方案(配置成本忽略不计)。即便经济效益不是政策规定唯一的或最重要的目标,成本效益分析也能为决策者和公众提供极其有用的信息。但是,不是所有损益都能以货币计量,这时最有效率的方案就不一定是最大量化净收益的方案,而需要运用职业判断来决定不能量化的成本与收益在总体分析中的重要性。"[①]

[①] 财政部财政科学研究所《绩效预算》课题组:《美国政府绩效评价体系》,经济管理出版社2004年版,第368页。

3. 法律效益的决策依据或标准

法律效益的决策依据或标准是：在法律制定过程中，通过对法律的成本与效益的比较分析，从中选择一种最佳的方案。如果可供选择的方案会产生相同的法律效益，则其中成本最低的为最佳方案；如果有几种可供选择的方案，需要相同的成本支出，则其中效益最高的方案为最佳方案。同样这个标准也可适用对法律实施效果的评估。在法律实施过程中，如果被实施的法案的效益大于它的成本时，则其方案选择是正确的、恰当的。法律效益的决策标准借用经济学的理论表述有以下两个方面①：

（1）"帕累托最优状态"标准。意大利经济学家帕累托提出了最优资源配置原理，即人们经常说的"帕累托优先"（Pareto Superiority），主张最好的状态是不损害任何人的利益而又改善了某些人的利益或命运的状态，社会改革应以此为原则，如果这些变革都已经完成，再也没有继续变革的机会存在，社会就处于"帕累托最优状态"。从法律效益决策的角度看，如果一部立法产生的收益是不以损害任何人的利益的基础上而又改善了某些人的利益的话，这种决策才是最优的或最佳的。

（2）卡尔多-希克斯效益标准。帕累托最优标准在现实生活中很难实现。波斯纳对这种标准提出了批评："这是非常紧缩的效益观，在现实生活中几乎无法实现，因为大多数交易……会影响第三方。"②卡尔多-希克斯效益标准受到推崇。它认为，只要第三方的总损失不超过交易的总收益，该交易就是有效益的。从法律效益决策的角度讲，如果一部立法它能产生的社会总收益能大大多于它所产生的社会损失，这是一种比较合理的决策。

（三）法律成本与效益评估方法的评价

法律成本与效益评估方法在美国运用得很普遍，而且是美国法律绩效评估最基本的一种分析方法。这种方法在其他国家也得到应用。1995年，经济与合作发展组织通过了《OECD理事会关于改善政府监管质量的建议》，倡导经济与合作发展组织成员采纳RIA（Regulation impact analysis，即规制影响分析），要求："监管产生的收益应该足以说明其成本的合理性，要考虑监管影响在全社会的分布情况。""RIA体系应要求所有的监管决策都要符合收益——成本原则，但所使用的分析方式应基于对可行性和成本所做的实际判断。"③在一些国家

---

① 汪全胜：《制度设计与立法公正》，山东人民出版社2005年版，第174页。
② Posner, Economic Analysis of law, Little Brown and Company, 1986, p.12.
③ 经济合作与发展组织编：《OECD国家的监管政策——从干预主义到监管治理》，陈伟译，高世楫校，法律出版社2006年版，第164—165页。

通过法律法规的形式来使之规范化,如英国的《准备守法成本评估修正守则》、德国的《联邦法律案注意要点》、荷兰的《立法指导原则》、芬兰的《法律规范法》、加拿大的《联邦立法政策》等都规定了行政立法的成本与效益评估原则。我国政府也开始对行政立法的成本与效益方法给予关注。如2004年国务院颁布的《全面推进依法行政实施纲要》第17条明确提出:"积极探索对政府项目尤其是经济立法项目的成本效益分析制度。政府立法不仅要考虑立法过程成本,还要研究其实施后的执法成本和社会成本。"因此,这种方法有其一定的合理性。

但是这种方法适用也是有一定范围的,它一般只适用于有形的结果并可以通过货币化方式的测量,但以货币为尺度并不能对政府领域的效益进行适当的分析,如对国防、太空研究、对外援助、公安、司法等效益的分析。也就是说对主要是经济性质的、有形的、可以用货币测量的行政立法及公共政策更为适用。

二、法律成本与效果评估方法(Cost-Effectiveness Analysis,简称"CEA")

成本与效果评估方法也是美国法律绩效评估的一种方式,它是修正成本与效益评估方法的纯"数字化"而出现的,"如果收益不能以货币单位计量,就采用CEA。特别地,对不能量化的收益、成本和效果,做定性研究。"[1]"无论如何,定量的收益-成本分析通常必须辅以其他方法。无论是效率还是公平效应并不是总能用货币指标做出合理的表示,甚至不能用其他标准量化。不能量化并不说明不重要,在定性要素的重要性得到普遍认可的情况下,指导文件不应该使定性因素从属于定量因素。"[2]因此,单纯的成本效益分析方法必须辅之用其他评估方法,综合评估法律绩效。

法律成本与效果评估方法与法律成本与效益评估方法最大的区别是:不对法律实施的效果实施量化,只能将能够量化的项目进行量化(如法律成本),并与特定的输出水平进行对照测算。如计算人均垃圾清理成本,可假设政府在减少70%空气污染的情况下,设计和计算不同方案的成本。"成本-效果技术上不困难,困难之处在备选方案的选择。它特别适用于不能用收入表示目标、而最有效使用资源的问题。"[3]

---

[1] 财政部财政科学研究所《绩效预算》课题组:《美国政府绩效评价体系》,经济管理出版社2004年版,第376页。
[2] 经济合作与发展组织编:《OECD国家的监管政策——从干预主义到监管治理》,陈伟译,高世楫校,法律出版社2006年版,第166页。
[3] 廖筠:《公共政策定量评估方法之比较研究》,载《现代财经》2007年第10期。

如果某个法律方案能产生多种收益,不同的收益有不同的计量方法,这时很难做成本与效果分析。为了统一这些计量方法,需要权衡比较不同的收益,不过这样一来它就不是成本效果分析而是成本效益分析了。如果只有部分收益能用货币计量,大部分效果无法用货币量化,可以从总成本中减去能够货币化的收益得到净成本(这时净成本可能为负,即货币化收益大于成本)。应该在分析中提及忽略部分附加收益会高估成本-效果比例。如果净成本不包含这些应计的损益,那么成本效果分析结果就不准确。成本效果分析对明确自身收益目标的法律方案有很好的选择作用[①]。

三、前后比较评估方法

前后比较评估方法也是法律绩效评估较为常见的方法之一,"它是就两个时段中的情境进行比较,一种是方案实施前的情境,另一种是方案实施后的情境(在方案实施后的某个时间测量,这通常只针对目标群体进行检测)。这种前后比较,是用来测量方案的实施效果的。"[②]前后比较评估方法有四种基本表现方式:

(一) 简单前后对比分析

简单的前后对比分析,即是将法律实施前后的效果进行比较的评估方法。法律绩效被视为法律实施后可以测量出的效果减去法律实施前的数值的差额。如图 1 所示,A_1 为法律实施前的社会状态或社会效果,A_2 为法律实施后社会取得的效果或达到的状态。那么,简单的对比的分析就是法律实施后的效果除去法律实施前的效果就是法律实现的绩效。这种评估方法的特点是简单、明了、方便。但是其缺点也较明显,即它排除了其他因素导致的社会变化,在社会状态下,单纯的考察法律法规的影响是不容易的,如果将社会出现的某一种状态或效果完全归功于某一法律法规实施的结果的话,可能夸大了该项法律法规的作用,而忽视了其他法律法规以及社会其他因素的影响。

[①] 财政部财政科学研究所《绩效预算》课题组:《美国政府绩效评价体系》,经济管理出版社 2004 年版,第 378—379 页。

[②] 〔美〕托马斯·R. 戴伊:《理解公共政策》(第 10 版),彭勃等译,华夏出版社 2004 年版,第 285 页。

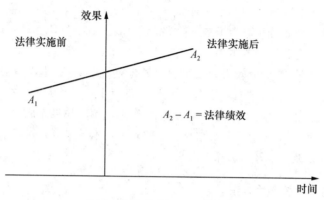

图 1　简单的前后对比评估法

（二）投射对比分析

将法律实施前的倾向线投射到法律实施后的某一时间点上,代表若无该法律的实施此点会发生的情况,然后与法律实施后的实际情况进行对比,以确定法律实施的绩效。

如图 2 所示：

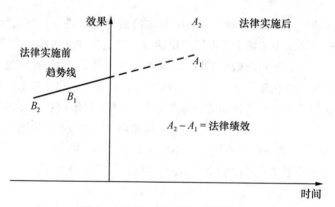

图 2　"投射-实施后"对比评估法

图 2 中 B_2B_1 线是根据法律实施前测得的各种数据、资料建立起来的趋势线。A_1 表示该趋势线外推到法律实施后的某一点的投影,代表若无该法律法规的实施或影响,在该点可能发生的情况；A_2 表示法律实施后的实际状况或影响；A_2-A_1 就是法律的实现或实施绩效。

这种评估方法是对前一种前后简单对比评估法的修正,它考虑了一般情况下其他法律措施或社会因素的影响,从而使评估的结果相对准确些。但该评估方法的缺陷在于：它很难精确测算社会发展的趋势线,即很难详尽地获得或掌握法律实施前后的参考资料和数据,也很难精确的描述社会影响规律,从而使确定法律绩效也有一定难度。"不过,用较精确的历史趋势分析法可在一定程度上弥补这种缺陷。"①

(三)有无方案的比较

在法律实施以前和法律实施后两个时间点上,分别就有该项法律和无该项法律两种情况进行对比,然后再比较两次对比的结果。如"将参加方案的个体与没有参加的个体进行比较,或者是将实施方案的城市、州或国家与没有实施该方案的城市、州或国家进行比较。"如图3所示,A_1和B_1分别表示法律实施前"有法律"和"无法律"两种情况,A_2和B_2分别代表法律实施后"有法律"和"无法律"的两种情况,$(A_2 - A_1)$为"有法律"条件下的变化结果,$(B_2 - B_1)$为"无法律"条件下的变化结果,法律绩效就是$(A_2 - A_1) - (B_2 - B_1)$。该评估方法可以防止我们将变化归因于某一个特定法律法规的结果,能够获得大致准确的评估结果。

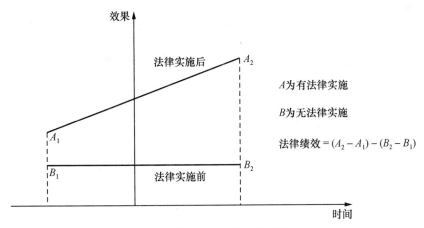

图3 "有法律-无法律"对比评估法

其缺点是对时间点的选择有严格要求,而且法律实施后的效果不太容易直接观察得到。

(四)实验性对比分析

在法律实施以前就将评估对象分为两组,一组为实验组,另一组为控制组,前者被施加法律的影响,后者不施加法律的影响,然后比较这两组在法律实施后的情况变化,并对法律绩效进行评估。这种方式实际上是社会实验法在法律

---

① 贠杰、杨诚虎:《公共政策评估:政府与方法》,中国社会科学出版社2006年版,第278页。

绩效评估领域中的具体运用。如图 4 所示：A_1 和 B_1 分别是实验前的实验组和控制组的情况，A_2 和 B_2 分别是实验后的实验组和控制组的情况，A_2-B_2 就是法律绩效。这种评估要求，"首先，实验组与对照组必须完全相同，也即方案实施前两个组的情况必须要测量，而且结果要是同样的。方案必须只运用于实验组。方案实施后实验组与对照组的差异必须认真仔细地测量。"该评估方法的优点在于："因为它提供了测量变化的最好机会，并且这些变化排除了其他社会因素的影响。"[1]不过其缺点在于，法律实施的绩效可能过相当长的时间才能显现，同样，实验组与控制组实施起来也有一定的难度。

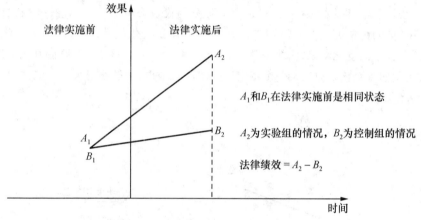

图 4 "控制对象-实验对象"对比评估法

---

[1] 〔美〕托马斯·R. 戴伊：《理解公共政策》（第 10 版），彭勃等译，华夏出版社 2004 年版，第 287 页。

第四章

法律绩效评估活动的实施

第一节 法律绩效信息的收集

法律绩效信息是指法律绩效评估过程中获得的有关法律法规实施效果方面的信息。法律绩效信息的全面、客观等对法律绩效评估发挥着很重要的作用,它直接影响法律绩效评估的质量与水平。因此,在法律绩效评估过程中,要注意法律绩效信息的收集与分析。

一、法律绩效信息的来源

要对法律绩效信息进行采集,首先应了解法律绩效信息的来源,知道从何处去发现与收集法律绩效信息。我们知道,法律绩效信息主要是关于法律实施后效果方面的信息。要全面把握法律绩效信息,需要注意采集:

(一)立法机关掌握的立法信息

立法机关制定的法规范性文件目标与目的是什么,即立法机关通过制定这样一个规范性法文件,意图通过它的实施实现什么样的目的。这些信息需要加以了解,只有了解立法的真实意图,才能将其所实现的真实效果与其对照,从而发现法律实现目的的程度。

在立法过程中,涉及哪些信息需要收集呢?笔者认为:

(1)法案起草方面的信息。法案是谁负责起草的,其起草过程中参照了哪些国家或地区同样或相似的立法,借鉴了什么内容,立法方案的选择依据是什么,立法的根据是什么,法律草案的说明是怎样的,在法案起草过程中采取了什么方式方法吸纳了利益相关者的意见。

(2)法案审议方面的信息。法案审议主体是谁,经历了几次审议,审议的意见是什么,关于法案主要争论焦点是什么,多数的意见是什么,多数方是什么样的主体。

(3)法案表决通过方面的信息。立法机关有多少代表参与法案的表决,表决的程序是什么,表决的方式是什么,法案表决通过的人数是多少,哪些人对法案表示赞成或反对,赞成或反对的主要内容是什么,法案最终的结果是什么。

(4)法律公布方面的信息。法的公布主体是谁,在什么时间以什么方式加以公布的。

当然以上仅是抽象的看法律法规制定过程中的一些信息。不同国家因为立法体制的原因,有一些信息也可以归纳为立法方面的信息:

其一,执行立法的信息。我国实行的是"一元两级多层次"的立法体制,行政立法主体与地方立法主体也享有一定程度的"执行立法权",即作为行政立法主体以及地方立法主体而言,为保证中央立法在本行政区域范围内有效实施,行政立法主体或地方立法主体要制定实施细则或条例。而关于上位法实施细则或条例的制定就是执行立法。享有执行立法权的主体在制定有关实施细则或条例过程中的相关信息都属于执行立法的信息。

其二,立法解释的信息。立法主体制定法律法规以后,可能存在法律法规规定的含义不明确以及社会情况的变化,需要对法律法规进行解释,这种解释属于立法解释。如《立法法》第42条规定:"法律解释权属于全国人民代表大会常务委员会。法律有以下情况之一的,由全国人民代表大会常务委员会解释:(一)法律的规定需要进一步明确具体含义的;(二)法律制定后出现新的情况,需要明确适用法律依据的。"当然,这是特定立法主体的解释。除这种类型以外,享有立法权的主体都可能对自己制定的法律法规进行解释。立法解释过程的信息也是重要的法律绩效信息来源,我们要了解与收集:立法解释的主体是谁,立法解释的基本程序是什么,对法律法规什么条文进行了解释,解释的依据是什么等。

(二) 执法机关掌握的信息

法律法规通过以后,多数情况下由行政执法主体来加以实施与执行。我们要了解,一项法律法规通过后其实施主体属于什么样的行政机关,其在执法过程中通过什么样的措施或手段以及采取什么样的程序进行执法,行政执法的案件类型是什么,主要难点是什么,执法案件的具体数据是什么,执法的效果怎样等。这些信息也是法律绩效信息的来源或组成部分。

(三) 司法机关掌握的信息

司法是由专门国家机关实施、适用法律的活动。法律法规通过以后,它就成为了司法机关审理案件适用法律规范的依据。司法机关适用法律过程中所产生的信息是法律法规实施效果评价的重要信息。我们可以从司法机关适用法律过程中了解到:法律适用的程序是什么,法律适用的案件属于何种类型,案件的具体数据是什么,案件适用的法律规范有哪些,法律适用的难点是什么,法律适用的结果怎样,案件执行的效果如何等。

(四) 其他社会主体守法等方面的信息

企业、事业单位、社会团体、社会中介组织以及公民个人对法律法规的实施有自己的感受,对立法、执法、司法等有自己的看法,特别是利益相关者,他们对法律的感受比较多,他们对法律实施效果的评价是法律绩效的重要来源。

以上只是粗线条地从法律绩效信息来源主体的角度对法律绩效信息的大致范围作了描述。作出这样的划分,笔者认为至少有两点意义:一是可以从源头上把握信息,尽可能从所有来源渠道收集法律绩效的信息,以保障法律绩效信息收集的全面性与完整性。如果我们在进行法律绩效评估时,忽视某一来源的信息,就有可能得到不同的结果,形成不同的评估结论,特别是在评估主体难以摆脱"本位利益"影响的情况下,对某些来源的信息不加以采集,而形成他们自己所希望的那种结果的评估结果,其价值是值得怀疑的。二是分析不同来源的法律绩效信息,可以考虑根据其来源选择确定不同的收集方法或信息获取方法。各种来源不同的信息,需要采取不同的采集方法,或者有些采集方法相对更为有效,比如针对公众来源的信息,可以设计科学的调查问卷。对一些社会团体来源的信息,可以召开社会团体代表的座谈会、讨论会甚至听证会获得信息。

当然,作出这样的分类,也有其他意义与启示,其中重要的一项意义与启示就是,法律绩效的诸多信息是掌握在政府部门手里,如立法、执法、司法等方面的信息,这些信息的获得不仅需要一定的方法,更重要的是需要相关制度来加以保障。

二、政府信息公开是法律绩效信息收集的基本保障

政府信息,一般来讲,它是指国家政府机关以及其他有关行使政府权力的组织在其管理或提供公共服务过程中制作、获得或拥有的信息,尤其是指各级人民政府及其职能部门以及依法行使行政职权的组织在其管理或提供公共服务过程中制作、获得或拥有的信息。政府信息公开,广义地来讲,包括国家机关在内的所有公共部门主动或应社会主体申请向社会公开其所拥有的公共信息的过程。这里信息公开的主体不仅指国家机关即行政机关、立法机关、司法机关,还包括行使公共管理职能的社会组织、公共团体等。狭义地角度看,政府信息公开仅指政府机关依照法定程序以法定形式公开与社会成员利益相关的所有信息,并允许公民、法人、社会组织等通过查询、阅览、复制、摘录、收听、观看、下载等形式充分利用政府所控制的信息的行为。

现代世界各国都很重视对公众"知情权"的保障,纷纷诉求国家的法制建设,制定政府信息公开化方面的法律法规。世界上最早的信息公开方面的立法当可归溯到1766年瑞典制定的《出版自由法》。其后过了将近两个世纪,特别是第二次世界大战以后,许多国家纷纷展开信息公开方面的立法,芬兰于1951

年制定了《公文书公开法》、丹麦于 1970 年制定了《行政文书公开法》、挪威于 1970 年制定了《行政公开法》。美国的信息公开法由一系列法律组成，如 1946 年制定的《联邦行政程序法》、1966 年制定的《信息自由法》、1974 年制定的《隐私权法》、1976 年制定的《阳光下的政府法》、1996 年制定的《电子情报自由法》等；法国于 1978 年制定了《行政文书公开法》；澳大利亚、加拿大都于 1982 年制定了《信息自由法》；英国、日本也于 1999 年制定了情报公开法。我国国务院也制定了《政府信息公开条例》，充分保障公众对公共信息的知情权、了解权。

各国政府信息公开制度基本都坚持"公开是原则，不公开是例外"的原则，尽可能实现政府的信息公开。一般来讲，这样一些信息，政府应尽可能地公开：

（1）政府机构的职能、设置等情况，包括政府机构的名称、地址、联系方式；政府机构负责人的姓名及联系方式；政府机构的职权范围及权力来源，即权力是由法律赋予的还是由其他政府机关授予的；政府机构的地位，即是独立的政府机关还是受委托的机构；政府机关的具体职责以及保证其职责行使的具体措施；政府机构组织的设置及职能分工；政府机构的内部组织程序规则等。

（2）政府机构的工作程序及规则。程序是保证社会公众获取政府信息的重要保障，应在立法中明确规定公众获取政府信息资源的程序、规则，需要准备的证件材料、必须填写的书面文件、表格及其具体内容；交纳申请手续费、对申请给予答复的期限等。

（3）政府机构的决策、政策与措施。包括本政府机构所辖区域的社会经济发展战略、发展计划、工作目标及完成情况；事关全局的重大决策和出台的政策；法规、规章、规范性文件及其他政策措施；政府机构审批的项目；当地重大突发事件的处理情况；政府机构承诺办理的事项及其完成情况等。

（4）监督方式。公众在获取政府信息过程中，可以就政府机构的工作人员贯彻信息公开法的情况、办事效率、工作态度等进行监督，规定举报、申诉的方式、程序和规则。同时，还应明确，政府工作人员无正当理由拒不提供信息所承担的法律责任，以及公众在政府部门拒不提供信息时，可以采取的救济措施与途径。①

然而，任何一个国家都不可能将所有的政府信息全部公开，规定一定的领域是政府管理的需要，也是各国的通例。一些涉及国家秘密、商业秘密以及个人隐私等内容的政府信息，可以不向社会公众公开。具体来讲，有以下方面：

其一，政府机关的内部事务问题，比如纯粹的机关内部人事规则与办公制度等。政府信息公开制度是为了满足公众的知情权，加强对政府机关的监督，

---

① 汪全胜：《政府信息的公开范围探讨》，载《情报理论与实践》2004 年第 6 期。

第四章　法律绩效评估活动的实施

因此,对于纯粹的机关内部事务,完全没有必要公开,否则可能会影响政府机关正常的工作。如《荷兰政府信息法》第11条就规定:"当申请涉及信息所在文件是为了内部协商而起草的,则不得公布、泄露其中包含的有关对政策的个人意见的信息。"《挪威信息自由法》第5条规定:"行政机关制定的内部文件可以不公开。"第6条规定:"涉及公务员任命和提升的文件不向外公开。"

其二,政府的决策信息,包括政府决策之前的决策程序信息也包括政府机关为参加诉讼所准备的材料。对于这类信息不公开,是为了保证决策过程的完整性,不受外界的干预,也是为了防止不当地造成公众的混乱。如根据《芬兰政府活动法》第11条的规定,国家机关在结束考虑某事情以前为准备该事情所准备的陈述备忘录、决定草案或者类似的文件不向外公开。根据第24条的规定,下述文件不公开:"决定作出前与申诉事项有关的文件,如果公开会影响争议的解决,或者不当地给当事人造成伤害。"

其二,刑事执法信息。这是指与刑事执法有关的各种信息。"但并不是所有的刑事执法信息都不公开,只能是公开会影响刑事执法程序的进行或者被告人受公平审判权利的信息,如有可能影响执法程序,有可能影响某人公平受审权,有可能影响个人隐私,有可能泄露执法机关消息来源,有可能会泄露执法技术或程序,或导致规避法律,可能影响任何个人安全或生命等等。"①如《荷兰政府信息法》第10条规定的例外事项,包括"对刑事犯罪的调查和对违法者的起诉";《罗马尼利自由获取公共利益信息法》第12条规定的公民自由获取信息的例外,包括:"E. 关于刑事或者纪律调查程序的信息,一旦泄露会危及调查结果,公开保密来源,使个人的生命、人格统一和健康受到危害;F. 有关司法程序的信息,一旦泄露会危及公平审判或者影响其他诉讼参与人的合法权益。"《韩国公共机关信息公开法》第7条规定公开的例外信息包括:"与预防或调查犯罪、提起和进行公诉、执行判决、服刑、保安措施以及在与审理中的诉讼有关,一旦公开会严重阻碍公务的正常进行,或者侵犯刑事被告人接受公正审判权利的信息。"

国务院制定的《政府信息公开条例》第9条、第10条、第11条、第12条规定了政府主动公开的信息范围,第13条规定依申请公开的政府信息范围。尤其是该法第9条、第10条对我国政府信息公开的范围作出了详细规定。

第9条规定:"行政机关对符合下列基本要求之一的政府信息应当主动公开:

(一)涉及公民、法人或者其他组织切身利益的;

---

① 周汉华著:《政府信息公开条例专家建议稿》,中国法制出版社2003年版,第118页。

（二）需要社会公众广泛知晓或者参与的；

（三）反映本行政机关机构设置、职能、办事程序等情况的；

（四）其他依照法律、法规和国家有关规定应当主动公开的。"

第10条规定："县级以上各级人民政府及其部门应当依照本条例第九条的规定，在各自职责范围内确定主动公开的政府信息的具体内容，并重点公开下列政府信息：

（一）行政法规、规章和规范性文件；

（二）国民经济和社会发展规划、专项规划、区域规划及相关政策；

（三）国民经济和社会发展统计信息；

（四）财政预算、决算报告；

（五）行政事业性收费的项目、依据、标准；

（六）政府集中采购项目的目录、标准及实施情况；

（七）行政许可的事项、依据、条件、数量、程序、期限以及申请行政许可需要提交的全部材料目录及办理情况；

（八）重大建设项目的批准和实施情况；

（九）扶贫、教育、医疗、社会保障、促进就业等方面的政策、措施及其实施情况；

（十）突发公共事件的应急预案、预警信息及应对情况；

（十一）环境保护、公共卫生、安全生产、食品药品、产品质量的监督检查情况。"

然而我国现行政府信息公开制度仍然显得不足，其中重要的一点就是，《政府信息公开条例》只是规定了行政机关的信息公开，对于立法机关、司法机关的信息公开还是缺少完整的制度规定，使得外部法律绩效评估主体在获取立法机关、司法机关的相关法律绩效信息时还面临一些不可克服的困难。

三、法律绩效信息收集的基本要求

在法律绩效评估过程中，评估主体获得的法律绩效信息要具备一些基本要求：

（一）全面

评估主体在对某一项法律法规进行评估时，要求对法律法规实施效果的信息全面的了解与掌握，不可偏听偏信，不同的信息都要收集，力求能够得到法律法规实施效果来自不同方面的信息与数据。当然，在这个过程中，因为采集方法的差异以及不同的人对法律法规实施效果的感受不同，可能也存在大量的虚假信息。但是作为评估主体在信息收集时还是要把法律法规实施效果相关的信息全面收集到,对法律法规实施效果能够得到全面的了解,这是第一步,至于如何去伪存真,那得看信息分析的工具与手段的科学性了。

另外,评估主体还要注意不仅要收集正面的信息,还要注意收集反面的信息。只有这两个方面的信息都能完整的提供,我们才能把握法律法规实施效果的真实信息。在实践中,特别是内部评估主体的评估,往往只注意报喜不报忧或者只报忧不报喜,从而在收集信息时有所偏重,形成的评估结论也可能是让人只看到成绩,看不到缺点,另一方面是只看到缺点,而看不到优点、成效,都不是客观的评估结论。

(二)真实

如果信息全面是对法律绩效评估信息量的要求,那么真实、准确、可靠则是对绩效评估信息质的要求。这就要注意信息采集方法的科学性了。绩效信息的真实性、可靠性是我们获得科学评估结论的关键。

信息的真实性、可靠性包括两个方面:一是信息人员收集到的原始信息都是真实的和准确的;二是信息人员在原始信息基础上加工而成的信息也是真实的、准确的。评估结论一定要建立在信息真实、准确的基础上,信息如果失真,就会导致判断错误和决策失误,酿成严重后果。

在信息收集过程中,人们获得的信息并不一定是真实可靠的,有的信息可能是虚假的,有的信息则可能真假混杂,之所以如此,既有客观方面的原因,也有主观方面的原因,需要信息采集主体提高识别能力,善于判断信息的真伪。

确定信息的真实、可靠,最重要的,是注意考察信息的来源。一般来说直接从原始信息源取得的信息可信度高,从间接信息源获得的信息要注意加以鉴别,其失真的可能性有多大。在尽可能的条件下,应当从原始信息源获得绩效信息。

(三)目的性

法律绩效信息的收集是有一定目的的,它是为了获得真实客观的法律绩效从而得出科学的评估结论,对法律的发展提供决策依据。因此,评估主体应围绕这样的目的,收集全面的、客观真实的信息。在现代社会,信息泛滥,如果不注重获得法律绩效的目的,评估者将会陷入海量信息当中,而不知道哪些信息对法律绩效评估有用,也就无法准确、客观地作出评估结论了。

在实践操作中,信息采集主体要注意区分立法方面的信息与执法、司法、守法方面的信息,更要注意这些信息与立法本身的关系,如执法方面的信息。有的仅与执法机构、执法权力的运用、执法程序、执法经费等方面有关系,造成法律实施状况的好与坏，而不是立法本身的原因造成法律实施状况的好与坏。因为我们所开展的法律绩效评估，是从法律实施效果状况来看立法，是看立法质量与执法、司法以及守法之间的关系，虽然在执法、守法上也可查找出原因，完善执法与守法的相关制度设计，但更重要的是，通过法律实施效果的评估，怎么样为法律的立、改、废提供科学依据。

但是要注意，在信息收集过程中，也可能面临一些障碍：信息爆炸与信息垄断，信息传递渠道不畅通，信息服务水平及其技术手段的限制，信息收集者的主观障碍等，这些将导致信息收集的难度加大，信息费用提高以及获取信息的不及时和信息的虚假。在信息收集过程中要防止这样一些倾向：

第一，信息采集者按照预先设定的框框收集信息，带上"有色眼镜"收集，这样可能造成信息收集的主观臆断性、片面性和零散性。

第二，信息传递渠道受阻，比如下级对上级封锁信息，弄虚作假，隐瞒实情；媒体报道片面，甚至误传等。

第三，信息采集者为"顾全大局"，照顾各方面的利益而导致的信息失真。比如根据某些原始信息而做出的决策将触动某利益集团的利益，对评估者不利，从而改变信息，重作决策等。

第四，信息采集者剔除信息中自以为是不合理的因素，使信息失去棱角，无关痛痒。

第五，信息采集者对原始信息断章取义，留下自己感兴趣的、对自己有利的信息。

第六，信息采集者随心所欲地改变信息的强度，或强化某些信息，或弱化某些信息。

第七，信息采集者随意增减信息，使原来信息带有采集者强烈的个人色彩等。

四、法律绩效信息采集的方式、方法

在一项具体的法律绩效评估中，需要根据所需资料的规模、类型、信息源等的不同，选择不同的资料或信息收集方法。有些时候，一项评估可能需要运用多种方法来收集信息或资料。我国近几年法律绩效信息采集的方式方法主要有以下几种：

（一）座谈会法

座谈会法是评估主体或评估组织者将与法律实施相关的部门或人员组织在一起，以座谈会的方式获取法律绩效信息的方法。如云南省人大法制委员会

第四章　法律绩效评估活动的实施

在对《云南省供用电条例》进行评估时,就广泛采取座谈会方法获取法律绩效信息。云南省人大法制委员会与云南电网公司组成调研小组奔赴昆明、大理、临沧等地市,召开由当地人大、经贸委、林业局等有关部门和当地供电部门等组成的座谈会。

座谈会法的适用一般要注意:(1)首先要明确需要何种信息,细致准备座谈会提纲,围绕法律法规实施的难点、重点等展开座谈;(2)组织相关利益人参加座谈,为满足法律绩效信息获得的全面性、真实性,应尽量保证该法律法规实施的利益相关者参加座谈。因为利益相关者与法律法规的实施效果有密切的关系,有对法律法规或其实施的真实感受,能够获得有效的法律绩效信息。

(二) 问卷调查法

问卷调查法以标准化的问卷方式列出一组问题,要求调查对象就问题进行打分或作出是非的选择。问卷调查法是我国法律绩效评估中最常用的一种方式。如上海市人大常委会对其制定的《历史文化风貌区和优秀历史建筑保护条例》的评估,"根据工作方案,市人大法制委、市人大常委会委托上海市统计局城市社会经济调查队对公众进行问卷调查,就 27 项指标抽样调查成功了 883 个样本,比较客观、真实地反映了社会公众的评议结果。"[①]设计问卷调查时,要注意问卷的编写:要有明确的问题意识;要围绕一定的目的来设计;不能设计过多的内容,被调查对象无法短时间完成的;不能设计过于复杂的问题,无法理解或难以回答的。根据调查对象的不同可分为:全面调查、抽样调查、民意调查、网上调查、自行调查和委托调查等。

通常采用问卷法的方式有以下几种:

(1) 邮寄问卷法。就是调查者将设计好的问卷通过邮局寄发给选定的调查对象,被调查者按要求填答后在规定的时间内寄还调查者。

(2) 电子邮件问卷法。就是调查者通过电子邮件发放问卷给特定的对象,被调查者按要求填写好内容后发回电子邮件。在现代信息技术发达的情况下,电子邮件成本较低,而且运用方便,统计也很方便。但是存在被调查对象范围的有限性等缺陷。

(3) 随地发放问卷法。就是调查者随地发放调查问卷,要求被调查人及时作答并回收。或以某单位为被调查对象,集中发放问卷,委托或亲自收起问卷。

(4) 报刊杂志问卷法。即调查者在有关报纸、杂志上刊登调查问卷,并号

[①] 郭光辉:《提高立法质量的成功探索——上海市人大常委会首次对一地方性法规开展立法后评估》,载《中国人大》2006 年 6 月 10 日。

召读者对问卷作答,并按规定的时间寄回。这种调查随机性强,但调查对象缺乏代表性,可能也会出现回收率低的现象。

(5) 电话问卷法。就是调查者通过电话方式,按照问卷项目逐一询问被调查者,再按其回答填写问卷的方式。这种方式在通讯发达的地方可以进行,效率高,但这种方式不能要求设计内容较多的问卷,不能占用被调查人较多的时间。

问卷调查方法运用很普遍,在于这种方法有一定的优势,"英国国家审计署认为:调查法是一种极具创造性、增值性和说服力的取证方法,可用于收集题材广泛的数据资料。"①具体来讲有以下方面:

(1) 提问方式灵活。可采用问答方式也可选用选择题方式还可以采用优先排序方式。设计提问方式多样化,可以在同一张问卷上采纳多种方式。

(2) 调查对象广泛。这种方式可以针对不同的对象发放问卷,根据需要设计问卷的数量。

(3) 自主控制性。调查人只需要发放问卷,要求调查人一定时间内提交,不需要对被调查人进行控制、解释与管理。

(4) 结论分析的便利性。因为问卷是围绕一定目的来加以设计的,所以调查人在统计和汇总数据时也比较方便、快捷。

但是这种方式也有一定的不足,主要表现在:

其一,难以照顾到不同调查对象的需求,不能根据被调查人所关心的诸多问题来设计问卷,或者讲,有些被调查人所关心的问题并没有有效纳入问卷中,有些信息获取不到;其二,问卷深度不够,因问卷的简明性而不能有效探索深层次的问题或原因;其三,低回收率的可能性。问卷调查因为调查对象的责任心、热情、兴趣等方面的因素,其回收率可能受一定的影响。"如果被调查者对该项调查兴趣不大,或不愿意合作,或因精力、水平的限制而无法完成问卷等,都会影响问卷的回收率和有效性,进一步影响问卷调查方法的质量。而问卷的回收率和有效性必须保证有一定的比率,否则就会影响资料的代表性的价值。"②

(三) 机构和管理记录

法律实施与适用机构在法律法规执行时为特定目的保留的数据可以用于法律绩效的考评。"许多联邦机构保留了对人口统计、住房、犯罪、运输、经济、

---

① 卓越主编:《政府绩效管理导论》,清华大学出版社 2006 年版,第 286 页。
② 吴建南:《公共管理研究方法导论》,科学出版社 2006 年版,第 254 页。

第四章　法律绩效评估活动的实施

健康、教育和环境方面的数据档案,这些数据本身可以跟踪分析某些工作的绩效。"①我国行政执法机构、司法机关所保留的有关法律实施情况的数据可用于法律绩效数据的来源。以《道路交通安全法》的评估为例,公安交通部门、司法机关保留的关于交通事故处理记录、交通事故类型的分析、交通事故发生的原因、交通事故犯罪件数、交通事故犯罪的类型、交通事故犯罪的原因等数据可以作为《道路交通安全法》绩效评估的信息源泉。这些信息具有一定的权威性、可靠性。评估主体可以直接拿来这些数据进行分析,获得评估者所需要的法律绩效信息。

（四）直接观察法

社会学中所讲的观察法,是指调查人员对选定的人群或场所,运用耳听、眼看或者借助照相机、录音机、摄像机其他仪器,把调查对象的行为、特点真实记录下来,从而获得重要信息资料的一种方法,是一种有目的、有计划、有一定控制的研究方式。法律绩效评估的直接观察法,就是法律绩效评估主体或其他经过培训的观察员通过对法律实施过程或人们对法律实施状况的议论、评价进行观看、倾听和感受,获得有关法律绩效信息并将其记录下来,从而为法律绩效评估获得第一手研究资料的方法。

有些观察可借用一定的机械工具和使用科学手段,例如,美国州运输部用各种不同的机械和电子设备来考评它们维护的高速公路的状况和路面质量,而环境机构则采用精密的设备监测空气和水的质量。在另外一些情况下,可以训练观察者进行直接的物理观察,并使用评分的方式来获得绩效信息。例如,有时地方公共事业部使用经过训练的观察者来评估城市街道的状况,公共卫生机构可能使用经过训练的观察者来监测街道的清洁状况,而运输路线管理机构经常使用经过训练的观察者来检查公共汽车是否按时到站。②

观察法的使用有一定的优势:通过对工作的直接观察和工作者介绍能使分析人员更多、更深刻的了解工作要求,从而使获得的信息比较客观和正确,一般来说,准确性较高。同时,它还具有简便易行、真实可靠、直观生动的优点。

但观察法的运用也有一定范围并存在一定程度的缺陷:首先,它需要花费较多的人力和时间,成本较高,并受时空条件的限制,对发生过的事情无法观察,因此其适用范围有限;其次,它是在自然状态下进行,如果观察者本身不熟悉所要观察的情境,那么进入观察活动是比较困难的,对于信息获得的真实性

---

① 〔美〕西奥多·H.波伊斯特:《公共与非营利组织绩效考评》,肖鸣政等译,肖鸣政校,中国人民大学出版社 2005 年版,第 82 页。

② 同上书,第 84 页。

也就大打折扣;再次,观察法最大的缺陷可能还在于其获得的资料或信息带有表面性与偶然性,而事物的本质往往是深藏不露的,了解的信息或资料可能是虚假、不真实的。

(五) 访谈法

访谈法就是由访谈员根据研究设计过程中所确定的要求和目的,按照访谈提纲,通过直接与访谈对象的口头交谈等方式,系统而有计划地收集资料的一种方式。前面说的座谈会也是一种访谈法,不过是一种集体访谈形式。

访谈法因为是访谈员与被调查对象的直接交流,一般情况下访谈对象都会对访谈员提出的问题认真回答,从而使获得的资料具有比较高的可信度。在这个过程中,需要访谈员具备一定的访谈技巧并对整个访谈过程进行积极的控制。

访谈法的适用范围非常广,既能用于定性研究,也能用于定量研究;既可了解客观现实问题,也可用于挖掘人的动机、感情、价值等主观问题;既可以了解当前资料,也可用于追溯较长时期的重大历史事件;既可以用来检验假设或理论,也可以通过访谈提出假设和理论;既能获得大量语言信息,也能收集到大量的非语言信息①。

访谈法的优势在于:由于被访者本身也是自己行为的观察者,因此,被访者可以提供一些不易观察到的情况,可以提供其他任何来源都无法获得的资料。另外,访谈法应用对象广泛,有深度,适合了解复杂的社会现象,具有较高的灵活性。

但该方法也有一定的不足,如主观性太强,访谈员对某一工作形成的习惯性思维会影响分析结果的正确判断;对被访者而言,可能出于一些自身利益的考虑,采取不合作的态度有意或无意地夸大一些实际情况,或者隐瞒一些真实情况,这都会导致信息的失真。另外,该方法的运用相对来讲成本较高。

(六) 案例研究法

案例研究或个案研究是指一种对发生在某一场景中的某种现象进行探索、描述或解释,并试图从中推导出新的假说或结论的研究方法。案例研究注重对一些事件或条件以及它们之间相互关系详尽的背景分析,它使研究者能够了解一件复杂事件或现象,并使研究者在以往研究所获成果基础之上增加经验或力量②。

---

① 高燕、王毅杰:《社会研究方法》,中国物价出版社2002年版,第142—143页。
② 吴建南:《公共管理研究方法导论》,科学出版社2006年版,第174页。

第四章 法律绩效评估活动的实施

案例研究法是法学常用的方法之一。在法律绩效评估过程中,可以通过对典型案例的分析研究,获得该案例背后的法律的绩效信息,如 2003 年孙志刚事件,它就是一个典型案例,不仅让我们能获得执法的信息(野蛮执法等),还能获得大量的立法信息(如其事件背后的《城市流浪乞讨人员收容遣送办法》所存在的重大缺陷)等。

相比于其他方法,案例研究法的优点有:

(1) 案例研究的探索较为深入,有时可以从一个现象深入挖掘出许多道理。

(2) 案例研究的结果使人比较容易理解和接受。案例研究注重于对单一的某个背景呈现出来的动态过程的理解,因而可以更深入地了解个体的主观意愿、生存状态和人生中的某段经历。这种强调深入透彻地关注自然场景中特定事件或现象的研究方法,使得案例研究的结果能够与普通读者的日常经验紧密相连,因而相对其他研究方法而言,更容易使人理解和接受[①]。

(3) 案例研究有可能发现被传统的统计方法所忽视的特殊现象。

但案例研究法需要注意案例选择的典型性。如果选择的案例不具有典型性、代表性,那么,从小样本案例推理出普遍性与规律性的结论是否可靠值得探讨。另外,案例研究需要尊重案例的真实性,不要为了某种假说或结论的成立而擅自修改案例中的某些事实,这种做法影响了案例研究的信度与效度。

(七) 头脑风暴法

头脑风暴法又叫做专家会议法,是由奥斯本在 20 世纪 30 年代末、40 年代初发展起来的,即通过召集一定数量的专家一起开会或一道工作,从而对某一个问题共同作出判断并开发出解决问题的方案[②]。

头脑风暴法强调根据一定的规则,让专家共同讨论某一个具体问题,发挥集体智慧,进行创造性思维,从而对方案作出集体预测和评估。在人员的组成上,专家组应该由一些地位相近的人员组成,因为地位高的人会影响地位低的人的自由参与,参加人员的规模一般也不大,对被调查的问题有一定的认识并有自己的见解。

头脑风暴法的优点在于:

(1) 专家会议能够发挥许多专家的共同智慧,形成团体的智能结构效应,这种效应往往大于团体中单个成员创造能力的总和。

---

① 陈万祺:《个案研究法》,台北华泰书局 1995 年版,第 18 页。
② 张金马主编:《公共政策分析:概念·过程·方法》,人民出版社 2004 年版,第 551 页。

(2) 通过多个专家之间的信息交流,可产生"思维共振",进而发挥创造性思维,因此有可能在较短的时间内得到富有成效的创造性方案。

(3) 专家在一起提供的信息量大,考虑的问题较全面,可能有观点的碰撞与共识。

不过,小型的专家会议在收集信息方面也存在有缺陷,如参加专家会议的人数有限,代表性并不充分;权威人士在讨论过程中的影响力比较大,可能会使许多参加会议的专家学者容易屈服于权威或随大流;由于自尊心等心理因素的影响,有的专家不愿轻易改变自己发表的意见;专家意见还易于受到自己口头表达能力的影响[1]。

第二节 法律绩效信息的整理与分析

法律绩效信息通过各种手段、方式收集起来以后,这只是工作的第一步,关键的是对这些绩效信息进行整理与分析,尤其是绩效信息的分析,对评估结论的获得有着极其重要的意义。可以说,在法律绩效评估活动的实施的这一阶段,法律绩效信息的整理与分析决定着整个法律绩效评估活动的价值与意义。因此,法律绩效评估主体要重视对法律绩效信息的整理与分析。

一、法律绩效信息的整理

经过收集而获得的原始信息通常是杂乱无章的,因此需要统计、整理、鉴别。法律绩效信息的统计、整理与鉴别工作统称为法律绩效信息的整理工作。统计就是对经过收集的信息以统计方法加以汇总的过程;整理就是信息组织的过程,使信息从无序变为有序,成为便于利用的形式;鉴别的过程就是将质量低劣、内容不可靠、偏离信息采集目的或者重复、无用的信息加以剔除,同时也是区别重要信息与次要信息的过程,以便在分析信息资料时做到心中有数。

(一) 法律绩效信息的统计

法律绩效信息收集起来以后,要根据统计方法加以统计。统计的目的主要有两个:一是检测一下法律绩效信息收集的数量多少。我们知道,法律绩效评估结论的可靠性是建立在准确、全面的信息基础之上,缺少较为全面、可靠的信息,其评估结论的可靠性就会大打折扣。太少的信息肯定是不全面的,信息必

---

[1] 张金马主编:《公共政策分析:概念·过程·方法》,人民出版社2004年版,第553页。

第四章 法律绩效评估活动的实施

须达到一定的数量。如此,通过统计信息的数量,我们可以得知信息采集工作是否达到目的,完成任务。二是通过法律绩效信息的统计工作,保存好原始的完整的数据。我们知道,信息采集工作结束后,还需要进行一系列的整理、鉴别、分析过程,这其间可能因为整理、鉴别、分析方法的不同,将某些有用的、有价值的信息给丢失了,也可能整理、鉴别、分析的是某些没有太大价值的信息,一些信息经过以上过程以后,可能导致信息失真,从而对评估结论也产生重要影响。因此,需要进行统计工作,将原始信息加以保存与记录,存档备查。

法律绩效信息的统计工作主要就是对获取的法律绩效信息制订汇总纲要和汇总表格,以便于法律绩效信息的整理与分析工作。

(二)法律绩效信息的整理

信息整理是信息分析的前提,是信息的初步加工,一般有形式整理与内容整理两种:

1. 法律绩效信息形式整理

使用不同方法、由不同人员经过不同渠道采集而来的信息大多数是零星而分散的,相互之间没有内在的联系,形式上也表现多种多样。那么信息分析人员首先要做的工作就是对诸多信息进行形式上的整理工作,"形式整理基本上不涉及信息的具体内容,而是凭借某一外在依据,进行分门别类的处理,是一种粗线条的信息初级组织。"[①]法律绩效信息的形式整理不需要太多的技术含量,一般的人员都可以进行。

(1)按承载信息的载体分类整理。

不同的信息载体有不同的性质、特点和保管、存贮要求,因此按信息载体进行分类整理是必不可少的。通常可分为纸张(卡片)、磁盘、光盘、实物等几大类。在法律绩效采集过程中,常见的绩效信息载体有调查问卷、书面意见、录音、录像等。

(2)按信息发生的来源之不同分类整理。

信息收集部门根据信息发生的来源而进行信息采集,如此,信息分析人员可以根据法律绩效评估发生的来源对信息进行形式上的分类整理。在法律绩效收集一节中,笔者考察法律绩效信息主要来源有:立法机关的信息、行政执法机关的信息、司法机关的信息以及社会主体的信息(当然社会主体的信息还可进一步分类,如企业事业单位、非营利组织、社会团体以及公民个人等)。这样,我们可依法律绩效信息的发生来源对信息作一简要的分类。

---

① 查先进著:《信息分析与预测》,武汉大学出版社2000年版,第74页。

（3）按内容线索分类整理。

这种分类整理具体分多少类以及分为哪几类，并没有统一的规定，可视具体情况来进行区分。如在法律绩效信息的问卷调查中，可以围绕调查问卷设计的问题类型，将同一类型的信息进行汇总与整理。还有比如，在围绕法律条文征求意见时，可以将同一条文的不同意见加以归类整理等。

2. 法律绩效信息的内容整理

法律绩效信息的内容整理是在形式整理基础上的进一步深化，是从内容角度对信息的再处理。法律绩效信息的内容整理需要有懂得技术内容更对法律知识有所了解的人才能完成。

法律绩效信息的内容整理第一步就是对法律绩效信息内容的认识。笔者认为，在实践中，这样三种对法律绩效信息内容认识需要特别注意：

其一，从法制的四个环节来认识法律绩效信息的内容，即立法、执法、司法与守法四个环节来认识。我们从千姿百态、纷繁杂乱的法律绩效信息中要注意识别属于这四个环节的信息。虽然在一定程度上这四个环节是相互独立的，但是注意不同环节中所渗透的其他环节的信息。如执法、司法、守法方面的信息，它既可归结为以上方面的信息，也可以归结立法方面的信息，如立法本身质量的原因，而导致执法、司法、守法产生不同的结果。因此，要注意矛盾的主要方面，不能从形式上加以区别，而应从信息内容方面加以准确归类。

其二，从法律整体与条文部分区分的法律绩效信息。涉及法律实施效果的信息很多，从立法角度来看，有涉及对法律整体效果的评价，有涉及对法律部分条文的认识，这样就可以区分是针对整部法律还是部分条文的信息。

其三，从法律的构成要素来区分的法律绩效信息。这同样是从立法角度加以区分的，因为法律绩效评估主要是考察立法本身质量而对法律实施效果的影响，反过来从法律实施状况回头审视法律，而对法律本身进行评价或评估。法律的构成要素，根据国内学者的认识，主要分为法律原则、法律规则、法律概念三个部分。如此，根据这样标准，对法律绩效信息加以认定，哪些信息涉及法律原则的信息，哪些信息属于法律规则的信息，哪些信息又属于法律概念的信息。

（三）法律绩效信息的鉴别

信息采集主体收集的信息资料质量如何，既关系到材料本身是否有用，也关系到最终法律绩效评估报告的水平。在法律绩效信息鉴别的过程中，基本目标是实现信息的去粗取精、去伪存真，剔除错误的、虚假的、多余的信息，但更高层次的目标则是对信息的可靠性、先进性、适用性方面进行鉴别。

1. 法律绩效信息的可靠性

法律绩效信息的可靠性主要指信息能够客观、真实地反映法律实施状况，它一般包括四个方面的含义：(1)法律绩效信息的真实性，即真实表达法律实施的绩效。比如所收集的信息是否是如实的调查所得，还是道听途说或添油加醋的结果，是否存在夸大或缩小的现象等。(2)法律绩效信息的完整性。即法律绩效信息反映了法律绩效的发生过程。法律绩效信息的全面性表示能够揭示法律实施绩效的各个方面，没有忽略或丢失某个过程或方面的信息。(3)法律绩效信息的科学性，即法律绩效信息的内容是科学的，准确揭示事物发生的过程及其规律性。(4)法律绩效信息的典型性，即获取的法律绩效信息是有代表性和典型意义，能对法律绩效的实际状况有一定的说明与揭示意义。

法律绩效信息的可靠性与法律绩效信息的来源、性质、获取方法与手段等有密切的联系。另外，不同的法律绩效信息的表现形式，其可靠性决定于不同的因素。如有学者认为，文献资料信息的可靠性取决于其所依附的文献的可靠性，一般归结为"十看"：

（一）看作者：如知名专家、学者及其他 R&D 人员撰写的文献，一般比实业、商业、新闻界人士撰写的文献准确、可靠；

（二）看出版机构：如著名高校、权威出版社出版的文献可靠性较强；

（三）看文献类型：如专利、标准文献比一般书刊可靠性大，产品说明书比产品广告可靠性强；

（四）看来源：如官方来源的文献比私人来源的文献可靠，专业机构来源的文献比一般社会团体来源的文献可靠；

（五）看被引用率：反复被他人引用的文献可靠性要强；

（六）看引文：引用（或参考）的文献权威性越强，则可靠性也越强；

（七）看程度：如最终报告比进展报告可靠，正式标准比试行标准或标准草案可靠，分红配股方案比预案可靠；

（八）看密级：机密信息可靠性强于公开信息，但弱于绝密信息；

（九）看内容：文献本身论点鲜明、论据充分、数据翔实、逻辑结构严谨，则可靠性强；

（十）看实践：已实际采用或被实践检验证明能达到预期目的的信息可靠性强[①]。

---

① 邹志仁编著：《情报研究与预测》，南京大学出版社1990年版，第95页。

2. 法律绩效信息的先进性

先进性是一个相对的概念。法律绩效信息的先进性可以从三个维度上加以鉴别：从时间维度上看，后生发的法律绩效信息较前生发的法律绩效信息具有先进性；从空间维度看，发生于大范围的法律绩效信息较之于发生于小范围的法律绩效信息一般具有先进性；从内容维度看，法律绩效信息内容上有所增加、扩张，在原有基础上有了质的和量的飞跃。

在实践中，人们往往通过多角度对法律绩效信息进行先进性的鉴别。如对文献信息的先进性鉴别，有学者认为，通过以下可操作性的指标可以得到反映：

（1）文献的外部特征。从文献类型上看，正在进行中的项目的试验小结、刚刚更新的数据库以及新近发表的专利文献、研究报告、上市公司文件、会议文献等所含信息的先进性强；从出版机构看，权威出版机构出版的文献水平较高，所含信息的先进性强；从发表时间上看，最新发表的文献信息先进性强。

（2）文献计量学特征。根据文献数量的变化所反映出来的某一领域发展的阶段和水平以及文献半衰期的变化所体现出来的文献信息老化规律，可判断信息是否先进。

（3）文献内容特征。根据文献内容在理论上是否提出了新的观点、新的假说、新的发现，在应用上是否提出了新的原理、新的设计、新的方法或者开创了应用新领域等判断信息是否先进。

（4）信息发生源。各地区或部门的基础条件、文化传统、宗教习惯、社会政治制度、生产力发展水平等方面的差异性，决定了反映这些地区或部门现实状况和水平的文献信息先进性也参差不一。例如澳大利亚的畜牧业和毛纺业、日本的造船业和海洋养殖业、美国的网络技术和市场经济实践、中国的民间制作工艺等都是比较先进的，相应地，反映这些国家的相关文献信息一般也是先进的。

（5）实践效果。根据文献信息对实践的贴近程度和超前水平以及信息使用后所产生的经济效益、社会效益和环境效益的大小可判断信息是否先进。①

3. 法律绩效信息的适用性

法律绩效信息的适用性是它对其他信息及最终评估报告所产生的积极意义与适用价值。通过一定方式方法获得的法律绩效信息，我们要对其价值进行鉴别，也就是说，所获得的法律绩效信息能否对其他法律绩效信息有印证作用，能否对法律绩效评估报告提供有用数据，能否获得法律绩效的正确、客观而全面的认识。

---

① 查先进著：《信息分析与预测》，武汉大学出版社2000年版，第78页。

法律绩效信息的适用性也可以从不同角度加以鉴别,如从信息发生源上看,立法部门对立法过程中相关信息的揭示,司法、执法、守法等主体所反映的与立法相关的信息等都是很可贵的信息。从利益相关者身上获得的法律绩效信息无疑会比社会其他主体获得的法律绩效信息有价值有意义得多;如从信息获取的方法上看,运用现代科学技术获得的信息比用传统手段方法获得的信息有用得多。

二、法律绩效信息的分析

信息分析是一种以信息为研究对象,根据拟解决的特定问题的需要,收集与之有关的信息进行分析研究,旨在得出有助于解决问题的新信息的科学劳动过程①。法律绩效信息的分析是指以收集、整理与鉴别后的信息为对象,通过一定的方法进行分析研究,旨在得出有助于法律绩效评估结论的新信息的科学劳动过程。

(一)法律绩效信息分析的过程或步骤

通常人们将"分析"理解为与"综合"相对应的一个范畴,一般是指把客观事物整体按照研究目的的需要分解为各个要素及其关系,并根据事物之间或事物内部之间各要素之间的特定关系,通过由此及彼、由表及里的研究,达到认识事物目的一种逻辑方法。

我们知道,事物之间及构成事物整体的内部各要素之间的关系是错综复杂、形式多样的,我们需要通过分析把握事物的主要矛盾与次要矛盾以及矛盾的主要方面与次要方面,揭示事物的本质及其规律性。对于分析的过程,有学者将其总结为这样几个步骤:

(1)明确分析的目的;

(2)将事物整体分解为若干个相对独立的要素;

(3)分别考察和研究各个事物以及构成事物整体的各个要素的特点;

(4)探明各个事物以及构成事物整体的各个要素之间的相互关系,并进而研究这些关系的性质、表现形式、在事物发展变化中的地位和作用等。②

将以上对"分析"概念的界定运用到"法律绩效信息分析"上来,就是说将收集、整理过的所有信息理解为一个整体,将其中相对独立又相互联系的信息类型理解为各个要素,法律绩效信息就是要分析哪些信息是揭示法律绩效本质

---

① 陈序:《对知识经济下的信息分析研究的再认识》,载《现代情报》2000年第6期。
② 查先进著:《信息分析与预测》,武汉大学出版社2000年版,第131页。

与规律性的信息,并进而揭示法律绩效的本来面目,也就是法律绩效的实际状况,从而得出准确、完整的法律绩效评估结论。如此,我们将法律绩效信息的分析过程描述如下:

第一步:明确法律绩效信息分析的目的。我们通过法律绩效信息分析是希望得出能够准确反映法律绩效实际状况的信息资料,为最后进行法律绩效评估提供有系统的、有目的的信息准备。

第二步,以适当的方法将所有收集与整理得来的信息根据一定的标准将其划分为相对独立的要素。当然划分的标准有多种,最恰当的标准应当是能够考虑到法律绩效信息的内在联系性、相互关联性,而且能达到法律绩效信息分析的目的。

第三步:分析与考察不同法律绩效信息类型的特点。

第四步,探究不同类型的法律绩效信息之间的相互关系,明确揭示这些关系的性质、表现形式,以及对整个法律绩效信息结论的影响与作用等。

当然,我们以上只是揭示一个比较抽象的分析模型。在实践操作中,法律绩效信息整体与要素之间的划分是多种多样的,分析也是多种多样的。而且,这种分析并不是一次就可以完成的,而是要经历相当次数的由此及彼、由表及里、由浅入深的分析。在每深入一层进行分析时,通常要对各种绩效信息进行分解。当然,将法律绩效信息加以分解进行分析,并不是我们进行绩效信息分析的目的,而只是认识其各种信息之间有效联系的一种手段,最终我们通过分析将法律绩效信息有机联系起来,提供给我们对法律实施状况准确、客观的认识。

(二)法律绩效信息的分析方法

信息的分析方法,一般分为定性分析方法与定量分析方法。定性分析方法一般不涉及变量关系,是对信息进行"质"的理论思辨的科学方法,除了要运用一些哲学的观点和方法如辩证唯物主义和历史唯物主义、分析哲学、现象学、解释学等外,主要使用诸如比较、归纳、演绎、分析、综合等逻辑方法;定量分析方法是指运用现代数学方法对有关的数据资料进行加工处理,据以建立能够反映有关变量之间规律性联系的各类预测模型的方法体系。但是在通常情况下,由于信息分析问题的复杂性,很多问题的解决既涉及定性分析,也涉及定量分析,因此,信息的定性分析与定量分析方法相结合的运用越来越普遍。因此,对法律绩效信息的分析也涉及这样三种形式:定性分析、定量分析以及定性分析与定量分析相结合的方法模式。

第四章 法律绩效评估活动的实施

1. 法律绩效信息的定性分析

法律绩效信息的定性分析就是对法律绩效信息进行"质"的方面的分析。具体地说是运用归纳和演绎、分析与综合以及抽象与概括等方法,对获得的各种信息进行思维加工,从而能去粗取精、去伪存真、由此及彼、由表及里,达到认识法律绩效的本质、揭示其内在规律。法律绩效信息的定性分析主要解决法律绩效"有没有"或"是不是"的问题,对其数量关系不加以分析,其主要借助分析与综合、相关与对比、归纳与演绎等各种逻辑学方法。因此,法律绩效信息定性分析的科学基础是逻辑学。

逻辑学是提供正确思维的途径和基础。信息分析的一般思维方法离不开逻辑学这一领域。逻辑学方法作为一般方法为信息分析提供方法的基础和来源,并促成了信息分析中逆向思维方法、综合比较方法等常用方法的出现。信息分析进行的定性思维活动,都要借助逻辑思维工具,特别是形式逻辑与辩证逻辑。作为定性思维工具的分解与综合、归纳与演绎、比较与分类等逻辑方法具有这样一些特点:(1)只对某一给定研究对象的宏观特征进行定性的分析研究,而不涉及其微观的数量关系;(2)直感性强,比较容易学习与掌握;(3)推理严密,有说服力[①]。

法律绩效信息定性分析的具体逻辑学方法有:

(1)法律绩效信息的综合法。综合作为逻辑学方法来讲,它是指人们在思维过程中将与研究对象有关的片面、分散、众多的各个要素联结起来考虑,以从错综复杂的现象中探索它们之间的相互关系,从整体的角度把握事物的本质和规律的一种方法。所谓法律绩效信息的综合分析法是对与法律绩效相关的各种来源、各种内容的信息,按照一定的目的进行归纳汇集而形成的完整的、系统的信息集合的方法。

通常人们将综合方法分为简单综合与系统综合两种。法律绩效信息的综合分析也是如此。法律绩效信息的简单综合就是将法律绩效有关的信息进行汇集、归纳与整理;法律绩效信息的系统综合主要是从系统论的观点出发,对与法律绩效有关的信息进行时间与空间、纵向与横向等方面的结合研究,它不是简单的信息归纳与整理,而是一个创造性的深入认识法律绩效的过程。准确地讲,法律绩效信息的简单综合属于法律绩效信息的整理环节或内容,而只有系统的法律绩效信息综合才是创造有效的法律绩效信息,获知法律绩效状况的方法。

(2)法律绩效信息的对比法。对比也称为比较,是将两种相同或相近的事

[①] 朱庆华主编:《信息分析基础、方法及应用》,科学出版社2004年版,第51页。

物放在一起，比较它们的不同与相同点或者评价二者的优与劣的一种活动。法律绩效信息的对比法就是将整理的相似的或相同的法律绩效信息放在一起比较，辨别它们的异同或优劣的方法。我们经过法律绩效信息的收集与整理，相似或相同的信息很多，通过这样的对比，发现绩效信息的真与假，有效还是无效，从而能够真正得到反映法律实施状况的法律绩效信息，能够得到得出正确评估结论所需要的有用的针对性的法律绩效信息。

（3）法律绩效信息的相关法。相关就是事物之间的联系性，作为一种方法，就是利用事物之间内在或外在现象的联系，从一种或几种已知事物的有关信息判断未知事物的过程。法律绩效信息的相关法就是运用业已证明有效的信息之间的联系，来探索未知的法律绩效信息，使法律绩效信息更为完备与充分，并形成密切联系的可相互印证的信息体系。我们知道，通过诸多方法收集来的信息难免会零散、不系统，甚至是互相矛盾的，需要采用一定的方法查找不同信息之间的联系，并尽可能完善信息之间的链接，发现隐藏在现有信息背后的有用的法律绩效信息。

（4）法律绩效信息的因果法。因果即事物发生的原因与结果，事物的变化实质上是由一定的因果关系体现出来的。作为一种方法，它就是根据事物之间固有的因果关系，利用已占有的信息，由原因推导出结果或由结果探究其原因的方法。法律绩效信息的因果法也表现两种情况：一是通过收集的法律绩效原因方面的信息来推导出法律绩效结果方面的信息；一是通过法律绩效结果方面的信息推导出法律绩效原因方面的信息。通过法律绩效信息的因果法，使得各种法律绩效信息之间的因果链条清晰可见，使得法律绩效信息体系化、系统化。

2. 法律绩效信息的定量分析

信息的定量分析是对用数量所描述的内容或者其他可以转化为数量形式的数据进行分析与处理的方法。定量分析方法在信息分析中的应用是现代信息分析相对传统信息分析内容与目标转变的要求，也是信息分析日趋成熟的重要标志。

"定量分析的主要工具是统计方法，用以揭示所研究问题的数量关系。基本描述性的统计方法包括：频数分布、百分比、方差分析、离散情况等。探索变量之间的关系方法包括相关分析、回归分析、多变量之间的多因素分析以及统计检验等。""定量研究之所以被研究者所强调，是因为定量分析的过程和定量结果具有某种程度的系统性（systematic）和可控性（controlled），不受研究者主观因素影响。定量分析被认为是实证研究的主要方法，其优势是对理论进行验证

(theory testing),而不是创建理论(theory generation)。"[1]

信息分析的定量研究方法强调对数据的分析,通过建立数学模型等可重复检验的手段表达数据的内涵,从而保证信息分析活动成为建立在可靠基础上的研究活动,它是一种高度抽象的方法。其过程可分为三步:(1)用精确的数量值代替模糊的印象。(2)依据数学公式导出精确的数量结论。(3)将结论的数量形式解释为直观性质。其特点在于,可以对事物的发展做出定量的描述;借助于数和数量关系研究事物的发展规律[2]。

法律绩效信息的定量分析就是意图通过建立数学模型,基于现有绩效信息探索法律绩效实际的运行规律,是对法律绩效量化的探索。如果说对法律绩效信息的定性分析是回答"好还是不好"、"是还是不是"、"有还是没有",那么,对法律绩效信息的定量分析就是分析它好与不好的程度、有以及没有的具体限度问题。

法律绩效信息的定量分析方法有:

(1)法律绩效信息的文献分析法。文献分析法是指根据一定的研究目的,通过对获取的调查文献进行分析研究,从而掌握所要研究问题的一种方法。法律绩效信息大量的来源于立法、执法、司法部门的文献资料,对法律绩效问题的分析不能不对这些文献进行分析与研究。法律绩效信息的文献分析又叫内容分析,是对明显的法律绩效文献内容作客观而又系统的量化并加以描述的一种研究方法,研究者通过对文献的分析与整合,从文献资料中得出事实判断与归纳、概括出原则与原理,形成结论,撰写研究报告。对法律绩效信息的文献分析,就是通过对拥有的立法、执法与司法记录资料如事实、数据、理论、方法等的研究,获得法律绩效的某种结论或为法律绩效的某种论点提供有说服力的丰富的事实与数据资料。

法律绩效信息的文献分析有一定的优点,首先,分析不受时空限制,只要你拥有或收集了来自立法、执法、司法等部门的文献后,就可以对其进行分析。其次,分析不受研究对象"反应"的干扰。法律绩效信息文献是对过去发生的法律绩效状况的书面描述,在收集这样的资料时,一般不会使被收集的资料本身发生变化,也不会受到原先留下文献资料者的直接言行影响。再次,分析具有批判性和创新性。分析的批判性是指信息分析者以自己的思想、观点、方法研究和分析问题,取其精华、去其糟粕。另外在对文献资料进行深入探讨、分析过程中,信息分析者又总是对各种文献资料加以重新组合,寻找新的联系,发现新的

---

[1] 范柏乃、蓝志勇编著:《公共管理研究与定量分析方法》,科学出版社2008年版,第30页。
[2] 朱庆华主编:《信息分析基础、方法及应用》,科学出版社2004年版,第52页。

规律,形成新的观点和理论,从而体现创新性。更重要的是,文献资料的分析往往信息量大,且可以节省大量的人力、物力和财力。

但是对法律绩效信息的文献分析,也会出现一些问题,这些问题也可能影响获得结论的正确性与数据的可靠性。这些问题如法律绩效文献收集的片面性,只收集了部分文献,而对大量的文献没有收集;收集的文献不具有代表性,不具有说服力,如只收集、分析某一区域、部门的文献,不一定具有代表性和典型性。另外,对法律绩效信息文献的收集可能受到来自政府部门的抵制,政府部门不愿意公开其拥有的立法、执法、司法信息,可能是制度上的障碍,也可能是人为的因素,使得对政府部门拥有的法律绩效文献的收集与分析面临诸多困难。

(2)法律绩效信息的回归分析法。信息的回归分析法是指:"通过处理已知数据来探寻这些数据的变化规律,并据以建立相应的回归方程,再根据该方程式来预测未来发展的一种数理统计方法。可分为一元、二元和多元线性及非线性回归法。"①

在信息分析中,我们经常会发现所研究的对象各要素之间往往存在某种相关关系,它们互相联系、互相影响、互相制约。当研究对象的一个或多个变量$X_1, X_2, \cdots, X_m$的变化会引起另一个或多个变量$Y_1, Y_2, \cdots, Y_n$发生变化时,我们就说它们存在着某种相关关系。其中,诸X带有"原因"的性质,故称为自变量;诸Y带有"结果"的性质,称之为因变量。相关关系一般包括两种类型:确定关系和不确定关系。若自变量的变化能绝对地、肯定地决定因变量的变化,这种关系就是一种确定关系,在数学上则表现为函数关系。但是在信息分析活动中,大量存在的研究对象之间的关系往往是一种不确定的相关关系,即自变量的变化虽影响因变量的变化,但并不能绝对地、肯定地决定因变量的变化,而带着一定的随机性。对于不确定性的相关关系,我们不能从自变量的确定值来绝对地、肯定地求得因变量的值,只能通过大量的观测数据,运用数理统计方法,找出它们相互关系的统计规律性,由此再来确定因变量的近似值。不论确定关系还是不确定关系,对具有相关关系的现象,都可以选择一适当的数学关系式,用以说明一个或几个变量变动时,另一变量或几个变量平均变动的情况,这种关系就称为回归方程。

回归分析法主要解决两个问题:一是确定几个变量之间是否存在相关关系,如果存在,找出他们之间适当的数学表达式;二是根据一个或几个变量的值预测或控制另一个或几个变量的值,且要估计这种控制或预测可以达到何种精

---

① 朱庆华主编:《信息分析基础、方法及应用》,科学出版社2004年版,第52页。

第四章 法律绩效评估活动的实施

确度①。

法律绩效信息的回归分析就是将法律绩效信息要素之间的相关关系的规律性找出,即将一组设定为自变量、一组设定为因变量,观察自变量的变化与因变量的变化是否有一定的规律性,通过数理统计的方式建立回归模型,并根据实测数据求解模型的各个参数,然后评价回归模型能否很好的契合实测数据,如果能够很好的契合,则可以根据自变量或设定自变量对法律绩效的结果(因变量)做进一步预测。

法律绩效信息回归分析方法的运用,关键要找出法律绩效变化的自变量与因变量,如果各个自变量可以由人工控制或易于预测,而且回归方程也较为符合实际,则应用回归分析方法是有效的,否则这种方法很难应用。

(3)法律绩效信息的预测分析法。预测一般是通过已有的信息对事物的未来发展及其趋势的描述。作为一种定量分析方法,必须要注意数据的完整性,即必须建立于完整的统计数据之上,而且被预测的过程,必须是从过去到现在以至将来都平衡发展。法律绩效信息的预测分析法是通过对现有的法律绩效信息的考察,利用现有法律绩效信息发展的规律性,预测可能出现的法律绩效状况及其信息描述。

在对法律绩效信息进行定量预测时,要注意所收集的信息是完备并且可靠的,因为数据的完备与可靠性直接影响到预测精度。同时,能够根据现有的法律绩效信息考察其运行的基本规律,在此基础上建立数学模型,用数学表达式表示预测问题的目标、变量束缚条件、假设条件等诸因素之间的关系。

应该说,法律绩效信息的回归分析也是一种信息的预测分析,都是对未来法律绩效状况及其演变规律的一种定量考察,试图揭示法律绩效信息的有机联系性以及获取更多通过现有信息加工的信息。

(4)法律绩效信息的时间序列分析法。信息的时间序列分析法是指建立在时间基础上分析、考察事物的变化规律的方法。应该说,任何事物都会随时间的变化而变化,但如果能用数学模型建构出事物随着时间变化的规律性,就可以采用时间序列分析法。法律绩效信息的时间序列分析法也是通过对现有法律绩效信息的考察,发现它们与时间推移之间的关系规律,建立数学模型,定量地分析法律绩效信息的发展态势及其规律。

从回归分析法的角度看,时间序列分析法实际上是一种特殊的回归分析法。因为此时不再考虑事物之间的因果关系或其他相关关系,而仅考虑研究对象与时间之间的关系,即将时间作为自变量来看待了。

---

① 朱庆华主编:《信息分析基础、方法及应用》,科学出版社2004年版,第118页。

对法律绩效信息进行时间序列分析,最重要的就是要有完备的法律绩效时间序列数据,也就是能够完整地获得法律绩效的统计数据随着时间顺序排列起来所形成的数列。为了保证时间序列分析的准确性,我们所获得的法律绩效序列数据应具备以下要求:时间序列中的各项数据所代表的时间长短(或间隔时间)应该一致且连续;时间序列中的各项数据所代表的总体范围应该一致;时间序列中的各项数据所代表的质的内容应该前后一致;另外对数据指标统计的计算方法和计量单位应该一致。

3. 法律绩效信息的定性与定量相结合的分析方法

前面我们分别介绍了法律绩效信息的定性分析与定量分析方法,实际上在对法律绩效信息进行分析时,通常要将这两种方法加以结合运用。

法律绩效信息的定性方法,虽然可以从总体上通过定义方式表述法律绩效信息的基本特征或本质特点,但是对于法律绩效量的度量则缺乏,使得对法律绩效信息的分析结果很难让人信服,甚至不能认为是一种严格意义上的科学研究活动。法律绩效信息的定量分析强调用数学统计方法,意图将其分析纳入科学范畴,虽然在某种程度上,让人们了解法律绩效状况的"量",但也不能过分夸大它的作用。正如有学者认为的,定量分析方法有着自身的弱点:(1)定量研究方法是在获取目标样本过去或现在信息的基础上进行研究的,无法对目标样本的未来、瞬间状态进行跟踪、表达和研究。(2)定量研究方法力求获得精确的结论,虽然承认"偏差"的存在但却没有引起足够的重视,结果可能是获得了违反生活常识的结论。(3)信息分析人员有可能陷入"数据的精确性、结论的严密性"的圈套,被"客观"的数据和他无法"精确"解释的某些现象所迷惑,最终影响决策的顺利完成[①]。

因此,只有将法律绩效信息的定性分析方法与定量分析方法结合起来,才能完整认识法律绩效状况的"质"与"量",才能通过这些整理与分析的信息比较客观的得出法律绩效评估的结论。

第三节 法律绩效评估报告

报告,根据《国家行政机关公文处理办法》的规定,一般是指行政主体在向上级行政主体汇报工作、反映情况、提出意见或建议、答复上级行政主体的询问时所适用的文种名称。法律绩效评估报告,也称为立法后评估报告,有学者将

---

① 周剑、钟华:《数字时代的情报分析展望》,载《情报学报》2001年第5期。

第四章　法律绩效评估活动的实施

其界定为:"就是考评者正式地向利益相关者或政策制定团体说明它们的绩效状况,并对组织绩效进行纵向和横向比较。"①一般认为,法律绩效评估报告是立法评估主体正式地向立法者或利益相关者阐明法律实施效果状况、存在的问题及其分析以及有关法律立、改、废建议等全面法律绩效内容的报告。

一、法律绩效评估报告的形式

(一)法律绩效评估报告的表现形式

法律绩效评估评估报告的表现形式有很多种,对绩效评估作过专门研究的美国学者西奥多·H.波伊斯特考察过美国法律绩效评估报告的形式,她发现通常采用的形式包括"列表、图表和绘图",不过她也认为:"尽管这些形式对一定范围的数据阐明是有用的,但仍要注意的是,还有很多方法也符合向组织或听众进行绩效报告的需要。"②波伊斯特对美国绩效评估报告的常用形式的优势与不足作了全面的分析:

(1)列表形式:基本的电子表格。电子表格形式是绩效评估主体将不同地点或不同时间获得的数据通过列表方式加以表达出来。这种方式的优势在于:它具有方便和容易获得的优点,而且生成这样的报告也很经济,并且可以快速、常规的升级。一旦我们将电子表格设计好,不需要专门的介入或者命令就可以生成报告。如果人们需要定期查看某个绩效指标,那么这种报告形式对该类绩效指标而言是特别有用的。一旦我们设计出电子表格,且数据得到升级,电子表格报告也就随之升级,并且可以开始作为绩效报告使用。

然而,这种形式并不能使所有的接受评估报告的主体都满意,它最适合那些对电子表格详细列出的项目活动都非常熟悉的接受主体,以及那些希望看到详细数字的接受主体。对于不需要定期查看电子表格报告的个人来说,弄懂数据可能就需要耗费很多时间,这样这种形式对他们来说就不太合适。

(2)改进的表格化形式。即是将涉及绩效的有关数据进行整合,通过使用形象性符号和图形来增加信息的可传达性的一种绩效报告形式。波伊斯特认为,运用改进的表格形式进行绩效报告具有显著的优点,该形式可以向考评结果的接受者传递大量的数据。另外,如同电子表格设计一样,改进的表格形式也可以自动产生,但是产生报告很可能还需要另外的步骤和更多的专门技术。然而,随着软件的不断发展,利用嵌入式公式对简单符号进行整合就会变得越来越容易。

---

① 〔美〕西奥多·H.波伊斯特:《公共与非营利组织绩效考评》,肖鸣政等译,肖鸣政校,中国人民大学出版社2005年版,第138页。
② 同上书,第124页以下。

(3) 通用的绘图展示。即利用常用的图形来表示绩效数据的绩效报告形式。波伊斯特认为,在不需要用户深入掌握原始数字的情况下,图解方式具有快速传递绩效结果的优势,而且对于说明跨时期的趋势或者不同群体之间的联系特别有用。可能最重要的是,绘图使得信息容易传播并且能被大范围的人们所接受,那些难以读懂实际数字或者对实际数据不感兴趣的人很容易就能看懂绩效结果。用这些简单的绘图形式来说明绩效数据,无论是对于组织内部还是组织外部的利益相关者都是合适的,比如政策制定者或者媒体。普通公众乃至政策制定者就能很容易传递这方面的信息。同时,绘图方式给人的印象深刻,与实际数字相比较,一些人可能会更快地记住用折线图表示的绩效趋势或者用柱状图表示的相互比较。

(4) 形象性的图解和图示。即通过运用来自日常生活中的图画和线条表示绩效数据的报告形式。波伊斯特认为,对于那些理解简单的柱状图或饼状图都有困难的接受主体来说,形象性地运用来自日常生活中的图画和线条可以让他们更加容易理解和接受。我们可从众多的图解和图示中进行选择,例如,某些项目或组织是面向广阔的区域的,那么,形象地使用地图在展示绩效结果方面可能特别有用,它便于在地区之间进行比较。形象性的图解或图示在各种媒体、印刷品、年报或者有各种读者的新闻摘要中是非常有用的,组织应该选择它们的听众感兴趣的和符合其服务内容的图解形式。对于一些不可能记住精确数字的人来说,图解形式的记忆是深刻的。然而,它与简单的图示方法有所不同,有些图解形式需要专门技术,并且不是所有人员都能轻易做出的,有时可能更多地需要专业的绘图软件或专门的设计方法。

根据我国近几年法律绩效评估实践来看,基本形式有以下三种:

1. 文本形式

通过纯粹的文字表述法律绩效评估报告的形式,如 2006 年底,国务院法制办政法司、劳动保障部法制司和劳动科学研究所组成的三方课题组对国务院行政法规《劳动保障监察条例》进行法律绩效评估,形成的评估报告就是一个典型的文本形式[①]。文本形式逻辑清楚,表述明白,语言朴实,一般的接受主体都能够理解,是我国法律绩效评估主体广泛接受的一种评估报告形式。但是,文本形式如果篇幅过长,重点不突出,也可能让接受主体不轻易接受。

2. 图表形式

通过绘图或表格等方式表述法律绩效评估报告的形式。这种形式在一些法律绩效评估中也采用,尤其是涉及到同时对几部法规范性文件进行评估时常采用。如 2006 年 6 月 14 日河北省经济信息中心对《河北省经济信息市场管理

---

① 李建等:《〈劳动保障监察条例〉立法后评估报告》,载《中国劳动》2007 年第 5 期。

第四章 法律绩效评估活动的实施

实施办法》和《河北省经济信息保密办法》的评估报告采用表格方式如下:

序号	省政府规章名称及令号、文号、日期	评估的实施效果状况	初步的评估意见			具体的意见或理由
			继续有效	修改	废止	
1	《河北省经济信息市场管理实施办法》,1996年12月26日河北省人民政府令第176号令发布施行	自施行10年以来,《实施办法》为培育信息市场、打击虚假信息、充分开发利用信息资源、保护经济信息商品交易各方的合法权益,促进国民经济与社会信息化进程等方面做出了重要贡献,但随着社会发展,出现一些与形势不相适用的方面,需修改、完善。		√		1. 根据省政府取消的行政许可事项,修订相应条款; 2. 明确网络载体提供的经济信息为经济信息; 3. 下放经济信息经纪人专业培训考试的权利; 4. 修订对行政处罚不服而申请复议的时限; 5. 强化信息市场与市场化的关系。
2	《河北省经济信息保密办法》河北省人民政府批准,1995年12月1日省计委、经济信息中心、保密局发布,根据1998年1月1日河北省人民政府令第212号修正	《保密办法》实施中未出现阻碍经济发展、社会进步,影响公民、法人和其他组织权利行使的情况,但其中的一些条款与《行政许可法》不适应,需修改、完善。		√		1. 将《河北省经济信息保密办法》上升为地方性法规; 2. 根据省政府取消的行政许可事项,修订相应条款; 3. 强化经济信息管理部门的查处力度; 4. 加大法律责任的处罚力度。

图表方式将绩效信息用人们能够接受的图表表示出来,可以让人们非常容易的理解。但是,也有不足的地方,就是可能对某些绩效信息进行的是粗线条的描述,对于想掌握具体的绩效信息的主体来说,可能无法满足。

3. 文本、图表混合式

根据绩效数据的具体情形,确定表达绩效数据的具体方式,形成的文本与图表混合在一起的报告形式。这种方式综合了文本形式与图表形式的优势,对它们不足的地方加以了弥补。实际上,为使评估报告更具有可读性、可接受性,需要考虑绩效数据的特性,还要考虑绩效报告接受的主体特点,从而选择最适合的绩效报告形式。正如西奥多·H.波伊斯特总结出来的:"对许多组织来说,绩效报告的形式不止一种,因为考评系统可能包括各种指标和绩效数据,用不同形式向不同的听众(接受主体)做同样的报告也是常见的。组织应该创造性地选择报告形式,并且不能仅仅局限于选择最容易的、最常见的形式。我们可用柱状图展示一些绩效指标,用更形象的图示或图解来说明其他指标,总之,混合的报告形式也可能是实用的。"①

(二)法律绩效评估报告的形式结构

法律绩效评估报告的形式结构,是指法律绩效评估报告的各个构造项目及其在报告中排列组合的规格样式,是法律绩效评估报告的外部结构形态,它是法律绩效评估报告形式有效性的基本标志。一般来说,法律绩效评估报告的形式结构包括以下结构项目:

1. 名称

法律绩效评估报告的名称一般有两种表述方式:"×××××法律绩效评估报告"或"×××××绩效评估报告",其中"×××××"是被评估的法规范性文件的名称。法规范性文件的名称一般包括三个方面的要素:"一是反映法的适用范围的要素,二是反映法的内容的要素,三是反映法的效力等级的要素。"②周旺生教授认为,法的名称应当科学化、规范化,他将我国现行法规范性文件的名称归结为"宪法、基本法、法、法规、规章、授权规定、条例、变动案、实施细则"等九种名称。笔者认为,法律绩效评估报告呈报的重要主体就是被评估的法规范性文件的制定主体。当然,为规范、严肃起见,一般需要采用法的全称,但如果法的名称过长,在不影响法的名称理解的情况下或常识的理解的角度,可以使用法的简称,如《中华人民共和国地方各级人民代表大会以及地方各级人民政府组织法》可以简称为《地方组织法》。

2. 报送机关

报送机关,是指收受文件并对文件负主办者或者签发责任的机关名称,又称"台头",报送机关应在标题之下靠左顶格书写,并用全称或规范化简称。法律绩效评估报告的报送机关一般是立法机关或委托的国家机关。在美国的法律绩效评估报告中,关于法律绩效评估的报送机关不仅仅包括立法机关,还包括该评估报告的利益相关者,甚至需要向社会公开的社会公众主体。在我国近些年的法律绩效评估报告中,一般呈送该报告所关涉的法规范性文件的制定主体。

---

① 〔美〕西奥多·H.波伊斯特:《公共与非营利组织绩效考评》,肖鸣政等译,肖鸣政校,中国人民大学出版社2005年版,第138页。
② 周旺生:《立法学》,法律出版社2004年版,第340页。

3. 正文

正文是法律绩效评估报告的主体和中心部分,用以表达法律绩效评估报告的内容,如法律实施的成效、法律实施存在的问题以及法律需要修改的若干建议。其书写方式:每一段落的首行一般空两格,回行时顶格书写。正文不仅存在规范化、科学化的格式问题,而且对其内容、逻辑都有一定的要求,因此,它涉及法律绩效评估报告的内容问题,这在本节第二部分将作具体阐述。

4. 附件

附件是附属于正文的某些材料,一般是该评估报告内容所依赖的实证材料,如有关图表、统计数字及文字依据,主要是用以对正文所得结论的印证或说明材料。一般写作格式是"《××××××的说明》,多少件;《××××××的调查材料》,多少件。"

5. 落款

法律绩效评估报告的落款主要说明法律绩效评估报告完成单位名称与成文日期。该法律绩效评估报告是什么单位负责完成的,最后在报送评估报告时需要说明完成该报告的单位的具体名称,如果是一个单位完成,只需要签署本单位名称的全称,有的还需要加盖本单位的印章。签署的单位名称与印章的名称应该一致。

除单位署名以外,还要附具报告成文的具体日期,要求完整地写出年月日,不可省略年份或具体日期,一般用汉字数字表示,如"二〇〇六年五月一日",不可用阿拉伯数字表示或者用汉字数字与阿拉伯数字混合表示。

二、法律绩效评估报告的内容

法律绩效评估报告的内容即是前面说的正文部分,基本结构包括以下内容:

(一) 开头部分

法律绩效评估报告的开头部分一般交待这样几个问题:

(1) 评估对象的确定情况。法律绩效评估活动首先要确定评估什么,评估对象是怎样确定的。在国外,根据"落日条款"而直接启动对某一部法规范性文件进行的评估。我国尚没有这样的规定,一般是立法机关根据法律制定的时间、法律的实施状况、社会公众的反应状况等因素来加以确定。如 2004 年云南省人大法制委员会选取该省制定的《邮政条例》、《广播电视管理条例》、《农村土地承包条例》开展了法律绩效评估工作;甘肃省人大常委会选取本省《麦积山风景名胜区保护管理条例》和《农机管理条例》进行了跟踪问效评估;山东省人大法制委员会选取《私营企业和个体工商户权益保护条例》《产品质量法实施办法》、《法律援助条例》和《就业促进条例》进行了法律绩效评估工作。国务院首次启动行政法规法律绩效评估工作，选取了实施了两年多的《劳动保障监察条例》进行了法律绩效评估活动。

（2）法律绩效评估活动的发起。根据各国法律绩效评估活动的发起情形来看，一般有这样几种：一是受有关国家机关（即立法主体）的委托对某部法进行评估；二是根据法的实施状况以及社会的反应，自行组织的评估；三是根据国家机关的安排、部署，由内部主体所进行的法律绩效评估。

2006年底国务院启动的《劳动保障监察条例》法律绩效评估，是由国务院法制办确定的，根据国务院法制办的安排，成立由国务院法制办政法司、劳动保障部法制司和劳动科学研究所三方组成的课题组对《劳动保障监察条例》进行法律绩效评估。在国外，有独立第三方评估主体接受国家立法机关的委托而从事某一部法的法律绩效评估活动，也有的是自行组织的对某一部法规范性文件的实施效果进行的法律绩效评估，我国近几年发生的法律绩效评估多为内部评估，即是根据国家机关的安排、部署而进行的法律绩效评估。

（3）法律绩效评估活动的开展情况。主要说明评估主体通过什么方式对法的实施状况所进行的评估。如国务院启动的《劳动保障监察条例》评估，评估活动的具体形式是这样的："课题组于2006年10月在北京召开了劳动保障监察机构负责人座谈会，听取了北京、上海、安徽、大连等20个省、市劳动保障监察部门的意见；2006年11月课题组赴浙江省及宁波市、杭州市和江苏省及苏州市、南京市进行了专题调研，分别召开了四次劳动保障监察员座谈会、两次相关部门主管领导座谈会、三次员工代表和工会工作者座谈会。此外，还征求了部分劳动保障法学专家的意见。"[①]

（二）报告的主体部分

报告的主体部分就是利用获得的评估信息、资料加以整理、分析，准确评价法律实施的成绩、效果、法律实施存在的问题及问题的根源分析以及关于法律实施与立法完善的建议等。

1. 法律实施的成绩、效果

法律绩效评估的主体根据调查等获得的数据对法律实施的成绩、效果进行客观的评价。评价的内容包括：立法预期目标的实现程度；立法的合宪性、合法性及其与上位法和相关法律、法规、规章的关系；立法所设定制度的可操作性；

[①] 李建等：《〈劳动保障监察条例〉立法后评估报告》，载《中国劳动》2007年第5期。

立法所规定内容的针对性；立法所设定权利义务、法律责任的适当性；立法的宣传、执行及配套制度建设情况等。当然,在法律绩效评估中会针对单项如立法的合宪性等进行评估,也有可能对立法的诸多内容进行综合评价,一般来讲,完整的法律绩效评估制度是对法的诸方面内容进行的综合评估。

法律绩效评估主体根据这几个方面的内容具体考察法律实施的成绩、效果即法律绩效。如云南省人大法制委员会对《云南省供用电条例》评估,评估组了解到,《云南省供用电条例》的出台,规范了供电企业的供电行为,强化了供电企业的服务意识,对维护正常的供用电秩序、保障供电企业和用户的合法利益,促进云南省电力支柱产业的健康发展发挥了重要作用。比如,凤庆县按《条例》规定,规范计划停电、催费停电程序,同时规范与用户的供用电合同,2004年度未发生因停电产生的法律纠纷,未发生新欠电费,并追回陈欠电费149万元[①]。国务院法制办对《劳动保障监察条例》的评估,对该条例实施以来的成效,作了这样两个大的方面的评价：“完善了我国的劳动保障监察制度”和"促进了劳动保障法律法规和国家劳动标准的贯彻落实",第一个方面从四个侧面来加以说明,"一是提高了劳动保障监察工作的地位；二是强化了劳动保障监察的能力；三是规范了劳动保障监察程序；四是更新了劳动保障监察理念,提高了社会守法意识"。第二个方面又从六个侧面来加以说明,"一是促进了劳动标准的执行；二是规范了用人单位的用工行为；三是推进了劳动合同制度的实施；四是推进了社会保险制度实施和覆盖面扩大；五是促进了劳动力市场秩序的规范有序；六是推动了相关保障制度的建立与改进。"应该说,这样的一种概括是比较全面地反映了国务院《劳动保障监察条例》实施绩效的。

2. 法律实施存在的问题

客观地评价法律实施绩效,不仅要看到它实施取得的成绩、效果,还要看到法律实施过程中存在的问题。只有通过评估活动发现法律实施存在的问题,才能提出完善的对策。也就是说,法律绩效评估的主要目标,是在分析法律法规制度设计的基础上,发现法律法规实施过程存在的问题,为法律法规的立、改、废提出建议。

法律实施存在的问题可能存在立法本身的问题以及法律执行或实施方面的问题。法律本身的问题也就是立法质量存在的问题,如法律制度设计的可操作性不够、法律制度之间存在冲突、法律责任设置不对称、法律上的权利与义务设置不合理等。如《云南省供用电条例》评估中,评估主体发现,该条例与国家法律在实施中发生冲突。《中华人民共和国森林法》第32条规定："采伐林木必

---

① 陈娟：《云南：立法"回头看"重在提高立法质量》,载《人民网》2006年2月7日。

须申请采伐许可证,按许可证的规定进行采伐……",但《云南省供用电条例》第 7 条第 2 款规定:"未经允许,任何人不得进入或者将物体置入架空电力线路设施重点保护区。植物生长进入架空电力线路设置重点保护区的,应当排除。"这样的话,当电力设施产权人进行排除时,林业行政主管部门的人员就会以没有"采伐许可证"为由,进行干涉甚至处罚。在北京市人大常委会对《宗教事务条例》进行评估时,评估组发现部分条款与国务院《宗教事务条例》相抵触,北京市《宗教事务条例》于 2002 年 11 月 1 日起施行,而国务院《宗教事务条例》于 2004 年 11 月 30 日颁布,2005 年 3 月 1 日起施行。下位法制定在先,不可避免地发生与上位法某些条款相抵触的问题。在国务院法制办对《劳动保障监察条例》进行评估时,评估组也发现该条例本身制度存在四个方面的问题,一是《条例》因立法层次的限制,缺乏必要的行政强制手段;二是《条例》对监察处理决定的执行缺乏有效的保障措施;三是《条例》对法律责任的规定总体过轻;四是《条例》规定的罚款幅度过大。

法律实施过程存在的问题不仅仅有立法方面的问题也有可能存在执法本身的问题,如执法人财物力资源的配置不到位、地方或部门利益的干扰等。如上海市人大常委会在对《历史文化风貌区和优秀历史建筑保护条例》进行评估时,发现执法过程存在的严重问题是"专项保护资金没有完全到位"。该评估报告指出:"资金投入问题是优秀历史建筑保护的关键问题,《保护条例》对此有明确定,但在评估过程中,市规划局、房地局和有关区人大常委会普遍反映:专项保护资金没有完全到位。尽管个别区投入了一定的保护资金,但由于体制和财政预算等各方面因素的限制,设立专项资金、专项账户的机制没有落实。"① 国务院法制办在对《劳动保障监察条例》评估中发现,劳动保障监察执法存在一些问题,一是监察机构建设不健全,人员配备不足;二是经费保障不够,没有专门的办案经费和设备购置维护费,影响了劳动保障监察工作的正常开展;三是地方政府干扰监察的问题依然严重。

3. 完善立法的建议与措施

法律绩效评估与法律的执法检查有区别。执法检查是有关国家机关对法律法规在本地方实施情况进行检查监督的制度。它侧重于检查有关部门在贯彻执行中的薄弱环节和存在的问题,目的是为了监督法律法规的贯彻执行。而法律绩效评估的重点在于挖掘与立法有关的信息,客观评价法律法规的实施效果,目的是为了改进立法工作。以海南省人大对《海南省红树林保护规定》法律

---

① 郭光辉:《提高立法质量的成功探索——上海市人大常委会首次对一地方性法规开展立法后评估》,载《中国人大》2006 年第 11 期。

绩效评估为例,海南省人大法制委员会、法工委牵头组织了这次评估,提出了五点建议来进一步修改完善《海南省红树林保护规定》。这五点建议是:(1)理顺管理体制,明确职责。要依据国家森林法、海域使用管理法、海洋环境保护法、渔业法、自然保护区条例等法律、行政法规的规定,林业、海洋、环保等部门根据各自的职业分工,从不同的角度负责红树林的保护。(2)完善法律责任的设定,增强可操作性。法规中设定的毁坏林木处罚标准应具体、合理,要突出保护珍稀树种。(3)加大政府对红树林保护和发展的扶持力度,同时鼓励社会各类投资主体投资保护红树林,建立全社会参与红树林保护的投入机制。(4)明确红树林地和林木的产权。(5)规定正确处理保护和开发利用关系的内容①。《劳动保障监察条例》的评估报告中也提出完善该条例的四点建议:一是扩大适用范围;二是扩充劳动保障监察的事项;三是修改法律责任的规定;四是适度赋予劳动保障监察机构行政强制权。

通过法律绩效评估,有时不仅能发现某一被评估的法律的完善问题,而且还会提出建立健全配套性法律法规的制定问题。因为某一法律法规的实施,还会需要相关的配套性法律法规来保障其实施。《劳动保障监察条例》的评估报告中就是如此,它不仅提出完善该条例的四条建议,还提出"健全劳动保障法律体系,为劳动保障监察提供更为有力的实体法律依据"的建议,共五个方面:第一,尽早出台《劳动合同法》;第二,加快制定《社会保险法》;第三,加快劳动标准立法,完善劳动保障标准体系;第四,制定《企业工资条例》;第五,适时修正《刑法》,增设欠薪、欠保罪名,追究恶意欠薪、欠保者的刑事责任。

三、法律绩效评估报告的效力

法律绩效评估报告会产生什么样的效力,从立法角度来看,它的效力主要表现在:程序效力,即法律绩效评估报告提出法律的立、改、废等的建议能否启动法律程序,从而实现法律绩效评估报告中关于法律的立、改、废的建议的具体落实;实质效力,即法律绩效评估报告中关于法律立、改、废的具体建议能否落实到法律的具体内容中。从执法的角度来看,它的效力主要表现在:它所提出的完善执法的建议能否被执法部门所接受,存在的一些问题能否被及时纠正等。这里仅从立法的角度考察法律绩效评估报告的效力。

(一)法律绩效评估报告与立法程序的启动

法律绩效评估报告中关于法律的立、改、废的建议只有进入立法主体的议

---

① 参见《海南首次立法"回头看",五建议完善红树林保护规定》,载《法制日报》2005年12月22日。

事日程,能够启动立法程序,最终实现对法律的立、改、废,才算最终实现了法律绩效评估报告的目标以及法律绩效评估制度的目的。但是关于法律绩效评估报告与立法议程具有什么样的关系,值得探讨。

1. 法律绩效评估报告并不是立法提案

从内容上看,立法提案是指享有立法提案权的机关、组织或人员(以下简称为提案主体)按照法定的程序和方式向特定的立法机关提出的关于制定、修改、废止某项法律法规的动议。而法律绩效评估报告只是评估主体向立法主体提交的关于某一法规范性文件实施情况以及修改完善的建议性说明。

从主体上看,立法提案一般由法律明确规定,属于特定的提案主体才能提出,如《宪法》第64条规定:宪法的修改,由全国人民代表大会常务委员会或者1/5以上的全国人民代表大会的代表的提议;《立法法》第12条、第13条规定:全国人民代表大会主席团、全国人民代表大会常务委员会、国务院、中央军事委员会、最高人民法院、最高人民检察院、全国人民代表大会各专门委员会、一个代表团或者30名以上的代表联名,可以向全国人民代表大会提出法律案。《立法法》第24条、第25条规定:委员长会议、国务院、中央军事委员会、最高人民法院、最高人民检察院、全国人民代表大会各专门委员会、常务委员会组成人员十人以上联名,可以向全国人大常务委员会提出法律案。而法律绩效评估的主体则可能并不一定是提案主体,虽然在我国近些年开展的法律绩效评估活动中,特别是内部评估,是提案主体或提案主体的组成机构,如地方人大常委会法制委员会对地方性法规所进行的绩效评估。但在一些国家,除内部评估主体以外,还有外部评估主体,尤其是独立第三方评估主体,它并不具有提案主体的资格。

从程序上看,立法提案须遵循一定的法律程序之规定,包括在何时向什么机关提出法案。比如说向全国人民代表大会提出法案,一般要求在全国人民代表大会期间向特定的机关提出法案。《立法法》规定,全国人民代表大会常务委员会、国务院、中央军事委员会、最高人民法院、最高人民检察院、全国人民代表大会各专门委员会作为提案权人向全国人民代表大会提出法案,由全国人大主席团决定是否列入大会议程。但对一个代表团或者30名以上的代表联名的立法提案权则有两个途径选择:一是由主席团决定;一是交有关的专门委员会审议后提出是否列入大会议程的意见,再由主席团决定是否列入大会议程。而向立法主体提交法律绩效评估报告并不需要遵循严格的法律程序,法律也不对其作出规定。

2. 法律绩效评估报告可以促成立法提案

立法提案主体的提案是来源于社会生活的,法律绩效评估活动当然是一个重要的渠道。特别是立法评估的主体本身是立法提案主体时,它可以根据法律绩效评估状况,适时向立法主体提出法律案。如 2003 安徽省法制办在对《安徽省流动人口计划生育工作管理实施办法》的评估中,省法制办评估报告中提出的建议被接受,省政府责成有关部门按照建议整改,其中关于取消育龄男性须办理婚育证明制度,受到国家人口和计划生育委员会的认同,同时,他们提出的关于修改《安徽省禁止非医学需要鉴定胎儿性别和选择性别终止妊娠的规定》的建议,也为安徽省人大常委会所采纳,并列入了次年省人大常委会的立法实施类计划①。当然,如果评估主体本身是提案主体,它很容易形成立法提案,或者更有效率地促成法律绩效评估目标或目的的实现。

但根据国外法律绩效评估的经验,多数的法律绩效评估主体并不是提案主体,这种情况下,需要法律绩效评估主体作出一定的动员,让立法提案主体接受他们的建议并形成立法提案。多数时候,立法评估主体可以向立法提案主体甚至立法机关提出关于修改、制定或废除某项法案的建议,至于它如何能得到立法机关或立法提案主体的重视并最终形成立法提案或立法计划,得决定于这项建议是否具有必要性与可行性。即某一项法案最终是否进入立法议程,取决于它的立法时机是否成熟,而立法时机是否成熟在于立法的必要性与可行性论证情况②。

3. 立法提案并不都能列入立法议程

立法提案要进入立法会议议程要经历一定的审议或审查过程,什么样的立法提案能够进入立法会议议程以及怎样进入立法会议议程,一般由国家法律来规定。我国法律规定了立法提案进入会议议程的法律程序,而没有规定什么样的立法提案才能进入立法会议议程。虽然我国没有一部法律法规为立法提案进入立法会议议程提供法律依据,但笔者认为,立法机关的立法规划可以作为立法提案进入立法会议议程的法律依据。立法规划就是有立法权的主体,在自己的职权范围内,为达到一定的目的,按照一定的原则和程序所编制的准备用以实施的关于立法工作的设想和部署③。立法规划决定了立法提案能否被大会提交立法议程。不管是短期立法规划(如年度立法计划)还是中期立法规划(如立法五年规划)以及长期立法规划(如十年立法规划),它都是立法机关在一定时期立法的基本指针或指南。立法规划中所确立的立法项目必须作为立法议案被提出,这是立法项目真正进入立法的开始,如果没有法定的机关或个人向立法机关提出,则立法规划确立的立法项目有可能落空,也就有可能影响

---

① 参见:《安徽:"立法后评估"让规章更管用》,载《浙江人大》2005 年第 11 期。
② 关于立法论证,参见汪全胜:《试论立法论证》,载《政治与法律》2001 年第 3 期。
③ 郭道晖总主编:《当代中国立法》,中国民主法制出版社 1998 年版,第 1195 页。

立法规划的执行。如果立法机关不以立法规划为依据,列入议程的立法提案不是立法规划的立法项目,那么立法规划的制定就失去了意义。很多国家通过法律规定,立法依据立法规划进行。如保加利亚的《规范性文件法》规定,立法工作必须按计划进行。依照该法第 19 条的规定,只有国民议会常设委员会和议员,才有权向国民议会提交不在法律草案工作计划之内的法律草案①。我国全国人大和国务院以及不少地方立法机关也制定过立法规划或立法计划。因此,立法提案权的主体提案时应考虑立法机关的立法规划,立法机关对立法提案能够进入立法议会议程的审查依据主要也是立法规划。当然,如同立法规划可以通过一定的程序加以修正一样,有些非立法规划中的立法项目提案经由立法机关审议,并确定其有立法的必要性、可行性和紧迫性时,也可以列入立法议程②。

从以上分析看来,从法律绩效评估报告中关于法律完善的建议到法律议案以至进入立法议程,它并不存在必然的逻辑联系,法律绩效评估报告中关于法律完善的建议只能为立法提案提供参考,并不必然形成立法提案,也不是必然会列入立法议程。

(二) 法律绩效评估报告与法律完善措施的实现

法律绩效评估报告中提出的关于法律的立、改、废建议,假如立法机关通过一定的程序,对法律作出了立、改、废的决定,那么立法机关的决策与法律绩效评估报告中的立法建议有什么样的关系呢?

在实践中,主要有两种表现:

一是法律绩效评估报告中提出的立法建议被立法主体所采纳,立法评估报告中的立法建议与立法机关的立法决策一致,实现了法律绩效评估报告的立法建议与立法机关的立法决策完美结合。如国务院办公厅于 2007 年 2 月 25 日印发《国务院办公厅关于开展行政法规规章清理工作的通知》,决定对现行行政法规进行一次全面清理。2008 年 1 月 15 日温家宝总理签署第 516 号国务院令公布《国务院关于废止部分行政法规的决定》,该决定规定:"为了更好地适应加快建设法治政府、全面推进依法行政的要求,国务院对截至 2006 年底现行行政法规共 655 件进行了全面清理。经过清理,国务院决定:一、对主要内容被新的法律或者行政法规所代替的 49 件行政法规,予以废止。二、对适用期已过或者调整对象已经消失,实际上已经失效的 43 件行政法规,宣布失效。"这样的结果就是国务院法制办对现行 655 件行政法规清理所作出的评估结论。

---

① 吴大英、任允正、李林:《比较立法制度》,群众出版社 1992 年版,第 784 页。
② 参见汪全胜:《制度设计与立法公正》,山东人民出版社 2005 年版,第 196—197 页。

二是法律绩效评估报告中提出的立法建议与立法机关的立法决策有一定的差距,并不是法律绩效评估报告中提出的立法建议都被立法机关所吸收。

那么,法律绩效评估报告中的立法建议能否被立法机关的决策所吸收决定于哪些因素呢？笔者认为,有这样的一些因素：

其一,法律绩效评估主体。前面探讨了当法律绩效评估主体同时是立法提案主体或本身是立法主体的组成机构的话,则法律绩效评估中的立法建议能够更有效率地进入立法议程或者得到立法机关的重视。如国务院法制办对行政法规的清理,它就不同于其他主体的评估,它的清理能够得到立法主体即国务院的高度重视。因此,它的评估建议与立法机关的决策高度协调一致起来。

其二,法律绩效评估建议的信度与效度。法律绩效评估的建议是法律绩效评估所得出的结论一部分,法律绩效评估建议的信度也就是法律绩效评估结果的信度,是指法律绩效评估结论的可靠性,法律绩效评估结论的可靠性不仅决定于获得的各种绩效信息的可靠性,还决定于绩效数据的分析方法。法律绩效评估建议或结果的效度是指法律绩效评估结论符合客观存在的法律实施实际绩效的程度,即法律绩效评估结果的有效性。

其三,立法程序的运行规律。立法程序运行有其自身的规律,虽然法律绩效评估建议有一定的可行性,但法律绩效评估主体毕竟不是立法主体,而立法主体的决策要考虑诸多因素,法律绩效评估的建议只能为其决策提供参考,而不能是其决策的唯一依据,否则剥夺了立法主体自身的独立性与决策权。至于法律绩效评估报告中的实体效力,在后面一章内将作重点探讨,在此不述。

第五章

法律绩效评估结果的回应

第五章 法律绩效评估结果的回应

第一节 法律绩效评估结果的回应及其机制

法律绩效评估主体对法律实施绩效的评估结果,最后要形成书面的法律绩效评估报告,并将其提交特定的国家机关。那么,这样的评估结果,作为政府部门的特定国家机关应该作出如何回应?什么样的回应方式或内容才真正符合法律绩效评估制度实施的真正目的?这些问题实际上提出了法律绩效评估结果的回应机制问题。所谓法律绩效评估结果的回应机制,就是特定的国家机关针对法律绩效评估报告中提出来的问题,采取什么方式作出回复或反应,其回复或反应的内容是什么等具体运作过程。建构完善的法律绩效评估制度,其最后的环节就是建构完善的法律绩效评估结果的回应机制,只有实现了法律绩效评估结果回应,法律绩效评估才真正实现了其目的与目标,因此,应重视法律绩效评估结果的回应机制建设。

一、何谓法律绩效评估结果的回应

回应,英文表述为"responsiveness"、"reaction",其基本含义是回答、反应、应答。在现代政治体制主张公民广泛参与决策和公共权力日益回归社会的运动中,"回应"是指:"多元主体在一定社会结构中基于共同利益、诉求的应答、认同、实化及实践的互动过程。"[1]也就是说,回应是在一定主体之间展开的,有提出诉求的一方,就有作出回应的一方,也可能诉求与回应角色是互换的,从而回应也是相互的。

法律绩效评估是指法律实施一段时间以后,有关政府部门、组织或人员对其实施效果等进行评估,根据法律在实施中存在的问题,分析其立法上的原因,从而进一步完善立法。法律绩效评估结果即是对立法实施绩效的描述、存在的问题分析以及根据实施状况提出的各种建议,它是以《法律绩效评估报告》形式体现出来。法律绩效评估结果的回应是特定的国家机关针对评估结果中提出的诉求作出反应或回答的行为,因为回应的主体是特定的国家机关,故这种回应称之为"政府回应"。政府回应是近些年来政治学、行政管理学、法学等研究与探讨的重要问题。有学者从公共管理的角度对政府回应作出界定,"就是现代政府公共管理的过程中,对公众的需要和所提出的问题做出积极敏感的反应

---

[1] 戚攻:《社会转型·社会治理·社会回应机制链》,载《西南师范大学学报(人文社会科学版)》2006年第6期。

和回复的过程。"其基本意义是:"公共管理人员和管理机构必须对公民的要求做出及时的和负责的反应,不得无故拖延或没有下文,在必要时,还应当定期地、主动地向公民征询意见、解释政策和回答问题。"①美国学者格罗弗·斯塔林在其《公共部门管理》一书中提到,公共管理责任的基本理念之一就是回应。他认为回应是指一个组织对公众提出的政策变化这一要求作出迅速反应,也可以说是政府对公众所提要求作出超一般反应的行为。他认为,某些时候,回应可以是政府首先主动提出解决问题的方案,甚至是首先确定问题的性质②。从政府回应的内涵来看,一般包括政府反应和政府回复两个方面,即作为国家政府机关,对公众的需求应当及时的、充分的满足,能够在自己职权范围内尽快解决的应尽快解决,不能解决的也应当有所回复。那么,法律绩效评估结果的回应则是法律绩效评估结果中所涉及的有关国家机关应针对该评估结果所提出的诉求及时作出反应,能够在自己职权范围内尽快解决的应加以解决,不能解决的应作出及时回复。

我们知道,我国近几年法律绩效评估的实施,主要目的是通过"法律绩效评估",检验立法在实施过程中所产生的社会与经济效益,检验立法中各项制度和程序规定是否合理、可行,发现其在实施过程中存在的主要问题,从而对现行立法做出全面的、科学的评价,对以后法律的立、改、废提供可靠依据,提高立法质量。比如上海市启动的地方性法规《上海市历史文化风貌区和优秀历史建筑保护条例》评估,其目的重点集中于两个方面:一是法规实施的绩效,包括上海的历史文化风貌区和优秀历史建筑的保护情况,以及所取得的社会和经济效益;二是法规中各项制度设计和程序规定是否需要进一步完善。评估将直接触及该条例和其他法律法规是否协调,有无冲突之处,该条例规定的保护措施是否具有可操作性以及违反条例规定的责任条款是否有效等。正如美国学者卡罗尔·H. 韦斯(Carol H. Weiss)提出来的:"根据项目结果的客观信息,在预算分配及项目规划上就可以作出明智的决策,产生好结果的项目会扩展,而那些表现不好的项目则会被抛弃或进行大幅度修改。"③

尽管法律绩效评估结果的主要目的是为法律的立、改、废提供决策依据,同时它为执法、司法部门改善其执法绩效提供科学依据。执法、司法部门可以有效地使用评估结果的信息,总结部门过去的成就与不足,在理性反思的基础上

---

① 何祖坤:《关注政府回应》,载《中国行政管理》2000年第7期。
② 〔美〕格罗弗·斯塔林:《公共部门管理》,陈宪等译,上海译文出版社2003年版,第132页;转引自李伟权:《政府回应论》,中国社会科学出版社2005年版,第35页。
③ 〔美〕詹姆斯·W. 费斯勒、唐纳德·F. 凯特尔:《行政过程的政治:公共行政学新论》,陈振明等译,中国人民大学出版社2002年版,第313页。

第五章　法律绩效评估结果的回应

做出客观的判断,科学地规划和决策未来的计划和行动。"绩效测量多半作为管理者的预警体系来了解项目进展是否顺利,也是一种用来提高政府公共责任的方法。"①

二、法律绩效评估结果回应的发生基础

虽然法律绩效评估目的是为了完善立法、改进执法绩效,但是什么样的评估结论或结果才是有用的呢?或者讲,通过法律绩效评估活动获得的绩效信息,怎样获得政府部门的采纳呢?威廉·N.邓恩认为,影响绩效评估信息采纳的因素有五个:信息本身的特征、质询的方式、问题的结构、政治和官僚体制、包括政策评估者在内的利益相关者之间的相互作用②。乔伊斯(Joyce)认为,政府预算部门对业绩信息回应的前提是:公共实体意图得到的业绩信息、有效的业绩测评、准确的成本指标、成本与业绩信息相结合③。

法律绩效评估结果能够得到政府部门的积极回应,首先在于立法评估结果即绩效信息方面应具备可靠性与有效性,即法律绩效评估所追求的绩效信息或绩效结论的"信度"和"效度"。

(一) 法律绩效评估结果的信度

信度(reliability)最早是测量学的概念,是指"测验所得分数的稳定性和可靠性",也即数次测验的一致性程度④。那么法律绩效评估结果的信度是指采用同样的方法对同一对象重复评估时所得结果的一致性程度,通常通过绩效指标表示评估结论,这时就要注重绩效指标的信度,"绩效指标的信度是关于指标客观、准确和可靠程度方面的一种度量。"⑤

法律绩效评估结果的信度即法律绩效评估结论的可靠性,法律绩效评估结论的可靠性不仅决定于获得的各种绩效信息的可靠性,还决定于绩效数据的分析方法。在法律绩效评估过程中,绩效信息通常会由于各种各样的原因,因时、因事、因地而发生变化,这些因素有些是偶然的,有些是固有的,评估者在进行

---

① 〔美〕尼古拉斯·亨利:《公共行政与公共事务》(第8版),张昕等译,中国人民大学出版社2002年版,第285页。
② 〔美〕威廉·N.邓恩:《公共政策分析导论》(第2版),谢明等译,中国人民大学出版社2002年版,第448—450页。
③ 〔美〕凯瑟琳·纽科默、爱德华·詹宇斯、谢里尔·布鲁姆、艾伦·洛马克斯主编:《迎接业绩导向型政府的挑战》,张梦中、李文星译,中山大学出版社2003年版,第66页。
④ 吴建南:《公共管理研究方法导论》,科学出版社2006年版,第212页。
⑤ 〔美〕西奥多·H.波伊斯特:《公共与非营利组织绩效考评》,肖鸣政等译,肖鸣政校,中国人民大学出版社2005年版,第87页。

评估时会受到上述因素的影响,从而可能使得评估的结果与真实的结果不完全一致,"在考评过程中总是存在出错的可能性。考评结果的错误程度在多大程度上是随机的和无偏向的,这就是一个信度的问题。"①因此,我们需要用信度来衡量绩效信息以及评估结论的可靠性。

在法律绩效评估过程中,对绩效信息的收集要注重其内部一致性,例如,对同一部门法的实施效果,站在同一立场的考评者得到的信息要有一致性,如果同一组评估者对考评对象收集到的却是不同的信息,那么这种绩效数据存在一定的问题。而且,运用同样的方法,考评者对同样的绩效信息分析得出的结论应具有一致性,如果评估者得出的结论有所差异,也就说明了绩效评估结论缺乏内部一致的信度。

(二)法律绩效评估结果的效度

信度是说明绩效信息或结论客观和准确的问题,而效度(validity)则是关注绩效信息或结论的合适程度的问题。它也与信度一词一样借用于测量学,表示"量表能实际测量出其所要测量的特性或功能的程度",也就是测量的结果与所要达到的目标二者之间相符合的程度②。一般理解,效度即有效性,是指测量工具或手段能够测出所需测量的事物的程度。法律绩效评估结果的效度是指法律绩效评估结论符合客观存在的法律实施实际绩效的程度,即法律绩效评估结果的有效性。

在使用绩效指标表示评估结果时,"绩效指标至少在一定程度上适合于被考评对象的,但是效度的问题经常取决于所提供的指标相对有关的绩效维度在多大程度上是公正的与无偏向的。""信度问题产生于考评过程中的随机误差。而在考评过程中,当系统产生高估或低工作绩效的系统性偏见时,效度问题就会出现。"③

美国学者西奥多·H.波伊斯特提出四个维度即表面效度、一致性效度、相关性效度以及预见性效度来具体度量绩效信息的效度问题④。据此,法律绩效评估结果的效度也可从四个方面加以准确度量:(1)表面效度(face validity),即"从表面上看",该评估结论是可信的。也就是根据社会主体的常识或一般性

---

① 〔美〕西奥多·H.波伊斯特:《公共与非营利组织绩效考评》,肖鸣政等译,肖鸣政校,中国人民大学出版社2005年版,第87页。
② 吴建南:《公共管理研究方法导论》,科学出版社2006年版,第215页。
③ 〔美〕西奥多·H.波伊斯特:《公共与非营利组织绩效考评》,肖鸣政等译,肖鸣政校,中国人民大学出版社2005年版,第89页。
④ 同上书,第90—91页。

的感受,这种评估结论大致是正确的。(2)一致性效度(consensual validity),即一定数量评估者对这种结论的得出是有共识的、认可的。同样,这种结论对社会公众来说也是认同的。(3)相关性效度(correlational validity),即法律绩效评估中所使用的评估工具或手段以及使用的绩效指标等与另外一些已被证明了的有效的评估工具或手段以及绩效指标在统计上是高度相关的。甚至有些是完全一致的。(4)预见性效度(predictive validity),是指目前考评的结论可以用来准确地预见未来的一些结果。

从以上分析看来,法律绩效评估结果信度是说明结果的可靠性问题,立法评估结果效度则是说明研究结果的正确性、有效性问题。二者之间的关系可表示为:信度是效度的必要条件,但不是充分条件,有信度不一定保证有效度,但有效度则表明一定有信度。而要保证法律绩效评估结果能得到政府部门的认可以及回应,则法律绩效评估结果既要有信度也必须有效度。

三、法律绩效评估结果回应的路径

法律绩效评估结果回应的路径是指法律绩效评估结果通过什么样的路径被政府部门认同并采取了相应行动的问题,也就是法律绩效评估结果的合法化问题。法律绩效评估结果的合法化则是指由特定的国家机关赋予法律绩效评估结果以国家意志性、权威性以及具有执行力。从严格意义上来讲,政府部门对法律绩效评估结果赋予其合法化就是一种对法律绩效评估的回应,但它只是初步的,只是属于政府的反应阶段,还没有落实到政府的行动中,只有落实到政府的行动中,则法律绩效评估结果回应才真正实现。

上海市人大常委会于2005年2月决定选择《上海市历史文化风貌区和优秀历史建筑保护条例》作为首次法律绩效评估的对象,经过十个月的评估,形成了评估报告,并于2006年4月25日由上海市第十二届人大常委会第二十七次会议审议通过"《上海市历史文化风貌区和优秀历史建筑保护条例》立法后评估报告",关于立法后评估报告中提到的一些问题正逐步得到解决①;安徽省法制办对本省14部政府规章进行了评估,评估结果也得到了政府部门的回应。其他省、市以及国务院所开展的法律绩效评估活动,其结果都得到了重视。从我国现行的法律绩效评估活动来看,它基本上得到了政府部门的回应,但首先是法律绩效评估结果得到政府部门的认同,即法律绩效评估结果的合法化。

从我国现阶段法律绩效评估活动来看,它有一些共同点:(1)法律绩效评

---

① 郭光辉:《提高立法质量的成功探索——上海市人大常委会首次对一地方性法规开展立法后评估》,载《中国人大》2006年第11期。

估活动的开展是由立法部门本身决策的结果;(2)法律绩效评估的组织实施主体都是立法机构本身或其组成机构,如人大常委会的法制工作委员会,地方政府部门的法制办公室等;(3)法律绩效评估活动的开展由充足的政府经费支持;(4)法律绩效评估活动的结果被政府部门认同并得以执行。因此,现阶段的法律绩效评估都是正式的、内部的评估行为,评估结果进入政府议程比较容易,即评估结果的合法化相对快捷。从其评估结果合法化来看,基本路径是:

其一,提案。由法律绩效评估的组织实施主体向特定的立法部门提出要求审议通过法律绩效评估报告的议案。因我国现阶段法律绩效评估的组织实施主体都是法定的提案主体,因此,其议案进入议程也就相对方便。

其二,决定。由立法部门作初步审查,决定列入会议议程。

其三,审议。由立法部门组成人员对法律绩效评估报告进行审议,至于如何进行审议程序尚没有统一的规定加以遵循,从各地方人大常委会的审议情况来看,其审议程序类似于对政府工作报告的审议。

其四,表决通过。由立法部门组成人员在审议的基础上对法律绩效评估报告进行表决,过半数即为通过。

然而随着公民社会的兴起,民间的独立第三方评估主体也将会产生,而且因为独立第三方评估的结果公正性与客观性优势,其会逐渐成为法律绩效评估的主要主体。第三方评估的发生方式基本上有两种:委托评估或自行评估。委托评估是指独立第三方接受某一立法部门的委托,对某一法律部门进行绩效评估;自行评估是独立第三方自行开展的对某一立法进行绩效评估。对于委托评估而言,法律绩效评估结果的合法化,即是由委托部门提案得以进入正式议程,审议、表决通过该评估报告,实现其合法化。对于自行评估来讲,要让法律绩效评估结果合法化,得到政府的积极回应,就必须动员民意代表的支持与响应,能够使法律绩效评估报告作为一项提案进入政府议程,从而根据一定的程序实现其合法化。

当然,从共同治理的理念[1]出发,并不是说通过将法律绩效评估结果合法化,才是政府回应的前提,只要社会公众提出法律绩效评估结果的诉求意愿时,政府部门就有责任、义务作出积极回应。但这种状况在现代各国法律绩效评估中还只是理想,目前各国开展的法律绩效评估活动如果得到政府的回应,需要

---

[1] 治理理论认为治理需要权威,但权威并非仅仅来源于国家或政府一家,其他社会主体如非营利组织、企事业单位,甚至公民个人都可以成为治理的主体,从而形成了"共同治理"理念,即在对国家和社会公共事务的治理中,政府和其他社会力量处于完全平等的地位,没有哪个主体处于绝对的主导地位,而且在不同的治理过程中同一个治理主体也会处于不同的地位上。

走法律绩效评估结果合法化的路径。

四、法律绩效评估结果的回应主体

法律绩效评估结果的回应实际上体现了一定的法律关系,回应的主体即是回应法律关系的主体,它包括回应的权利主体与义务主体。

(一)法律绩效评估结果回应的权利主体

法律绩效评估结果回应的权利主体是指在法律绩效评估结果的回应过程中,享有政府回应权利的组织或人员。主要有两类主体:

1. 直接权利主体

直接权利主体是指在法律绩效评估过程中,直接组织、实施、参与法律绩效评估的组织机构或人员。

(1)法律绩效评估的组织主体。法律绩效评估的组织主体是指具体组织立法评估活动的机构,如《上海市历史文化风貌区和优秀历史建筑保护条例》评估的组织主体是上海市人大法制委、人大常委会法工委;安徽省政府规章评估的组织主体是省政府法制办等。

(2)法律绩效评估的实施主体。法律绩效评估的实施主体是指具体实施立法评估活动的组织或个人。如《上海市历史文化风貌区和优秀历史建筑保护条例》评估的实施主体除上海市人大法制委、人大常委会法工委以外,还有执法部门、相关区人大常委会、上海市统计局城市社会经济调查队等。有些情况下,组织实施主体是同一个主体,如2007年黑龙江省发布的《关于开展我省部分地方性法规和省政府规章立法评估工作的通知》中规定,《黑龙江省草原条例》组织实施部门为省畜牧业局;《黑龙江省湿地条例》组织实施部门为省林业厅。

(3)法律绩效评估的参与主体。它是指除组织、实施法律绩效评估活动的组织或个人以外的,参加法律绩效评估活动的组织或个人。如《上海市历史文化风貌区和优秀历史建筑保护条例》评估过程中的其他参与人有部分人大代表、市或相关区的文物管理委员会、部分邀请参加座谈会的专家、参与问卷调查的部分社会公众等。

2. 间接权利主体

间接权利主体是指虽然没有直接参与法律绩效评估过程,但是与评估之立法有一定关系并享有一定权利的组织或个人,也称之为"利益相关者"。

(1)立法主体,即是被评估法律的制定者。在立法主体不作为立法评估的组织或实施者的情况下,尤其是在独立第三方评估过程中,对法律绩效评估与立法主体的立法行为有着密切的关系。立法主体也有权知晓被评估之法的基本情况。

（2）执法主体。执法主体的执法行为与被评估的法律绩效有密切的关系，虽然它没有直接参与评估，但法律实施绩效评估结果与它们有着紧密联系。可能在评估过程中，对执法绩效也是关注的内容之一。执法主体也有权知晓被评估法律的执法情况评估是否符合实际。

（3）司法主体。法律实施状况不仅决定立法的质量，还决定于执法与司法的水平。因此，法律绩效评估要考察立法本身的制定质量，还要关注执法与司法绩效。司法主体在不直接参与法律绩效评估过程时就成为法律绩效评估的"利益相关者"。同时它也享有对被评估之法的司法情况的评估，是否与实际的司法行为相一致。

（4）守法主体。即法律所调整的社会主体范围或一定地域范围内的社会公众。社会公众的守法状况既是法律绩效的决定因素，也是法律绩效的表征。它不仅享有法律绩效评估的知情权，也有法律绩效评估的参与权等。

（二）法律绩效评估结果回应的义务主体

法律绩效评估结果回应的义务主体即是法律绩效评估结果所关涉的有关国家机关，对法律绩效评估结果中提到的有关问题或建议有作出积极回应的义务。法律绩效评估结果回应的义务主体具有这样的特点：

（1）它是国家机关。对法律绩效评估结果回应的义务主体必然是国家机关，对法律绩效的评估不针对具体的个人，而是针对国家机关的立法、执法、司法行为提出问题与建议。

（2）它是特定的国家机关，即是与法律绩效评估所关涉的法律的制定、执行有着直接联系的国家机关，其他国家机关不属于回应的义务主体。

（3）它是权利主体与义务主体统一的国家机关。作为权利主体，它有权知晓法律绩效评估结果，有权参与法律绩效评估过程并有权对法律绩效评估结果提出问题或建议等等。作为义务主体，它有义务对法律绩效评估结果提出的问题与建议作出积极回应。

因此，法律绩效评估结果回应的义务主体有三种类型的主体：立法主体、执法主体与司法主体。

五、法律绩效评估结果回应的方式与内容

法律绩效评估结果回应的方式与内容是指特定的国家机关在接受立法评估的问题与建议以后，对问题或建议进行认真分析，然后确定通过什么样的形式以及提出什么样的回应措施。我国有学者从我国现阶段政府决策公众参与的五个阶段角度提出政府回应的不同方式①。他认为,我国现阶段公众参与可以分为五个层次,一是公众知情式参与和回应,政府通过公告等形式告知公民的基本权利和义务,公众了解而没有行为。二是公众诉求式参与与回应,即公众在诉求,政府回应其诉求。三是协商式政府参与与回应:政府与公众就某些政策意见进行协商处理。四是合作性参与与政府回应:政府与公众合作共同制定相关政策决策方式,共同处理公共事务,解决公共问题。五是公民创制性参与,公民或相关利益团体可以提出政策议案,供政府决策参考,政府必须进行考虑、审议。图表示意如下:

中国政府决策公众参与、政府回应层次和制度建设表

政府决策参与方式层级	政府回应方式层次	制度建设举例
公民创制性参与	公民或相关利益团体可以提出政策议案,供政府决策参考,政府必须进行考虑、审议等	(1) 城市以一定人数联合签名提议可以提出议案。 (2) 相关组织或企业联合符合条件可以提出议案
公众合作性参与	合作性政府回应:政府与公众合作共同制定相关政策决策方案,共同处理公共事务,解决公共问题	(1) 某些政策决策必须由公众与政府共同制定。 (2) 涉及政府与公众需要合作才能解决的公共问题必须两者共同决定
公众协商式参与	协商式政府回应:政府与公众就某些政策意见进行协商处理	(1) 政府决策前必须与公众进行协商。 (2) 决策听证制度、政府承诺制度等
公众诉求式参与	诉求式政府回应:公众在诉求,政府回应其诉求	请求回应办理的制度,如提供信息制度
公众知情式参与	政府通过公告等形式告知公民的基本权利与义务,公众了解而没有采取行为	(1) 政府信息公开制度、决策公示制度 (2) 社会通告制度

当然,以上是从公众参与的层级上对政府回应方式的一种描述,但现实生活中,公众参与这几种方式可能同时存在于政府决策过程中。就法律绩效评估结果回应的方式来看,我们认为它与法律绩效评估结果回应的内容有关系,法律绩效评估结果回应的内容决定了法律绩效评估结果的回应方式。以国务院法制办政法司、劳动保障部法制司和劳动科学研究所三方组成的课题组对《劳

---

① 李伟权:《政府回应论》,中国社会科学出版社2005年版,第210—211页。

动保障监察条例》的评估结果来看①,课题组发现该条例实施过程中反映出一定的问题。从立法角度看,它存在立法层次低、对监察处理决定的执行缺乏有效的保障措施、法律责任的规定总体过轻、罚款幅度过大等问题;从执法角度看,它存在如监察机构建设不健全,人员配备不足;经费保障不够;地方干扰监察等问题。针对该条例在立法与执法过程存在的问题,《法律绩效评估报告》提出了可行的措施,一是要对该条例有关条款进行修改,以完善其操作性;二是完善执法措施,保障劳动保障监察的顺利实施;三是制定配套法规与规章如《劳动合同法》、《社会保险法》、《企业工资条例》等。这三项工作可以说是政府部门应当回应的具体措施。这些具体的回应措施决定了政府部门回应的方式,基本上有以下类型:

(1) 信息公开。不仅将法律绩效评估的结果对立法评估的利益相关者公开,还要面向社会公开,同时立法评估结果中提出的问题与建议被政府纳入决策过程后,决策过程与决策的结果要向利益相关者与社会公开。让利益相关者与社会公众知晓法律绩效信息,有助于社会主体更好地了解政府正在做些什么、如何做以及取得了什么样的结果,使社会主体可以对政府回应过程与结果进行监督。就《劳动保障监察条例》法律绩效评估结果回应来看,一方面要将该评估报告对社会公开,接受社会的监督;二是立法部门与执法部门针对其存在的问题与建议的决策过程与结果向社会公开。

(2) 社会服务承诺。"社会服务承诺制是一项保障公共服务公开化、民主化和实效化的制度,它是指公共部门(包括政府机关)将公共服务的内容、标准、程序和责任等公之于众,向公众作出信守性许诺,接受公众的监督,以实现提高服务水平、有效满足公众需求的目的的一种政府绩效管理机制。"②以《劳动保障监察条例》法律绩效评估结果回应为例,有关立法部门(该条例的制定主体是国务院)以及全国的劳动保障监察部门应针对评估报告中提出的问题与建议,向社会作出承诺,在合理的时间范围内,积极加以改进。

(3) 利益相关者参与。根据利益相关者的诉求,在绩效改进方面扩大利益相关者的参与。以《劳动保障监察条例》法律绩效评估结果回应为例,"作为主管全国劳动保障监察工作的主管部门,应当根据《条例》第三条的规定,加紧会同相关部门,共同制定规章或规范性文件。一是会同人事、编制部门,按照执法工作职责的要求,明确劳动保障监察机构的性质为'全额财政拨款事业单位',劳动保障监察员'参照公务员管理'。二是会同财政等部门,明确劳动保障监察

---

① 李建等:《〈劳动保障监察条例〉立法后评估报告》,载《中国劳动》2007年第5期。
② 范柏乃:《政府绩效评估与管理》,复旦大学出版社2007年版,第67—68页。

经费的财政项目明细和列支渠道。三是会同建设部门,明确建筑行为的用工管理制度。四是会同公安、工商等部分行政处罚权专属部门,明确其在劳动保障监察中的支持、协助责任和介入程序。"①

六、法律绩效评估结果回应的监控

如果说立法评估结果具有一定的信度与效度,政府机关应就该结果作出积极回应。在现代塑造民主政府、责任政府、回应政府、结果导向型政府、有限政府等过程中,政府回应性是其重要建构内容。而在政府回应机制的建设中,不可不涉及政府回应监控制度的完善。法律绩效评估结果能够得到政府有关部门的积极回应,这当然是很理想的结果,但是在现代政府转型过程中,可能出现政府面对社会公众的诉求,回应不够积极、有效。如社会公众有诉求,但政府不回应;社会公众有诉求,政府低效性回应,消极怠工或者社会公众有诉求,政府有回应但已经过了应当的时效等,因此,需要建立完善的法律绩效评估结果回应的监控制度。

(一)建立政府责任制度

欧文·E.休斯指出:"公民与政府的关系可以看成是一种委托—代理关系,公民同意推举某人以其名义进行治理,但是必须满足公民的利益并为公民服务",所以"政府与公民之间的关系形成了责任机制"。② 这是政府责任的广义内涵。就狭义而言,政府部门应就其行为向社会公众负责,承担因其不当行为而应负的责任。当然,这种政府责任不仅表现为法律法规规定的应承担的法律责任、政治责任等,还表现为政府机关主动自愿地向公众声明其行为不当但又不符合承担法律责任、政治责任的情况下自觉履行的其他社会责任。"责任机制应当成为一种控制政府行为的机制。"③至于政府责任如何设计,则不仅依赖国家法律制度的完善,还要依赖服务型政府的建设。

(二)强化政府内部监督制度

强化政府内部监督措施,保障政府部门能够及时地、有效地对社会公众诉求进行回应。具体内容表现为三方面:一是上级政府部门对下级政府部门行为的监督,如上级国家权力机关对下级国家权力机关行使国家权力的行为进行监

---

① 李建等:《〈劳动保障监察条例〉立法后评估报告》,载《中国劳动》2007 年第 5 期。
② 〔澳〕欧文·E.休斯:《公共管理导论》,张成福等译,中国人民大学出版社 2001 年版,第 264 页。
③ 李伟权:《政府回应论》,中国社会科学出版社 2005 年版,第 72 页。

督、上级国家司法机关对下级国家司法机关的司法行为进行监督、上级国家行政机关对下级国家行政机关的行政行为依据法律规定进行监督。二是国家权力机关对司法机关与行政机关的法律监督。同级人大对同级行政机关、司法机关行使国家权力的行为进行法律监督。三是特定监督机关的监督,如行政监察、审计监督等。

监督的具体方式有所不同,如权力机关的监督方式有:(1)听取和审议"一府两院"工作报告、专题汇报;(2)人大及其常委会对行政、司法部门的工作提出质询或询问;(3)组成特定问题的调查委员会;(4)人大常委会和人大专门委员会对行政、司法机关实施法律情况进行定期或不定期的调查;(5)根据宪法与《立法法》规定,进行法规批准、备案、审查、撤销与清理。行政机关的监督方式有:(1)基于层级隶属关系而进行的上级行政机关对下级行政机关行为的法律监督;(2)行政监察,即国家行政监察机关对行政机关及其工作人员的行为进行检查、督促或处理的活动;(3)审计监督,作为国家审计机关依法对各级各类国家机关的财政财务情况进行审查、核实的活动;(4)行政复议监督,即根据行政相对人的申请,由法定的行政机关依法对引起争议的具体行政行为重新进行审查并作出裁决的活动。

(三)建构社会监督制度

社会监督是社会力量对法律实施的监督,监督主体主要包括执政党、民主党派和人民政协、社会团体、人民群众以及新闻媒体等。建构社会监督制度要从以下方面做起:一是建立有效的社会监督机制。如制定《群众监督法》,明确群众监督的地位、权限、程序等,保障群众监督有效实行;制定《政府信息公开法》,保障公众对政府行为的知情权,建构监督权行使的基础;制定《新闻法》或《新闻自由法》保障新闻媒体的独立性和应有权利等等。二是不断扩大公众参与,建立有效的公众参与机制。"公众参与机制就是政府与社会民众之间通过一种合法的、合理的、公平的渠道就政府政策、行政决策、行政问题的解决等等行政外部行为进行的协商、协调机制。"①将公众参与法治化,明确公众参与的途径、方式、程序,依法保障公民的参与权利。"回应不是回报,更不是恩赐,回应是政府的职责和义务,回应是公民通过人民代表大会行使权力、对政府进行权力约束,通过行使宪法赋予的权利对政府实行有效的权力制约,以实现自身的权利。"②

---

① 李伟权:《政府回应论》,中国社会科学出版社 2005 年版,第 215 页。
② 陈水秘:《政府回应的理论分析与启迪》,载《地方政府管理》2000 年第 11 期。

第二节　法律绩效评估结果回应之法律修改

法律绩效评估的目的不仅仅在于"了解法律法规实施后取得的成就",更重要在于:"发现法规实施中存在的问题,分析法规中各项制度设计的合法性、操作性和针对性,从而得到科学客观的反馈信息,以便及时修改完善法律制度,更好地发挥法律法规的规范作用。"[1]而这种目的的实现就在于它能够得到国家机关的积极回应,即法律绩效评估的回应在于法律绩效评估报告中提出的立法、执法存在的问题及建议能够获得国家机关的积极回应,它所提出来的立法与执法完善之建议等能够为国家机关的立法、执法等提供直接的决策依据。在法律绩效评估报告中,评估主体提出来的立法缺陷及建议能够获得立法机关回应方式主要有三种情况:法律创制、法律修改和法律废止。法律绩效评估回应之法律修改是立法主体针对评估报告中提出来的立法缺陷以及完善的立法建议而作出的积极回应,最终通过法律修改过程使法律内容趋于完善。所谓法律修改是指:"国家有权机关依照法定程序对现行法律的某些部分加以变更、删除、补充的活动。"[2]那么评估主体在法律绩效评估报告中提出的立法缺陷及完善建议如何得到国家立法主体对法律修改的回应,其具体运作过程是什么?这个问题在理论与实践上都是值得深入探讨的。

一、法律绩效评估报告中"法律修改"建议的逻辑

法律绩效评估报告从逻辑结构上讲至少包括三个部分:一是法律法规实施的成效;二是法律法规实施过程中反映出来的问题;三是法律法规在立法、执法等环节上完善的建议。就法律绩效评估报告中所得出的"法律修改"结论来看,它至少蕴含着这样一个逻辑:首先该法在实施过程中存在一些问题;其次这些问题部分或全部是因立法本身的缺陷造成的;再次立法本身存在的缺陷是什么或者讲法律法规的某部分或某些条款需要作出修改,针对这些条款或缺陷提出法律修改的若干建议。

（一）法律法规实施过程存在的问题

法律法规在实施过程中取得一定的成效,这是立法者所要实现的立法目

---

[1] 李克杰:《立法后还要做些什么?》,载《工人日报》2005年8月12日。
[2] 李林:《立法理论与制度》,中国法制出版社2005年版,第213页。

的,然而立法目的能否在实践中实现,它决定于很多因素,如法律本身的质量因素、法律实施的环境因素、执法司法的资源配置因素等,可能在法律实施过程中会出现这样或那样的问题。如云南省人大常委会组织实施的《云南省供用电条例》评估中发现:林业、电力部门就树木和电力线路的相互妨碍问题,存在较大分歧,很多此类问题不好解决。国务院法制办政法司、劳动保障部法制司和劳动科学研究所三方组成的评估课题组对国务院《劳动保障监察条例》评估中,通过调研发现其虽然取得了很大成就,也存在一些问题,如面对大量的非法用工单位和影响恶劣的欠薪、欠保逃匿案件,劳动保障监察部门无法采取强制措施,使得劳动者的合法权益得不到保护等。

(二) 法律法规实施过程存在问题的立法性因素

在法律法规实施过程中存在一定的问题,作为立法评估主体就要针对这些问题进行分析,到底这个问题是因为法律本身的因素引起的,还是执法、司法等因素。在法律绩效评估过程中,立法的针对性、可操作性等是立法的评估重点。如果因为立法的针对性、可操作性等造成法律法规实施状况不好或存在一些问题,就要从立法本身来找原因。在对《云南省供用电条例》评估过程中,评估小组发现,国家法律与地方性法规在实施中发生冲突。《中华人民共和国森林法》第32条规定:"采伐林木必须申请采伐许可证,按许可证的规定进行采伐……"但《云南省供用电条例》第7条第2款规定:"未经允许,任何人不得进入或者将物体置入架空电力线路设施重点保护区。植物生长进入架空电力线路设施的重点保护区的,应当排除。"在实践中,当电力设施产权人进行排除时,林业行政主管部门的人员就会以没有"采伐许可证"为由,进行干涉甚至处罚。同样,在对《劳动保障监察条例》评估中,评估课题组发现,因《劳动保障监察条例》立法层次的限制,缺乏必要的行政强制手段,导致这样的现象发生,即面对大量的非法用工单位和影响恶劣的欠薪、欠保逃匿案件,劳动保障监察部门无法采取强制措施,使得劳动者的合法权益得不到保护等。

(三) 提出法律修改建议

针对法律法规实施过程中存在的问题以及对问题性质的分析,评估主体将属于立法本身存在的问题全部找出,并结合法律的规定,寻找法律完善的对策。如前面涉及的《云南省供用电条例》的评估中,评估小组认为,如果将"谁合法在先,谁得到补偿"写入条例,问题就很容易解决。也就是说,针对林业、电力部门就树木和电力线路的相互妨碍问题,如果先架好线路,后种树,林业部门要给予电力部门补偿;而如果先种树,后架线,树长高了可以砍掉一部分,但电力部门必须给予林业部门补偿。同样,前面提到的国务院《劳动保障监察条例》的评估,评估组总结出了该条例本身存在的一些问题:"一是《条例》因立法层次的限制,缺乏必要的行政强制手段;二是《条例》对监察处理决定的执行缺乏有效的保障措施;三是《条例》对法律责任的规定总体过轻;四是《条例》规定的罚款幅度过大"。针对该条例实施过程存在的立法缺陷,评估组提出了扩大《条例》适用范围、扩充劳动监察事项、修改法律责任、适当赋予劳动保障监察机构行政强制权等立法完善的建议①。

二、关于法律修改建议的效力及法律修改案被列入立法会议议程

法律绩效评估报告关于"法律修改"建议的效力如何?它能否直接取代正式立法过程的法律修改?

在我国近几年开展的法律绩效评估过程中,关于法律绩效评估报告以及其中关于法律修改的建议都得到了重视,甚至直接启动了立法议程,对原先的法律法规进行了修改和完善。如2006年4月25日上海市第十二届人大常委会第二十七次会议审议通过了"《上海市历史文化风貌区和优秀历史建筑保护条例》立法后评估报告",关于立法后评估报告提到的一些问题正逐步得到解决②。不过关于法律绩效评估中的法律修改建议如何进入立法议程,我国法律法规缺少这样的规定,各地方的立法实践也没有统一的做法。

准确地讲,法律绩效评估报告中关于"法律修改"的建议只能为国家立法机关的决策提供参考与借鉴,它不具有决定性的意义,即它是国家法定机关启动法律修改程序的充分条件而非必要条件。但是,从另外一方面来讲,如果法律绩效评估报告中提出的建议与措施没有被国家机关所采纳,那么它就失去了评估的目的与意义。实际上,这中间缺少了一个环节,需要构建一个有效的机制,将法律绩效评估中关于"法律修改"建议与国家机关的立法议程建立紧密的联系,从而对法律制度本身的完善起到重要作用。

根据我国《立法法》的规定,法律绩效评估报告中的建议与措施如果能纳入立法议程,必须提出立法议案,与通常立法议案有所不同的是,它提出的是法律修正案。所谓法律修正案,"通常是指立法机关依照立法程序对已生效的法律进行变更、删除或补充的提案"。提案与提出动议有很大的不同,提案只能是法定提案主体严格遵循法定程序向特定国家机关提出。提出动议则没有法定程序的规定和限制,任何机关、团体、组织和个人,都可以在其认为适当的时候,以

---

① 李建等:《〈劳动保障监察条例〉立法后评估报告》,载《中国劳动》2007年第5期。
② 郭光辉:《提高立法质量的成功探索——上海市人大常委会首次对一地方性法规开展立法后评估》,载《中国人大》2006年第11期。

自己认为适当的方式向国家立法机关提出①。国家立法机关对法律议案必须依据法定程序进行处理,对法律议案要列入法定程序,进行审议、表决、通过,或者作出有关决定或否决等。而对立法动议的处理,由于法律对此未规定国家立法机关负有法定的处理义务,这样,国家立法机关对立法动议可以适时地提出合理处理。在我国目前立法体制状态下,其他社会主体提出立法动议难以有效启动立法议程,必须通过法定提案主体提出法律修正案,才可能被立法机关纳入议程。

法定提案主体的提案是提案纳入议程的必经环节。我国《立法法》、《行政法规制定程序条例》、《规章制定程序条例》等法律法规规定了不同立法主体的立法提案主体的范围。如可以向全国人民代表大会常务委员会提出法律案的主体范围是:委员长会议、国务院、中央军事委员会、最高人民法院、最高人民检察院、全国人民代表大会各专门委员会、常务委员会组成人员10人以上联名。因此,法律绩效评估报告中关于"法律修改"建议,须形成符合法律草案规定的"法律修正案",由法定提案主体向国家立法机关提出法案,这是它进入立法议程的第一步。

根据各国关于法律绩效评估开展的情况来看,关于法律绩效评估的主体有两大类:

一类就是属于法定提案权的主体范围,我国目前开展的法律绩效评估多属于此种形式,它属于正式评估。这些评估就评估主体而言,主要有这样几种情形:

(1)由人大常委会决定,人大各专门委员会组织实施立法调研评估,法制委员会参与其他委员会的调研、政府有关部门予以配合。如太原市人大的法律绩效评估。

(2)由人大常委会决定,由人大法制委员会与对口部门进行调研评估,如云南省《供用电条例》的法律绩效评估,就是由人大法制委员会与云南电网公司组成的调研小组进行评估工作。

(3)由人大法制委、人大常委会法工委联合进行法律绩效评估,如上海市人大对《历史文化风貌区和优秀历史建筑保护条例》所进行的法律绩效评估。

(4)对口管理的政府部门组织评估。如黑龙江省地方性法规《黑龙江省草原条例》的评估主体为省畜牧局、《黑龙江省湿地条例》的评估主体为省林业厅、《黑龙江省农业机械管理条例》的评估主体为省农委等。

(5)混合评估主体。如国务院法制办公室启动的《劳动保障监察条例》的

---

① 李培传:《论立法》,中国法制出版社2004年版,第169页。

第五章 法律绩效评估结果的回应

法律绩效评估,就是由国务院法制办政法司、劳动保障部法制司和劳动科学研究所三方组成的课题组进行调查与研究,完成了《劳动保障监察条例立法后报告》。

以上评估主体根据我国法律法规的规定,都属于法定提案主体,因此,可以经由它们直接行使立法提案权,经过特定立法机关的审议与决定,建立正式立法议程。

第二类就是非属于法定提案权主体的其他社会主体,特别是西方国家兴起的独立第三方评估主体。它们做出的法律绩效评估报告进入立法议程可能受制于一定的条件。从它们的发生方式来看,一是根据国家立法主体的委托而行使的法律绩效评估;二是自行组织的法律绩效评估。第一种情况可能引起国家立法主体的重视,它们针对法律绩效评估报告中提出的建议与措施加以审查,必要的情况下,根据法律法规规定,要求法定提案权主体提出法案或进行法律修正案的起草工作。第二种情况,就是要寻求法定提案权主体的支持,经由它们向立法主体提出法律案。这在各国表现方式不同,在美国,特别是某些利益集团支持的法律提案,可能通过游说方式,游说议员向参议院或众议院提出法案。在我国,一般有两种方式:一是向法定提案主体范围的国家机关提出建议,要求它们将自己这种要求通过提案方式向立法机关提出来;二是经由人大代表联名提出符合法律规定要求的议案。

当然,法律修正案提出后,并不意味着就可以列入立法议程。因为:一是在一次会议上审议的议案有限,而各方面提出需要审议的议案一般较多。因此,必须根据各个议案的具体内容,区分主次和轻重缓急,由法定机关经过慎重研究和权衡之后,在各方面提出需要审议的议案中,决定将其中的部分议案列入会议议程。二是就法律议案而言,有的法律议案本身比较成熟和完善,法律实施的社会条件已经具备,这种法律议案一般容易被列入会议议程。有的法律议案内容虽然很重要,但是,其中有的问题尚未论证清楚或是其实施的社会条件尚不成熟,难以列入会议议程;有的法律议案由于前期的调查研究、科学论证等基础工作做的不深不细,造成法律议案缺少较好的合理性、科学性和可行性,或是法律议案本身的结构和文字表述等还存在缺陷,这样的法律议案也难以列入会议议程[①]。因此,建立在法律绩效评估报告"法律修改"建议基础上的"法律修正案"的提案,在具备结果可靠性、可信性、合理性、科学性等的情况下,才有可能由立法机关根据法定程序决定进入会议议程。

因为提案主体之不同、提出法案内容完备性等之不同,立法机关有不同的

---

① 李培传:《论立法》,中国法制出版社 2004 年版,第 171 页。

进入立法议程的决定方式。如根据《立法法》第12、13条的规定,(1)全国人民代表大会主席团向全国人民代表大会提出的法律案,由全国人民代表大会会议审议;(2)全国人民代表大会常务委员会、国务院、中央军事委员会、最高人民法院、最高人民检察院、全国人民代表大会各专门委员会,向全国人民代表大会提出的法律案,由主席团决定列入会议议程;(3)一个代表团或者30名以上的代表联名,向全国人民代表大会提出的法律案,由主席团决定是否列入会议议程,或者先交有关的专门委员会审议,提出是否列入立法议程的意见,再决定是否列入会议议程。同样,《立法法》、《行政法规制定程序条例》、《规章制定程序条例》等也规定了不同的立法主体对其不同提案主体提案列入会议议程的确定方式。由法定提案主体提出的建立在法律绩效评估报告中关于"法律修改"建议基础上的"法律修正案"经由法定程序,由特定的立法主体决定是否纳入会议议程。

三、"法律修正案"的立法程序

立法程序一般是从动态意义上理解,即"立法主体以制定法律为目标的一系列连续的立法行为所组成的立法过程"①。根据我国现行法律制度的规定,它一般包括四个过程:法律案起草、法律案审议、法律案表决通过以及法律公布。

(一)法律修正案的起草

根据我国现行法律制度的规定,提案主体在提出法案时,并不是说一定要同时提交法律草案。在实践中,立法提案有两种情况:一种是不仅提出制定、修改、废止法律法规的倡议或意见,而且附带法律草案;另一种是仅仅提出制定、修改、废止法律法规的建议、倡议或意见,不附带法律草案②。不管是什么情形,一旦被纳入正式立法议程,立法机关会委托立法机关组成部门对其审查或重新起草法律草案,如全国人民代表大会会确定全国人大法律委员会对法律草案进行审查或重新起草,提出法律委员会审查通过的大会审议稿。

这里要探讨的是,正式提交审议的法律草案与法律绩效评估报告中"法律修改"建议与措施之间的关系。我们认为,有关起草或审查主体要严格审查法律绩效评估报告中问题或结论的可靠性、可信性、合理性等问题,如果报告具有以上特征,则法律草案起草或审议部门应以法律绩效评估报告提出的有关问题

---

① 苗连营:《立法程序论》,中国检察出版社2001年版,第4页。
② 汪全胜:《制度设计与立法公正》,山东人民出版社2005年版,第195页。

与建议为主要审查内容。在有足够证据证明法律修改建议可行的情况下,法律草案或审议部门应当采纳。如2004年底北京市人大常委会法制办公室组织市人大常委会民族侨务工作委员会、市政府法制办对2002年11月1日施行的《北京市宗教事务条例》进行合法性评估,发现它部分条款与2005年3月1日施行的国务院行政法规《宗教事务条例》相抵触,则相抵触的条款必须作出修改。

在法律绩效评估报告真实、可靠、可信、可行的情况下,法律草案应以法律绩效评估报告中提出的"法律修改"建议为基础,但须经过严格的审查程序。同时,法律草案起草或审查主体还需要对整部法律法规进行审查,看是否存在其他的立法技术问题,最后形成完整的法律草案审议稿。

(二)法律修正案的审议

法律修正案的审议主体与审议标准与其他法案的审议主体与审议标准没有什么区别。但在审议内容与程序设置上可以有所不同。

从审议内容来讲,因为是法律修正案,它只是针对法律法规的部分条款进行的修正,审议主体应重点针对被修正的部分条款进行审议,法律法规其他条款可不作审议。如2004年8月28日全国人大常委会对《中华人民共和国土地管理法》的修改来讲,它只涉及原法律中的第2条第4款、第43条第2款、第45条、第46条、第47条、第49条、第51条、第79条的修改。在同一天通过修改的《中华人民共和国公路法》只涉及第50条第1款的修改。如果对法律法规的全文进行审议,势必效率不高。在审议实践中应重点对修正的条款进行审议,以提高立法审议效率。这样,全国人大常委会2004年8月28日这一天通过了《中华人民共和国公司法》、《中华人民共和国公路法》、《中华人民共和国证券法》、《中华人民共和国票据法》、《中华人民共和国拍卖法》、《中华人民共和国野生动物保护法》、《中华人民共和国渔业法》、《中华人民共和国种子法》、《中华人民共和国学位条例》、《中华人民共和国土地管理法》等10部法律修改案,但总共审议修改的条文才只有21条。

从审议程序来讲,《立法法》规定了三审制为原则,但是在某些情况下,也可以采用一审制或两审制。《立法法》第28条规定:"列入常务委员会会议议程的法律案,各方面意见比较一致的,可以经两次常务委员会会议审议后交付表决;部分修改的法律案,各方面的意见比较一致的,也可以经一次常务委员会会议审议即交付表决。"这样规定符合实际,经过有关主体的评估以及有关主体审查之后,关于法律修改的意见基本上形成一致意见,可以只进行一次或两次审议之后即交付表决。

(三) 法律修正案的表决通过与公布

法律修正案的表决通过与公布与其他法律法规的表决通过与公布是一致的。根据我国现行法律法规的规定，法律案的通过，权力机关的立法"由全体代表的过半数通过"。行政机关的立法，行政法规经由国务院常务会议审议，或者由国务院审批；部门规章应当经部务会议或者委员会会议决定，地方政府规章应当经政府常务会议或者全体会议决定。

法律法规的公布，根据我国法律法规的规定，全国人民代表大会以及全国人大常委会通过的法律由国家主席签署主席令予以公布，法律解释案的公布由常务委员会发布公告公布。法律签署公布后，及时在全国人民代表大会常务委员会公报和在全国范围内发行的报纸上刊登，但在常务委员会公报上刊登的法律文本为标准文本。

行政法规由总理签署国务院令公布，行政法规签署公布后，及时在国务院公报和在全国范围内发行的报纸上刊登。但在国务院公报上刊登的行政法规文本为标准文本。

省、自治区、直辖市的人民代表大会制定的地方性法规由大会主席团发布公告予以公布。省、自治区、直辖市的人民代表大会常务委员会制定的地方性法规由常务委员会发布公告予以公布。较大的市人民代表大会及其常务委员会制定的地方性法规报经批准后，由较大的市的人民代表大会常务委员会发布公告予以公布。自治条例和单行条例报经批准后，分别由自治区、自治州、自治县的人民代表大会常务委员会发布公告予以公布。地方性法规、自治区的自治条例和单行条例公布后，及时在本级人民代表大会常务委员会公报和本行政区域范围内发行的报纸上刊登。在常务委员会公报上刊登的地方性法规、自治条例和单行条例文本为标准文本。

国务院部门规章由部门首长签署命令予以公布。地方政府规章由省长或者自治区主席或者市长签署命令予以公布。部门规章签署公布后，及时在国务院公报或者部门公报和在全国范围内发行的报纸上刊登。地方政府规章签署公布后，及时在本级人民政府公报和本行政区域范围内发行的报纸上刊登。在国务院公报或者部门公报和地方人民政府公报上刊登的规章文本为标准文本。

四、法律修改的主体以及法律修正案的存在形式

(一) 法律修改的主体

"法律修改与法律制定的性质是相同的,须拥有立法权的机关才有权修改。"①根据我国的立法实践,法律修改的主体有这样三种类型:

(1) 立法主体对自己制定的法规范性文件行使修改权。全国人大有权对自己制定的基本法律进行修改,全国人大常委会有权对自己制定的法律进行修改,行政法规、地方性法规、自治条例和单行条例、规章等的制定主体都可以对自己制定的法规范性文件进行修改。而且根据我国现行立法实践,这种修改模式是占主导性地位的。

(2) 全国人大常委会对全国人大制定的基本法律进行修改。根据我国法律规定,全国人大制定基本法律,全国人大常委会制定基本法律以外的法律,但在全国人民代表大会闭会期间,全国人民代表大会常委会对全国人民代表大会制定的法律进行部分补充和修改,但是不得同该法律的基本原则相抵触。

(3) 上位法立法主体对下位法立法主体的立法进行修改。根据《立法法》第89条的规定,全国人民代表大会有权改变它的常务委员会制定的不适当的法律;国务院有权改变不适当的部门规章和地方政府规章;省、自治区、直辖市的人民代表大会有权改变它的常委会制定的和批准的不适当的地方性法规;省、自治区的人民政府有权改变下一级人民政府制定的不适当的规章。所谓"改变"权即是"修改"权,即有权对法律法规的内容或条款进行修改或补充。

(4) 授权修改的主体。根据我国法制建设的需要,在某些特殊情况下,享有立法权的主体授权予其他主体,行使对授权主体立法的修改权。如1959年第二届全国人民代表大会第一次会议作出授权决议,决定授予全国人大常委会对其制定的部分法律进行修订;1983年,全国人大常委会作出决定,授权国务院对1978年5月24日第五届全国人大常委会第一次会议原则批准的《国务院关于安置老弱病残干部的暂行办法》的规定作一些必要的修改和补充。

(二) 法律修正案的存在形式

目前我国关于法律修正案的存在形式主要有两种类型:

一种是法律修正案作为单独的法律文本存在,原法律条文保持不动,引用法律时可直接引用法律修正案的条文。我国《宪法》自1982年公布以后,后又于1988年、1993年、1999年、2004年公布了四个宪法修正案。现行公布的《宪

---

① 李林:《立法理论与制度》,中国法制出版社2005年版,第213页。

法》一般是：1982年12月4日通过的宪法置于宪法文本之前（内容还保持1982年制定的内容），其后按时间顺序公布四个宪法修正案。在适用时如果1982年宪法中所涉内容有修改的，直接援用修正的条文，没有修改的，还适用1982年宪法的条文内容。同样的情形也表现在我国1997年通过的《刑法》，其后在1999年、2001年（通过两个修正案）、2002年、2005年、2006年共通过六个刑法修正案，并将修正案作为单独文本公布。

另外一种是法律修正案不作为单独文本存在，而直接将其置于被修正的法律法规中，涉及需修正的条款直接修正过来，最后公布出来的是完整的部门法文本。如2006年2月28日第48号国家主席令公布了全国人大常委会关于修改《中华人民共和国审计法》的决定，在该修改决定中规定"《中华人民共和国审计法》根据本决定作相应修改并对条款顺序作相应调整，重新公布"，据此，有关部门重新公布了审计法，并写明"根据2006年2月28日第十届全国人民代表大会常务委员会第二十次会议《关于修改〈中华人民共和国审计法〉的决定》修正"。

根据国务院新闻办公室2008年2月公布的《中国的法治建设》白皮书，我国现行有效的法律共229件。笔者发现在这些有效的法律中出现涉及法律修改有两个词："修正"和"修订"。如《中华人民共和国人民法院组织法》(1979年、1983年修正、1996年修正、2006年修正)，《中华人民共和国公司法》(1993年、1999年修正、2004年修正、2005年修正)、中华人民共和国刑法(1979年、1997年修订)。这两个词有什么区别呢？根据法律修改的情况来看，区别在于：

第一，修改的内容不同。法律修正只是针对法律中的部分条款进行的修改，是局部的或个别的修改；而法律修订则涉及对整部法律进行的修改，是全面的、整体的修改。

第二，审议内容不同。在法律修正时，审议主体只对法律修正的条款进行审议，其他条款不作审议；而在法律修订时，则需对整部法律进行审议。

第三，表决内容不同。在法律修正时，立法主体只针对法律修正的条款进行表决；而在法律修订时，立法主体则需对整部法律进行表决。

第四，公布方式不同。对法律修正案的公布，有两种方式：一种以单行的法律修正案形式公布，如宪法修正案、刑法修正案；一种是将需修正的条款纳入到整部法律中，公布整个法律文本。但对于修订的法律，有关主体就要公布整部法律。

第五，生效时期不同。法律修正案的生效时间一般是本修正案公布或确定的生效日期，但不影响整部法律的生效日期；而法律修订案的生效时间一般就是该部修订法律重新确立的生效日期，如原《公司法》是自1994年7月1日起施行的,2005 年修订后的《公司法》第 219 条规定:"本法自 2006 年 1 月 1 日起施行"。

我们一般将法律修改理解为"对该法部分条款或内容进行的局部修正",也就是"法律修正",而"法律修订"是对一部法律全面的修改,应该属于"法律创制"之范畴了。因此,我们本文理解的法律修改也就是"法律修正",不包括"法律的全面修改"即"法律修订"。

结语:建立法律绩效评估与法律修改回应的通畅机制

我国现在法律修改还缺乏坚实的基础,缺少科学的根据。以我国全国人大常委会年度立法计划为例①,2003 年 6 月 16 日第十届全国人民代表大会常务委员会第四次委员长会议通过《全国人大常委会 2003 年立法计划》,拟安排审议的法律草案共 43 件,其中计划修订的法律草案共 17 件;2004 年 2 月 17 日第十届全国人民代表大会常务委员会第十二次委员长会议通过《全国人大常委会 2004 年立法计划》,拟安排审议的法律草案 27 件,其中涉及法律修改案有 13 件;2005 年 2 月 18 日第十届全国人民代表大会常务委员会第二十九次委员长会议通过《全国人大常委会 2005 年立法计划》,拟安排审议法律草案共 31 件,其中涉及法律修改案有 11 件;2005 年 12 月 16 日第十届全国人民代表大会常务委员会第四十次委员长会议通过《全国人大常委会 2006 年立法计划》,拟安排审议法律草案共 39 件,其中涉及法律修改案有 17 件。我们不说全国人大常委会创制的法律,这些需要修改的法律是根据什么来确定的呢?

列入年度立法计划的立法项目都是由属于向全国人大常委会有权提案的主体报请立项的,从 2003 年至 2006 年的全国人大年度立法计划提请审议的部门来看,主要是国务院、全国人大各专门委员会,其他提案主体很少提请法案审议。那么国务院以及全国人大各专门委员会依据什么标准提请法案审议,尤其是对已有的法律提请修改审议的呢?

笔者认为,有权提案的主体提出法律修正案,应该有科学的根据,这就是建立在法律绩效评估基础上,将法律绩效评估与法律修改有机的结合起来,对某一部法律进行修改,不是建立凭空想象基础上,也不是建立在猜测基础上,而是要对其实施状况进行评估,发现其立法问题,提出完善的立法建议。

然而,这里又出现一个问题,法规范性文件数量那么多,法律绩效评估对象的选择标准又是什么呢?笔者认为可以借鉴西方国家的日落条款,即对法律法

---

① 数据统计参见全国人大常委会办公厅秘书二局编:《立法工作备要》,中国民主法制出版社 2006 年版,第 287 页以下。

规的实施设定一个有效期限,在法律规定的有效期限届满之前,启动法律绩效评估,以决定是否继续沿用该法律。基本做法有两种:一是立法主体对自己制定的法规范性文件总体设定一个统一的有效期限,比如五年,哪一部法规范性文件有效期限即将届满时,即由立法主体或委托他方启动法律绩效评估以决定法律的立、改、废;二是立法主体针对不同性质、不同内容的法案设定不同的有效期限,如哪一部法规范性文件有效期限即将届满时,即由立法主体或委托他方启动法律绩效评估以决定法律的立、改、废。

第三节　法律绩效评估结果回应之法的废止

法的废止,是立法主体依据一定职权和程序,对现行法实施变动,使其失去法的效力的专门活动[①]。诚然,我们将法的废止与法律绩效评估活动联系在一起,是寻求建立法的废止的科学机制,就是说,立法主体做出法的废止是建立在对法的绩效评估基础之上,是立法主体对法律绩效评估回应的结果。实践中,虽然形式上没有明确提出将法律绩效评估与法的废止联系起来,但是建立在法的清理、法的审查基础上的法的废止活动,实质上就是建立在法律绩效评估活动基础上,因为法的清理活动、法的审查备案活动等就是正式的法律绩效评估活动。"一般认为,法律废止具有立法的性质,是国家立法活动不可缺少的环节,与法律的制定和法律的修改同等重要。"[②]如此,法的废止也需要遵循立法的基本原则与程序。那么,建立在法律绩效评估基础上的法的废止机制如何?笔者认为,对该问题进行深入探讨,在理论与实践上都具有积极的意义。

一、法律绩效低劣是决定"法的废止"的根本原因

法律绩效评估主体在法律绩效评估报告作出"法的废止"之建议,应该是基于科学的绩效评估的结果,那么什么样的评估结果使得评估主体建议废除某一正在实施中的法呢?法律绩效评估的基本目的有两个:一是考察法律实施的社会效果、效益状况;二是为法律的完善提供决策依据。应该说,第二个目的是建立在第一个目的的基础之上的,如果法律实施的社会效果、效益状况良好,法律还需要进一步实施,可能需要针对部分条款或内容作出修改或补充;如果法律实施的社会效果、效益状况不好,或者说与立法目的反差太大,则该法是否有必要

[①] 周旺生主编:《立法学》,法律出版社2004年版,第380页。
[②] 李林:《立法理论与制度》,中国法制出版社2005年版,第234页。

第五章　法律绩效评估结果的回应

保留就值得考虑了。因此,法律绩效评估第二个目的的实现仰赖于第一个目的实现的结果。那么,法律绩效评估主体在评估报告中提出"法的废止"之建议,则毫无疑问,法律绩效状况即法律实施的社会效果、效益很不理想,以至于使得该法的存在成为不必要。

对法律实施的社会效果、效益状况的考量有不同的标准,关键在于这个标准的设定对法律绩效评估目标有积极意义。根据各国的法律绩效评估实践,有这样几个标准需要注意:

(1)效率标准。法律绩效评估的效率标准是指立法实施效果所达到的水平(收益)与其所投入的人财物力资源之间的比率关系。"它反映的是立法制订与实施的量与其带来的收益量之间的对比关系(技术性的投入产出关系)。"①也就是说,法律绩效评估的效率标准包括两个方面:一是技术效率,即法律执行机构的内部运作效率,也就是能否以最少的工作量和成本运作,产生达到要求的绩效,或者在一定的工作量和成本的要求下,能否设法扩大绩效。二是经济效率,即一项法律法规所动用的全部资源是否达到最有效的配置和使用,使全社会满意②。因此,运用效率标准需要关注以下问题:每单位资源的使用究竟能产生多少收益或效益?每单位的收益或效益需要多少资源的投入?在既定的收益下,能否尽可能地降低成本?或者说在既定的成本之上,能否创造更多的立法收益?通过什么方式使得立法效益或法律效益最大化?

(2)效益标准。法律绩效评估的效益标准是指立法实施所达到的效果与其实施成本的比较关系。"立法效益是指立法收益除去立法成本所得的净收益,也即立法在现实生活作用中合乎目的的有效部分,它突出地体现为立法的应然价值与立法的实然价值的重合与差异。"它一般包括经济效益与社会效益。经济效益是指一项法律法规实施以后,社会各种主体从其实施所得到的直接经济效益与间接经济效益。社会效益是指一项法律法规实施后对社会秩序、人的行为观念的影响,是社会稳定程度等产生的综合效益。"社会效益可以通过选取特定对象和随机抽取一般公众的方式进行定性调查和分析统计。"③

(3)效能标准。法律绩效评估的效能标准是指立法实施绩效所达到的程度或影响,即立法实施绩效与立法所预先设定(立法目的)绩效目标之比。通过这种比较关系,可以了解法律实施是否符合法律设定的目标与方向以及符合立

---

① 汪全胜:《立法效益研究》,中国法制出版社2003年版,第192页。
② T. H. Poister, Public Program Analysis: Applied Methods, Baltimore, University Park Press, 1978, p.10.
③ 魏明、张雅萍:《德国立法成本效益分析与评估体系》,载《水运科学》2007年第1期。

法目的或法律绩效水平的程度。当然,在采取这一标准时,必须预先设定立法的绩效目标,立法的绩效目标的设定又必须与立法目的、立法意图结合起来。如果绩效目标的设计错误,可能会使得评估偏离方向,也不能准确客观地评估法律的实际绩效。

（4）公平标准。公平是立法的基本价值倾向,同样也是立法实施效果的价值倾向。"如果没有了正义与公道,人类就不会有任何价值。"[1]法律绩效评估的公平标准是指法律法规实施后所导致的与该法律法规有关的社会资源、利益及成本公平分配的程度。法律公平是一种社会理性,它表示法律作为一种制度对社会稳定与社会秩序的贡献。如果立法的整体效益、效率都很多,但它严重地损害了社会某一特定群体的利益,那么,则该法律法规不能称作是具有好的实施绩效的法律法规。只有当法律法规既实现了整体的经济效率和社会效益,又实现了公平合理,法律法规才算取得了良好的绩效。

如果法律绩效状况无法达成一个或几个以上法律绩效评估标准,则说明该法律的绩效状况低劣,就需要分析其原因,探索法律改进之路径。

二、法律绩效状况成因分析及法律废止之直接依据

法律绩效评估主体在考察法律法规的实施绩效时,不仅要考察它所取得的绩效,还要对它取得的绩效进行分析,更重要的是要对导致法律绩效的原因进行分析。法律绩效状况的影响因素很多,如立法本身的因素、法律执行的因素抑或社会环境因素等多方面,但对法律绩效状况的分析主要要考察它立法的成因,只有考察它的立法因素,才能对立法的改进提供科学的决策依据,可以说法律绩效状况低劣的立法成因也就是法律废止的直接依据。从我国开展的几次的法的清理活动来看,法律绩效低劣或者法律废止的直接依据有以下方面：

（一）法的适用期已过

法的适用期是法律法规适用的有效日期。在有期日期届满之后,该法律法规应当宣布废止。国务院办公厅于2007年2月25日印发《国务院办公厅关于开展行政法规规章清理工作的通知》,决定对现行行政法规、规章进行一次全面清理。2008年1月15日温家宝总理签署第516号国务院令废止部分行政法规。在这次废止的部分行政法规中,就包括一些适用期已过的行政法规,如《铁路军运暂行条例》、《国家工作人员公费医疗预防实施办法》、《关于提高国营工业企业固定资产折旧率和改进折旧费使用办法的暂行规定》等31部行政法规。

---

[1] 〔德〕康德:《法的形而上学原理》,沈叔平译,林荣远校,商务印书馆1991年版,第165页。

第五章　法律绩效评估结果的回应

（二）法的调整对象已消失

法的调整对象是法律调整的一定的社会关系，即有关社会主体之间形成的权利义务关系。在这样的社会关系不复存在的情况下，即意味着调整对象已消失，法的调整对象消失即需要对该法进行废止。在 2008 年 1 月 15 日温家宝总理签署第 516 号国务院令废止部分行政法规中，一些行政法规因为法的调整对象消失即应宣布失效加以废止，如《中华人民共和国禁止国家货币票据及证券出入国境暂行办法》、《射击场设置管理规程》、《文物特许出口管理试行办法》等 12 部行政法规。

（三）法的主要内容已不适应社会经济发展的需要

任何一个部门法都是特定历史时期的产物，它是适应当时社会经济发展需要而产生的，在社会经济发展变化时，法律法规的主要内容就不再适应社会经济发展状况了，在这样的情形下，如果通过法的修改不能够达到目的，就需要对该法宣布废止，重新创制新的法律。旧法律内容被新的法律内容所取代。如 1950 年 6 月 24 日政务院公布的《铁路留用土地办法》就已经被 2004 年 8 月 28 日中华人民共和国主席令第 28 号公布的《中华人民共和国土地管理法》、2004 年 12 月 27 日中华人民共和国国务院令第 430 号公布的《铁路运输安全保护条例》代替。1950 年 9 月 20 日制定的《中央人民政府公布中华人民共和国国徽的命令》就被 1991 年 3 月 2 日中华人民共和国主席令第 41 号公布的《中华人民共和国国徽法》代替等。

（四）法的主要内容与新法或上位法相抵触或不一致

法的内容"不一致"表示两部法的规定存在差异，有区别；而"相抵触"则是两部法的内容相矛盾。《立法法》同时规定了法律规范之间的"不一致"和"相抵触"。《立法法》第 83 条、第 85 条、第 86 条、第 87 条使用了"不一致"这个词，《立法法》第 7 条、第 63 条、第 64 条、第 78 条、第 88 条、第 90 条、第 91 条运用了"相抵触"这个词。从这两个词适用的法律规范的位阶来看，"不一致"适用于同位阶的法律规范之间；而"相抵触"则适用于不同位阶的法律规范之间。对同一个主体制定的不同时期的法（即以时间为依据确定的旧法与新法，时间在后的为新法，时间在前的为旧法），旧法内容与新法内容不一致的，应当废止旧法，如国务院在 2001 年 11 月 29 日公布了《国务院关于修改〈兽药管理条例〉的决定》，其内容与 2004 年 4 月 9 日国务院公布的《兽药管理条例》不一致，因此，《国务院关于修改〈兽药管理条例〉的决定》应当废止。下位法的立法主体制定的法与上位法立法主体制定的法相抵触，则下位法应当废止。如 1996 年 6 月

15日国务院批准、1996年7月9日对外贸易经济合作部令第2号公布的《外商投资企业清算办法》与《中华人民共和国公司法》规定相抵触的,则《外商投资企业清算办法》应当废止。

三、现行"法的废止"立法议程的建立

尽管理论界与实务界都一致认为,立法活动包括法的制定、修改、补充、废止等活动,法的废止行为性质上是立法行为,但"法的废止"案从来没有得到国家提案组织或民意提案代表[①]的重视[②],在各级立法主体的立法规划与立法计划中[③],"法的废止"案从未列入过。但立法机关的"法的废止"行为并不是没有进行过。在我国现阶段,法的废止发生的情形有两种:

(一)公布实施单行法时,同时废止与该单行法相冲突或不一致的法(专项清理)

立法主体在制定或修订单行法时,对与该单行法相冲突或不一致的法同时宣布予以废止。如1994年8月31日第八届全国人民代表大会常务委员会第九次会议通过了《中华人民共和国审计法》第51条规定:"本法自1995年1月1日起施行。1988年11月30日国务院发布的《中华人民共和国审计条例》同时废止。"还有1997年3月14日第八届全国人民代表大会第五次会议修订的《中华人民共和国刑法》第452条规定:"本法自1997年10月1日起施行。列于本法附件一的全国人民代表大会常务委员会制定的条例、补充规定和决定,已纳入本法或者已不适用,自本法施行之日起,予以废止。"在其后的"附件一"中列出了包括《中华人民共和国惩治军人违反职责罪暂行条例》等15件全国人民代表大会常务委员会制定的条例、补充规定和决定。

---

① 国家提案组织是指根据法律规定享有立法提案权的国家机关,民意提案代表是指享有立法提案权的人民代表(联名),如向全国人大提案的有一个代表团或30名以上的联名代表。

② 以盛华仁所作的《关于第十届全国人民代表大会第三次会议代表提出议案处理意见的报告》为例,全国人大会议第三次会议中人大代表提出的法案中,"提出制定法律的有452件,占总数的45.6%;提出修改法律的有539件,占总数的54.4%。"没有一件法案是关于法律废止的法案,年年的国家机关提案以及人大代表提案都是这样的情形。

③ 根据现有资料统计,2003年全国人大常委会立法计划中涉及立法项目有43件,2004年有27件,2005年有31件,2006年有30件,都是关于法律修改或法律制定的立法项目,没有一件是关于"法的废止"项目。参见全国人大常委会办公厅秘书二局编:《立法工作备要》,中国民主法制出版社2006年版,第287页以下,具体数据由笔者统计。

(二) 通过大规模的"法的清理"活动,以单行决议或决定方式同时宣布多部法的废止(集中清理)

自中华人民共和国成立以后,国家经常通过大规模的"法的清理"活动对现行有效的法进行集中清理,同时宣布一些法予以废止。1954 年第一届全国人民代表大会第一次会议召开,通过了新宪法,并通过了关于"现行法律、法令继续有效的决议"。决议指出,所有从 1949 年 10 月 1 日以来由中央人民政府制定的、批准的法律、法令,除同宪法相抵触的以外,一律继续有效。根据这一决议,国务院在 1955 年对原政务院及其所属各部门发布的法规进行了一次清理。1979 年 11 月五届全国人大常委会第 12 次会议通过了《关于中华人民共和国建国以来制定的法律、法令效力问题的决议》,宣告新中国成立以来制定的法律、法令,除同第五届全国人大及其常委会制定的宪法、法律相抵触的以外,继续有效。国务院其后开展了一系列的法规清理工作。"1983 年 10 月 23 日国务院办公厅转发了经济法规研究中心《关于对国务院系统过去颁布的法规、规章进行清理的建议》,确定对国务院过去颁发的法规的清理工作,由国务院办公厅法制局和经济研究中心负责组织办理。"[1]1987 年 11 月 24 日全国人大常委会作出《关于批准法制工作委员会对 1978 年底以前颁布的法律进行清理情况和意见报告的决定》,法制工作委员会对 1978 年以前制定或批准的法律共 134 件进行了清理,其中已经失效 111 件,除由新法规定废止的 11 件外,对其余的 100 件,全国人大常委会明确决定不再适用。1993 年国务院发布《关于加强政府法制工作的决定》明确规定,行政法规、规章的清理工作要经常化、制度化。同年国务院发布《关于废止 1993 年底以前发布的部分行政法规的决定》,宣布废止 107 件行政法规。

通过对"法的废止"发生情形的考察,我们知道,现行"法的废止"案都是由立法主体自己决定的或者在制定新法时对与新法内容相关的法案的一种审查的产物,单独的一项"法的废止"案还没有被列入过立法议程,也没有依立法程序通过一项专门的"法的废止"案。因为是立法主体自己决定,对法进行的清理(前面的一种情形可以说是专项清理,第二种情形可以说是集中清理),所以通过法的清理而产生的"法的废止案"是附随法案。同时,因为其开展的主体特殊性,这种附随法案容易被列入议案。如果将这种清理活动理解为法律绩效评估行为的话,它是一种正式的、内部的评估活动。

那么,其他非提案主体提出关于"法的废止"建议如何得到立法主体的回应

---

[1] 郭道晖总主编:《当代中国立法》,中国民主法制出版社 1998 年版,第 1415 页。

呢？现实发生的如 2003 年三位青年博士上书全国人大常委会提出对《城市流浪乞讨人员收容遣送办法》的违宪审查。虽然没有全国人大常委会回应，但是国务院却于 2003 年 6 月 20 日颁布了《城市生活无着的流浪乞讨人员救助管理办法》，废止了原《城市流浪乞讨人员收容遣送办法》。当然不能不说，三位青年博士的上书产生了某种程度的影响。但是作为应当回应的主体如全国人大常委会并没有作出积极回应，与现行制度缺失（如违宪审查程序的启动机制的缺失）可能不无关系。当然，这三位青年博士只能向立法主体提出建议，也就是立法动议，"国家立法机关对立法动议的处理，由于法律对此未规定国家立法机关负有法定的处理义务，这样，国家立法机关对立法动议可以适时地作出合理处理。"① 根据法律的规定，要将它作为立法机关的提案的话，必须经由法定的提案主体提出。也就是说，怎样将这样的议案能够获得法定数量的人大代表或法定的国家提案机关的认同，是值得探索的问题。在提案主体提出这样的法案后，才能经由法定的程序列入立法议程。

四、"法的废止"的运作机制

"法的废止"的运作机制就是谁有权以及通过什么样的程序与方式废止法律即法的废止主体、程序及方式。

（一）法的废止主体

法的废止主体是指根据法律法规的规定，什么样的国家机关才享有废止法的权力。根据我国现行法律制度的规定以及我国的立法实践，法的废止主体有以下几种：

（1）法的制定主体。法的制定主体既然有权制定法规范性文件，当然也就有权废止自己制定的法规范性文件。立法权本身就包括法的制定、修改、补充与废止的权力。《规章制定程序条例》第 37 条规定："国务院部门，省、自治区、直辖市和较大的市的人民政府，应当经常对规章进行清理，发现与新公布的法律、行政法规或者其他上位法的规定不一致的，或者与法律、行政法规或者其他上位法相抵触的，应当及时修改或者废止。"

（2）上位阶的立法主体。上位阶的立法主体能够废止下位阶立法主体制定的与自己制定的法规范性文件相抵触的法规范性文件。如全国人民代表大会有权废止全国人大常委会制定的法律，全国人大常委会有权废止省、自治区、直辖市人民代表大会及其常委会制定的地方性法规，国务院能够废止国务院各

---

① 李培传：《论立法》，中国法制出版社 2004 年版，第 169 页。

部门以及省、自治区、直辖市人民政府制定的规章等。

(3) 由授权主体废止受权机关制定的法律。"作为对委任立法的一种重要监控方式,授权机关理所当然地拥有对受权机关制定之法律的废止权。"①我国《立法法》也规定"授权机关有权撤销被授权机关制定的超越授权范围或者违背授权目的的法规,必要时可以撤销授权"。

(4) 由受权机关自行废止其制定的法律。"因为授权机关授予的立法权中,当然包括相应的立法修改、补充、解释和废止的权力,因此,委任立法的受权机关可在授权法规定的要件下行使废止法律的权力。"

(二) 法的废止程序

关于法的废止程序,现行法律法规规定不多而且很原则,《立法法》第53条规定:"法律的修改和废止程序,适用本章的规定。"而《行政法规制定程序条例》第35条只规定"修改行政法规的程序,适用本条例的有关规定",对法的废止程序无所涉及。《规章制定程序条例》第37条第2款规定:"修改和废止规章的程序,参照本条例的有关规定执行。"

实践中基本操作规程是这样的:

(1) 有关提案主体提出法律创制案(附随有法的废止案)或规模性的清理案。一般是人大法律委员会或人大常委会的法制工作委员会以及立法主体的其他专门工作机构作为提案主体,提出包含有法的废止案的法律案。

(2) 审议与审查。对于人大立法来说,参照立法审议的方式对法的废止案进行审议。至于采取三审制还是二审制、一审制,关键看该法律案的质量。如果只进行一次审议,法律案就不存在多大争议(如人大专门工作机构提出的法的清理案),也就不需要进行再次审议了。相对法的创制审议来说,可以针对废止理由进行审议,理由确实客观充分的,可以将该案交付表决通过。对于行政机关立法来说,一般经由行政立法主体的专门工作机构根据一定的标准进行审查,如果法的废止案确定能够成立,可直接交由有权主体决定。

(3) 表决通过议案或决定通过该议案。人大在审议法的废止案多数意见较一致的情况下,可由人大专门工作机构形成法的清理案表决稿,交由人大表决,以多数决方式通过。对于行政机关的法案,如果政府部门的专门工作机构审查无异议,可直接交由行政机关领导人决定,也可由行政机关立法工作会议来决定通过。

(4) 公布法的废止案。公布法的废止案有两种方式:一是在公布某一单行

---

① 李林:《立法理论与制度》,中国法制出版社2005年版,第234—235页。

法时,其附则中同时宣布某一或某些旧法予以废止,如1997年刑法公布的同时,其附件中也明确该废止的15件关于刑法的单行决定、决议;二是采用专门的决议或决定的方式明示进行。如1996年11月30日河南省人大常委会通过决议批准洛阳市人大常委会关于废止《洛阳市经济合同管理办法》、《洛阳市〈食品卫生法(试行)〉实施细则》、《洛阳市城镇房地产纠纷仲裁条例》三个决定①。

(三) 法的废止方式

我国学者周旺生教授认为,法的废止方式有两种类别的区分:一是整体废止与部分废止的不同。这是按废止的比重、程度所作的一种区分。整体废止是指一个法律整个地失去效力。部分废止是指一个法的某些或某个规范失去效力。二是人为废止与自行失效的区别。前者指由有权主体宣告失效而废止,后者指法因其自行失效而废止②。这一区分值得商榷。笔者认为,法的废止是与法的制定、法的修改相并列的立法活动,如果只是对法的部分条款或某个规范进行废止,其余条款或规范仍然有效的话,准确地讲,这就是法的修改活动。但法的废止是从整体上废止某一部法而言的。

多数立法学者对法的废止方式的理解,包括明示废止与默示废止两种。明示的废止,即在新法或其他法令中以明文规定,对旧法加以废止。"明示"是一种表示意思的方法,直接用语言文字表示意思,也被称为"积极的表示方法"③。默示的废止,与明示的废止相对称,即不以明文规定废止旧法。默示废止主要有两种类型:"其一,法律所规定的事项或其实施范围已不存在,致使该法律失去其调整对象,则当然予以废止。其二,适用后法废止前法原则,使前法失去法律效力。"④

在实践中出现了"决定废止"与"宣布失效"两种方式,如前面讲到的,2008年1月15日温家宝签署第516号国务院令公布的《国务院关于废止部分行政法规的决定》规定:(1)对主要内容被新的法律或者行政法规所代替的49件行政法规,予以废止;(2)对适用期已过或者调整对象已经消失,实际上已经失效的43件行政法规,宣布失效。这里将决定废止与宣布失效作为两种不同的方式。法律废止与法律失效是两个既相联系又相区别的概念,法律废止是使法律失去效力的方法,法律失效则是法律废止的直接目的和结果。因此,决定废止

---

① 苗连营:《立法程序论》,中国检察出版社2001年版,第260页。
② 周旺生主编:《立法学》,法律出版社2004年版,第381—382页。
③ 郭道晖总主编:《当代中国立法》,中国民主法制出版社1998年版,第1399页。
④ 李林:《立法理论与制度》,中国法制出版社2005年版,第240页。

就是让法律失去效力,宣布失效也就是使法不再适用,二者有同样的结果。《国务院关于废止部分行政法规的决定》作出区分,主要是强调二者发生的依据有差别,决定废止是因为这些行政法规已被新的法律或者行政法规所代替,旧的法不再有效,新法有效,可能这其中有些没有修改的条款或规范仍然适用;宣布失效是因为这些行政法规本身就没有效力,因为它要么是过了适用期,要么是不存在调整对象。

五、我国法的废止机制完善的几个问题

（一）完善法的废止程序规定

我国《立法法》、《行政法规制定程序条例》、《规章制定程序条例》等都是关于法的程序的规定,但主要是对法的制定程序的规定,对法的修改、废止程序缺少规定。"这不能不说是中国法律废止的一大缺失。由于缺少一定的程序的规范,对于法律废止案的提起、审议、讨论、表决、公布等,都基本上处于无序状态。"[1]因此,应完善我国现行法律废止程序的规定,使得法的废止有法可依。这也是法治社会的必然要求。

（二）大规模的法的清理应适可而止

我国立法机关经常采用大规模的集中清理方式废止一批法律法规,这是一种典型的"运动式立法"。虽然这种方式可以一次性地解决较多、较大问题,但这种方式"容易造成立、改、废的脱节,而且由于数量众多,资料散失等原因,工作耗时费力,也容易出现疏漏。"所以,"一般情况下,对应当废止的旧法,应及时废止;要从实际出发,需要废止一条就废止一条,需要废止一个就废止一个;不能等凑够一批时,或经过一段时期后,进行集中式的废止。"[2]笔者认为,立法部门应建立积极的社会需求回应机制,对社会主体提出法律修改、法律废止的建议积极采纳,建立起广泛的社会主体的立法参与机制,使我们的法做到该废的废、该改的改、该立的立,构建和谐的法律制度。

（三）多启动人为废止方式,少采用默示废止方式

在有些情况下,虽然整部法因为适用期已过或调整对象消失,应该说整部法自然失效。但是实践中,我们发现,执法者因为本位利益的缘故,对还没有明确宣布的应失效的法的部分条款或规范仍然在适用。一般来说,制定法只要其

---

[1] 李林:《立法理论与制度》,中国法制出版社2005年版,第242页。
[2] 苗连营:《立法程序论》,中国检察出版社2001年版,第260页。

未被通过法律程序明确废止,就不能否认它的法律效力。正如霍布斯所言:"一种法律除非用另外一种法律禁止其执行,否则就无法废除。"① 我们应建立明示的废止方式,对该废的法律应及时宣布废除。如果新法与旧法有矛盾,立法机关又没有明示废止旧法,在司法实践中发现新旧法律有矛盾时,司法机关根据"上位法优于下位法"、"新法优于旧法"、"特别法优于一般法"原则选择法律适用是司法机关应坚持的法律适用原则,但是作为司法机关,应有义务向立法机关及时反映存在问题的法律,建议立法机关对相互矛盾的法律修改完善或对某法进行明示废止。

(四)废除法的模糊性废止制度

所谓法的模糊性废止制度是指在法律法规中规定"与本法相抵触的法或法的规定一律无效",或"以本法为准"方式宣布其他与此法内容或规定不一致的法或法的规定废止的方式。如1994年8月31日第八届全国人民代表大会常务委员会第九次会议通过的《中华人民共和国仲裁法》第78条规定:"本法施行前制定的有关仲裁的规定与本法的规定相抵触,以本法为准"。还有如1994年10月27日第八届全国人民代表大会常务委员会第十次会议通过的《中华人民共和国广告法》第49条规定:"本法自1995年2月1日起施行。本法施行前制定的其他有关广告的法律、法规的内容与本法不符的,以本法为准。"

立法机关采纳法的模糊性废止制度比较省时省力,不需要花大量的时间对与本法相关的其他法律法规进行一一审查,而只需要作出这样的一个规定,将法律适用直接交给执法或司法机关,要求执法机关司法机关准确地根据"后法优于前法"原则适用法律。但是因为这种方式并未明确废止哪些法律或哪些法律规定,容易造成适用中的混乱,不易为人们所发现与把握。因此,立法机关应废除这种方式,直接在法的附则中明确废止法的方式,保障法律体系、法律内容的内在协调一致。

(五)完善立法撤销权,将法的废止与立法监督有效结合起来

《立法法》第89条规定了一些立法主体的立法撤销权:(1)全国人民代表大会有权撤销它的常务委员会制定的不适当的法律,有权撤销全国人民代表大会常务委员会批准的违背宪法和本法第66条第2款规定的自治条例和单行条例;(2)全国人民代表大会常务委员会有权撤销同宪法和法律相抵触的行政法规,有权撤销同宪法、法律和行政法规相抵触的地方性法规,有权撤销省、自治

---

① 〔英〕霍布斯:《利维坦》,黎思复、黎廷弼译,杨昌裕校,商务印书馆1985年版,第207—208页。

区、直辖市的人民代表大会常务委员会批准的违背宪法和本法第66条第2款规定的自治条例和单行条例;(3)国务院有权撤销不适当的部门规章和地方政府规章;(4)省、自治区、直辖市的人民代表大会有权撤销它的常务委员会制定的和批准的不适当的地方性法规;(5)地方人民代表大会常务委员会有权撤销本级人民政府制定的不适当的规章;(6)省、自治区的人民政府有权撤销下一级人民政府制定的不适当的规章;(7)授权机关有权撤销被授权机关制定的超越授权范围或者违背授权目的的法规,必要时可以撤销授权。《立法法》第87条规定撤销的几个标准:超越权限的;下位法违反上位法规定的;规章之间对同一事项的规定不一致,经裁决应当改变或者撤销一方的规定的;规章的规定被认为不适当,应当予以改变或者撤销的;违背法定程序的。

有学者认为,撤销不能算是法的废止的一种方式[①]。笔者认为,立法撤销既是上位法立法主体的一种监督方式,也是上位法主体通过撤销方式废止下位法主体制定的不适当的法规范性文件的一种方式。但是撤销的行使程序、撤销的法律效力如何,目前法律缺少这样的规定,更重要的是,立法实践中还尚未发生过立法撤销的案例,尽管《立法法》确立了这样的制度。因此,需要通过法律进一步明确立法撤销权制度,使得法的废止方式更加规范化和具有可操作性。

第四节 法律绩效评估结果回应之法律创制

法律绩效评估不仅在于客观、公正地评价法律的实施效果,而且还在于为法律制度完善提供科学基础。根据法律绩效的评估状况,法律完善的路径主要有三种类型:法律创制、法律修改与法律废止。那么,在什么情况下,法律绩效评估会引起国家立法机关启动法律创制呢?其法律创制表现为什么样的类型?其程序运作如何?等等问题,我们需要在理论上探讨清楚法律绩效评估为国家立法机关启动法律创制之意义。

一、法律绩效评估结果回应之法律创制类型

在我国法理学教科书中,多将法的创制、法的制定、立法理解为同一个意义,如有学者认为:"国家创制法律规范的活动,即通常意义上所说的立法,称为

---

① 苗连营:《立法程序论》,中国检察出版社2001年版,第260页。

法的制定。"①还有学者认为:"社会主义法的制定,也称社会主义的立法,它是指社会主义国家创制法律规范的活动。"②孙国华教授直接将"法的创制"作为法理学教材的一章,他对"法的创制"的界定与立法概念相同,"法的创制是有关国家机关在其法定的职权范围内,依照法定的程序,制订、修改和废止规范性法律文件以及认可法律规范的活动。"③

有学者将法的制定与立法等同理解,但法的创制只是法的制定或立法的一种形式。如沈宗灵教授在其主编的《法理学》教材中也设立"法的制定"一章,该教材对法的制定作出这样的界定:"所谓法的制定,就是指法定的国家机关,依照法定的职权和程序,创制、认可、修改和废止法律和规范性法律文件的活动,是掌握国家政权的阶级把自己的意志上升为国家意志的活动。"④不过该教材也认为,"立法"一词一般是同执法、司法、守法这些词连用,而"制定"一词往往同实施一词连用。立法同法的制定可以认为是同义的。"立法或法的制定可以认为包括了法的创制、认可、修改和废止;而'法的创制'是立法或法的制定的一种主要形式。"

根据我国法律绩效评估的实践,法律绩效评估之于法律完善有着三种立法机关的回应类型,即法律创制、法律修改与法律废止。这里所讲的"法律创制"只是法的制定或立法的一种形式,法律创制与法律修改、法律废止有着严格的界限。我们说,法的修改是针对法的部分条款或内容所作的变动,法的废止则是对整部法规范性文件效力终止,而法的创制是新法的制定,但不仅仅限于此,在法律绩效评估结果回应的情形之中,还应包括旧法的全面修改,也就是法的全面修改属于法的创制。

学界中有学者从修改幅度出发,将法的修改分为全部修改和部分修改两种。所谓全部修改就是用新的同名法律代替原来的法律,"但是,从逻辑上理解,修改可能是增加一项内容(即补充)或删除一项内容,也可能是对原有内容作部分变更,还可以是三者同时兼备或其中任何两项内容的组合,但不能是全部修改。""如果是全部修改,那不是修改,而是对旧法的废止或新法的创制。"⑤从立法实践来看,我们也可以发现法律的部分修改与法的全面修改一般表现为"修正"与"修订"之区别,修正只是针对法律的部分修改,而修订则是对法律的

---

① 陈业精:《社会主义法的制定》,载孙国华主编:《法学基础理论》,法律出版社1982年版,第239页。
② 唐静权等:《法学基础理论》,南开大学出版社1984年版,第288页。
③ 孙国华主编:《法理学教程》,中国人民大学出版社1994年版,第327页。
④ 沈宗灵主编:《法理学》,北京大学出版社2001年版,第247页。
⑤ 苗连营:《立法程序论》,中国检察出版社2001年版,第265—266页。

整体修改或全面修改。如《中华人民共和国公司法》是 1993 年制定通过的,在 1999 年和 2004 年两次对其部分条款作出修改,但在 2005 年则是对该法作出全面修改,因此,1999 年和 2004 年那是修正行为,2005 年《公司法》立法行为则是修订行为。修订行为与实践中新法的创制行为没有什么区别,但与修正在修改内容、审议内容、表决内容、公布内容等方面有较大差异,因此可将法的全面修改称为法的创制行为。

那么,根据以上关于"法的创制"内涵的理解,在法律绩效评估活动中,法的创制就表现为两种类型:第一种类型,根据法律绩效评估状况,旧法需要作出全面修改,即用新同名法代替旧的法。如我国现行宪法 1982 年宪法是对 1978 年宪法的全面修改。第二种类型,通过法律绩效评估状况,需要制定其他新法,以保障已有的法律效力能够充分发挥。如在国务院《劳动保障监察条例》评估过程中,评估组总结出了该条例不仅需要修改,而且需要制定相关的配套法律法规,以为劳动保障监察提供更有力的依据,如建议出台《社会保险法》、《企业工资条例》等,这些是我国尚未存在的法律,需要制定。

二、法律绩效评估报告关于"法的创制"建议之逻辑

法律绩效评估主体的评估报告提出关于"法的创制"的建议是有一定逻辑的,那么这个建议建立在什么样的逻辑上呢?下面,根据以上关于在法律绩效评估中法的创制两种类型来加以分析。

(一)以同名新法代替旧法的逻辑

一部法规范性文件在实施多少年以后,经由法律绩效评估主体的评估,作出须制定同名新法代替旧法的结论,其内在前提必须满足两个要件:其一,该法所调整的社会关系还需要运用一定的法规范来加以调整;其二,现行法的内容或条款规定不符合法的调整社会关系需要必须达到这样的程度,即需要对该法的内容或条款作出全面的修改即类似于制定新法才能对社会关系加以有效调整,并不是只是对该法的部分内容或条款作些修补即可。这两个条件缺一不可,如果缺少第一个条件,也就是不再存在某种需要该法调整的社会关系,即该法缺少存在必要的社会基础,则该法没有存在的依据了。如果不能满足第二个条件,那么出现这样的情况,即有些法仍旧有存在的必要,但只是部分条款或内容不适合调整的需要,只需针对这些不适合的内容加以修正即可,就不是"全面修改"或法的创制了。因此,这两个条件是法律绩效评估主体作出"以同名新法代替旧法"评估结论或建议的充分必要条件。

以我国新中国成立以后宪法的发展历程为例,我国以"中华人民共和国宪

法"作为法的名称来讲,就有1954年宪法、1975年宪法、1978年宪法以及1982年宪法(一般称之为现行宪法),那么,这四部宪法之间是什么关系呢?"权威性的解释和观点认为,1975年宪法是对1954年宪法的修改,1978年宪法是对1975年宪法的修改,1982年宪法是对1978年宪法的修改。"[1]诚然,这种观点也有一定的道理,比如,在我国四部宪法中都规定全国人大有权"修改宪法",但并没有规定"制定宪法",因此,在1954年宪法制定以后,其后1975年宪法、1978年宪法、1982年宪法等只能是对前一次宪法的修改。

但是,我国宪法立法实践并不是认同这种观点,它每次都是全面修改,实质上是一次"宪法创制"活动。其一,从宪法条款数量来讲,无法想象它只是某些学者理解的部分修改,1954年宪法条款有118条、1975年宪法只有30条、1978年宪法有60条,而现行宪法有138条(不包括后来四次修正的条款)。特别是现行宪法与1978年宪法比较,条款增加了一倍还要多。其二,从宪法条款内容来讲,如果说后一部宪法是前一部宪法的修正,就不是那么正确了。如果讲现行宪法是对1978年宪法的修改,还不如说现行宪法是1954年宪法的修正,因为它与1954年宪法的内容更为接近一些,而与1978年宪法差距比较大。实际上,"我国的这几次'全部修改'基本上都是对原有宪法从基本原则、指导思想到基本内容、结构顺序的全面更新、调整乃至否定,后一部宪法并不是前一部宪法合乎逻辑的演进结果。"[2]其三,从我国宪法发展的实践来看,宪法几次修改与制定没有实质性差别。1975年的《关于修改宪法的报告》称:"这次大会(四届全国人大一次会议)将要……公布新的中华人民共和国根本法。"叶剑英受中共中央委托在1978年五届全国人大一次会议所作的《关于修改宪法的报告》中指出:"这次大会将要通过的宪法,是我国社会主义革命和社会主义建设新的发展时期的一部新宪法。"彭真在1982年五届全国人大五次会议上代表宪法修改委员会所作的《关于中华人民共和国宪法修改草案的报告》中指出:"现行宪法是1978年3月……通过的。"并指出:"我们这次代表大会一定能够制定出一部有中国特色的、适应新历史时期社会主义现代化建设需要的、长期稳定的新宪法。"可见,起草者(修改者)并未把这种"全面修改"与制定区别开来。

从上面分析来看,对旧法进行全面修改(法的创制),不仅在于该法所调整的社会关系还存在,该法还需要;还在于该法在指导思想、内容、甚至结构等方面需要作根本性的调整,不是小修小补就可以的,需要全方位的修改即法的创制。

---

[1] 苗连营:《立法程序论》,中国检察出版社2001年版,第266页。
[2] 同上书,第267页。

(二)配套性法规范性文件创制的逻辑

配套性法规范性文件主要有两种类型:一是同位阶法主体制定的其他配套性法规范性文件,构成一个法规范性文件体系,对某种社会关系加以有效规范或调整。如美国的信息公开制度则是由一系列的法律构成。美国1966年制定的《情报自由法》要求行政机关依职权或依申请向社会公开政府信息;1976年制定的《阳光下的政府法》进一步要求,行政机关的会议必须公开举行,公众可以观察会议的进程,取得会议的信息和文件;1974年制定的《隐私权法》规定行政机关对个人信息的搜集利用和传播必须遵守一定的规则;1996年《电子情报法》对电子情报的检索、公开、期限等问题作了具体地规定。另一是不同位阶主体制定的其他配套性法规范性文件,也就是执行立法,如《立法法》第56条规定国务院行政法规立法事项,"为执行法律的规定需要制定行政法规的事项";第64条规定地方性法规可以就"为执行法律、行政法规的规定,需要根据本行政区域的实际情况作具体规定的事项";第71条规定"部门规章规定的事项应当属于执行法律或者国务院的行政法规、决定、命令的事项";第73条规定,地方政府规章可以就"为执行法律、行政法规、地方性法规的规定需要制定规章的事项"作出规定。

配套性法规范性文件存在的必要性,要么就是通过法及其配套性法规范性文件对所涉社会关系进行全方位调整,不留下法律调整的空白,而使得执法失去依据;要么就是通过配套性法规范性文件使法的内容进一步具体化或细化,增加其实践可操作性。

在法律绩效评估中,法律绩效评估主体得出需制定配套性法规范性文件结论一般遵循这样的逻辑,法律实施虽然取得一定的成就,但还存在一些问题,其中有些问题是因为缺乏相关配套性法规范文件所导致的,需要加强该法对社会调整与规范的作用,就需要有关主体制定与该法相配套的法规范性文件。

以国务院行政法规《劳动监察保障条例》评估为例,评估课题组发现该法实施取得一定成效,但在实施过程也反映出来一些问题,分析这些问题的成因,课题组发现就有"其他因劳动和社会保障法律不完善导致的问题",如"劳动关系界定不清"、"异地劳务派遣的管辖不明确"、"社会保险费缴纳的有关规定存在矛盾"等,因此,该课题组在评估报告中建议劳动保障部加快制定有关的部门规章,更好地落实该条例的有关规定,"一是明确管辖制度,重点解决异地劳务派遣用工和跨地区企业的劳动保障监察管辖问题。二是规定特别程序,针对非法用工单位监察难、处罚难的特点,设计具体操作程序。三是制定劳动保障诚信制度的内容和评价体系,统一全国标准"等,而且该评估课题组还提出建议"健全劳动保障法律体系,为劳动监察提供有力的实体法律依据",如出台《劳动合同法》、《社会保险法》、《企业工资条例》等①。

三、法的创制案的提出及其被列入立法议程

法律绩效评估主体提出的关于法的创制建议必须经由特定的提案主体向国家立法机关提出法案(即立法提案),经过立法主体决定是否提出列入立法议程。

(一)法律创制案的提出

<u>法律创制案的提出</u>,是指享有立法提案权的机关、组织或人员按照法定的程序和方式向特定的立法机关提出的关于制定或全面修改某项法律法规的动议。在我国近些年进行的法律绩效评估活动中,关于法律绩效评估主体按是否属于法定提案主体而言,有两类:一是属于法律提案主体,如国务院行政法规评估主体是国务院法制办、地方性法规的评估主体是地方人大组成机构如法制工作委员会;二是非属于法律提案的主体,即评估主体不享有立法提案权,它只能向立法机关提出建议,如果要向立法主体提出法律创制案,必须经由法定的提案主体提出,因此,法律绩效评估主体的建议要寻求法定提案主体的认同与支持,经由正当程序提出法律创制案。

根据我国法律规定,我国的立法提案权属于特定的国家机关和人员。我国宪法第64条、《立法法》第12条、第13条、第23条、第24条等规定了全国人民代表大会以及全国人民代表大会常务委员会作为立法主体时其立法提案权主体的范围。国务院组织法、各级人民地方政府组织法以及民族自治地方法等都相应规定了不同的立法机关立法活动中享有立法提案权的机关和人员。

一般来讲,立法提案是立法形成阶段的起点,即正式立法程序启动的导引,然而有立法提案并不必然就进入正式的立法程序,一种立法提案是否进入立法日程,由立法机关根据一定程序和标准,决定其是否提上立法日程。

立法提案列入立法会议议程是正式立法程序的开始,此前都是立法的序幕。不过,立法提案要进入立法会议议程要经历一定的审议或审查过程,什么样的立法提案能够进入立法会议议程以及怎样进入立法会议议程,一般由国家法律来规定。我国法律规定了立法提案进入会议议程的法律程序,而没有规定什么样的立法提案才能进入立法会议议程。

---

① 李建等:《〈劳动保障监察条例〉立法后评估报告》,载《中国劳动》2007年第5期。

第五章 法律绩效评估结果的回应

(二)法律创制案进入立法会议议程的法律依据

我国尚没有一部法律法规立法提案进入立法会议议程的法律依据。根据我国全国人大常委会的立法实践,我们认为,立法机关的立法规划或计划是立法提案进入立法会议议程的基本法律依据。立法规划就是有立法权的主体,在自己的职权范围内,为达到一定的目的,按照一定的原则和程序所编制的准备用以实施的关于立法工作的设想和部署①。从1991年第七届全国人大开始,全国人大常委会都要制定五年立法规划;从1993年开始,全国人大常委会都要制定年度立法计划,以此作为本届或本年立法工作的基本依据。但是在我国,全国人大常委会立法规划是预期的、指导性的,在实施过程中可以根据实际情况作适当调整。因此,在有关主体提出法律创制案后,立法机关可以依据年度立法计划或五年立法规划标准对其作出安排与部署。我们从第七届全国人大常委会五年立法规划实施以来的状况,可以看出这一点:

七届(1991—1993年3月)立法规划项目共64件,已审议15件,占比23.44%(通过12件,已审议未通过3件);八届立法规划项目共152件,已审议78件,占比51.32%(通过73件,已审议未通过5件);九届立法规划项目共89件,已审议56件,占比62.92%(通过49件,已审议未通过7件);十届立法规划项目共76件,已审议通过43件,占比66.1%(通过40件,未审议通过3件)②。

当然,立法规划或计划并不是一成不变的,正如2003年6月16日第十届全国人民代表大会常务委员会第四次委员长会议通过的《全国人大常委会2003年立法计划》中说明的,"为实现在十届全国人大任期内基本形成中国特色社会主义法律体系的目标,突出立法重点,确保立法质量根据国家改革发展稳定的需要和有关立法进度的实际情况,本着'制定立法计划应当是预期的、滚动的、指导性的,而不是指令性的'原则,经征求各有关方面的意见……"因此,立法计划或规划也可以根据实际情况作适度调整。

就法律绩效评估结果回应之法律创制案来说,有这样的基本路径:一是根据立法主体的立法规划或年度开展对规划或计划内安排的立法项目进行评估,提出可行性的立法建议;二是对未列入立法规划或计划内的立法项目进行评估,有必要形成立法创制案,应由相应的立法提案权人提出立法创制案,由立法机关决定是否列入立法议程。

从法律绩效评估的启动来说,如果是由立法机关决策而启动的法律绩效评

---

① 郭道晖总主编:《当代中国立法》,中国民主法制出版社1998年版,第1195页。
② 全国人大常委会法工委立法规划室编:《中华人民共和国立法统计》,中国民主法制出版社2008年版,第325—326页。

估,立法机关应考虑法律绩效评估的结果,对法律绩效评估结果回应之法律创制案列入立法议程作出一定的安排;如果不是经由立法机关的决定,而是法律绩效评估主体自行进行的评估,而该法律绩效评估回应之法律创制案得经由一定的社会主体提出建议或立法提案主体提出要求,经立法机关决策是否纳入立法议程。

从法律绩效评估主体来说,如果是由内部评估主体特别是立法机关的组成机构或人员进行的法律绩效评估,则法律绩效评估结果回应之法律创制案进入立法机关的立法议程相对较为顺利与有效;如果是由外部评估主体开展法律绩效评估,则法律绩效评估结果回应之法律创制案进入立法机关的立法议程可能需要较为复杂的程序与机制。当然这是相对而言的。从立法机关回应社会需求来说,一件法案经由绩效评估后需要尽快出台新的法律创制案,则法律创制案可以考虑尽快纳入立法机关的立法议程。

(三)法律创制案列入立法会议议程的程序

很多国家对于立法提案权的主体提交的立法提案都规定了一个列入立法会议议程的法定程序。比如美国规定,国会所有的立法提案都须提交小组委员审议,在这个过程中,有可能淘汰80%的立法提案,剩下的立法提案再提交一院委员会审议,又会淘汰一部分立法提案,然后经过一院全体会议审议、两院协商委员会审议等程序,最后能够进入立法会议议程的不到原先总提案的5%。

我国《立法法》、《全国人大组织法》、《全国人大议事规则》规定,凡由一个代表团或者30名以上的代表向全国人大提出的法律案,由主席团决定是否列入会议议程,或者先交有关的专门委员会审议、提出是否列入会议议程的意见,再决定是否列入会议议程。凡由其他享有立法提案权的主体所提出的法律案,由主席团决定是否列入会议议程,常委会组成人员10人以上联名提出的法律案,由委员长会议决定是否列入常务委员会会议议程,或者先交有关的专门委员会审议,提出是否列入会议议程的意见,再决定是否列入常务委员会会议议程;不列入常务委员会会议议程的,应当向常务委员会会议报告或者向提案人说明。其他机关向全国人大常委会提出的法律案,由委员长会议决定是否列入常务委员会会议议程,或者先提交有关的专门委员会审议、提出报告,再决定列入常务委员会会议议程。如果委员长会议认为法律案有重大问题需要进一步研究,可以建议提案人修改完善以后再向常务委员会提出。

四、法律创制案的制定程序

法律创制案的制定程序也就是立法程序,它是最为完整意义上的"立法程

第五章 法律绩效评估结果的回应

序",即立法主体在制定或全面修改法规范性文件时所必须遵循的行为步骤、方式以及期限。我国《宪法》、《立法法》、《全国人大议事规则》、《全国人大常委会议事规则》、《行政法规制定程序条例》、《规章制定程序条例》等等对我国各级各类立法主体的立法程序作了规定,这里仅以全国人大常务会立法程序为例说明。

(一)法律创制草案拟定及提出

前面我们分析了法律创制案的提出,这是进入立法议程前的提出。就全国人大常委会立法而言,各提案主体提出的法律议案能否进入立法会议的议程,由常委会委员长会议决定,有两种可能性的结果:一是决定列入立法议程;二是决定不列入立法议程。不列入议程又分为两种情况:一是此次会议暂不列入议程,待法律案修改完善后再向常务委员会提出;另一就是不列入议程,但为了保障立法提案权的真正实现以及保障立法提案权代表参政议政的积极性,对不列入议程的法律案,专门委员会应当向常务委员会报告或向提案人作出说明。这个环节法律案的提出,有两种情形:一种是不仅提出制定、修改、废止法律法规的倡议或意见,而且附带法律草案;另一种是仅仅提出制定法律法规的建议、倡议或意见,不附带法律草案。提出法律草案的情形也有两种:一种是有关主体在向立法机关提出立法倡议时提出法律草案(这个属于立法提案的范畴);另一种是立法机关已经将某种动议(不附带法律草案的动议)提上立法程序的情况下,由接受法律草案起草任务的某种机关、组织或个人向立法机关提出法律草案(准确地说是进入立法议程的法律起草的范畴)。

还有一种法律创制案的提出,这属于列入立法议程后法律创制案的提出。在这个环节,一般要求附带有完整的法律创制草案,可能还附带有法律创制草案必要性、可行性论证资料、法律草案的说明材料以及有关的立法背景材料等。当然如果提案主体在列入议程前就提交了以上这些材料,那么,经法律委员会初步审查后,可以交由全国人大常务委员会审议。如果是非由法律委员会提出而是由其他提案主体提出,特别是只提出立法动议的情况下,就需要将列入议程的法律案交由法律委员会起草,拟定法律草案,并对该草案作出说明,提交审议报告。

(二)法律创制草案的审议

法律委员会提交法律草案后,法律案就进入了审议阶段。对法律案的审议有一些必要的内容:审议前的准备环节、审议的基本过程、审议方式、审议的后果等。

任何法案经由全国人大常务委员会决定列入立法议程之后,就其审议之前,有关机关要做一些必要的准备工作。一般来讲,在审议之前,应当将法律案发给立法机关的组成人员。一般的时间要求是尽量早一些发给立法机关的代表,以让他们有足够的时间对法案进行了解。我国法律规定是应当在会议举行的7日前将法律草案发给全国人大常委会组成人员。另外,有些国家规定不仅是法律草案发给立法机关的组成人员,对法律草案的论证、法律草案的说明等必要资料也要发给立法机关的组成人员。但我国《立法法》仅规定将法律草案发给全国人大常委会组成人员,应该说这样规定是不完备的。

审议的基本过程,可以将其概括为:三审制为原则,一审制、两审制为例外。根据不同的提案权主体以及不同的法案内容,对法律案根据需要采取不同的审议的方式。正如大陆法系国家的"三读"程序一样,我国法律案的审议也基本上要进行三审。具体过程是:常务委员会会议第一次审议法律案,在全体会议上听取提案人的说明,由分组会议进行初步审议;常务委员会会议第二次审议法律案,在全体会议上听取法律委员会关于法律草案修改情况和主要问题的汇报,由分组会议进一步审议。常务委员会会议第三次审议法律案,在全体会议上听取法律委员会关于法律草案审议结果的报告,由分组会议对法律草案修改稿进行审议。但是由于法案基本上取得较为一致的意见,也可以进行两审或一审,而不需要进行三审,这样可以提高立法效率,节省立法成本。什么情形下可以采取两审制或一审制呢?根据《立法法》有关规定,列入常务委员会会议议程的法律案,各方面意见比较一致时,可以经两次常务委员会会议审议后交付表决;部分修改的法律案,各方面的意见比较一致的,也可以经一次常务委员会审议即交付表决。这样的规定比较合理,法案的内容规定大家都能接受,各方面的意见一致,无需经过多重审议。在审议法律修正案的场合,一是内容少,二是容易达成共识,因此可采用一审制。

审议方式问题,多采用会议审议、听取提案人的意见、有关的专门委员会可以参加法律委员会的审议等方式。另外,在法案审议过程中,也可以将法律草案公布,征求各机关、组织和公民的意见;听取意见的形式可以有座谈会、论证会、听证会等多种形式。这说明我国立法在民主的进程上又迈进了一步,以公民直接参与立法补充间接民主制立法所带来的不利影响。

审议的结果分为两种:一是各方面的意见一致,可以直接交付表决;二是法案还存在重大问题需要进一步研究的,暂不交付表决。现行法律也规定了"搁置"问题,就是说,对立法机关的法律案的审议,因各方面对制定该法律的必要性、可行性等重大问题存在较大意见分歧搁置审议满2年的,或者因暂不交付表决经过2年没有再次列入常务委员会会议审议的,由委员长会议向常务委员会报告,该法律案终止审议。

（三）法律创制案的表决通过

对于法案审议结束后，立法程序就可以进入表决与通过法案的阶段了，这是决定立法是否能从法案到法的关键环节。表决法案一般是立法机关或有关人员（比如全民公决）对法案表示最终的、具有决定意义的态度，即表决者对该法案是赞成或不赞成的态度。

对法案表决的基本方式通常有两种，公开表决与秘密表决。

公开表决的方式在现行各国使用较多，具体方式也是各种各样，代表性类型的有：（1）举手表决。即参加法案表决的人通过举手方式表达他们的赞成、反对还是弃权的态度，多数人的态度决定了法案的结果。（2）起立表决。即参与表决的人以依次起立的方式表明对法案的赞成、反对还是弃权的态度，以多数人的态度来决定法案表决的结果。（3）记名投票表决。即表决者在选票上签上自己的真实姓名并且同时表明自己对法案的赞成、反对或弃权的态度或将签有自己姓名的选票分别投入到能够表明自己赞成、反对或弃权的票箱中。获多数一方的态度为表决的结果。（4）计牌表决。即参与表决的人根据自己对法案的态度，从预先放置的不同颜色标牌中（不同颜色标牌表明对法案的不同态度）取出能反映自己对法案态度的标牌交给大会，获多数一方的态度为表决的结果。（5）使用电子表决器表决。即由参与表决的人在自己的席位上按下标有赞成、反对或弃权的按钮，电子仪器自动记录与统计每个表决者的态度，获多数一方的态度为表决结果。公开表决的方式还有呼喊表决、游行表决等。

公开表决比较简便，容易操作，且结果具有透明性，所以被很多国家所采用。与公开表决相对应的就是秘密表决。秘密表决一般也就是无记名投票。即参与表决的人按大会确定的方式对法案表示赞成、反对或弃权的态度，但自己的态度别人无法知晓。

除公开表决与秘密表决方式的划分外，在一些国家还出现了整体表决与逐条表决的方式。整体表决是参与表决的人对整部法案直接表明其赞成、反对或弃权的态度。逐条表决则是参与表决的人对法案进行一条一条的表明态度。一般地来讲，采用整体表决的方式比较多。但在实践中，有时对某些分歧比较大的法案进行逐条表决可能更具有效率，或者就某些重点或争议性较大的条款进行逐条表决，对法案其他部分则实行整体表决，两种方式结合起来运用可能会更好。

对法案进行表决后，什么样的法案算通过，算是从法案过渡到法？从各国的立法实践来看，基本上遵循多数决原则，即少数服从多数。如果一个法案获得多数人的赞成，即表明该法案通过。

"多数"到底是多少呢？在各国依法案的性质而定。一般法案的通过即是法定会议人数中的普通多数通过，则表明法案通过。但对于特殊法案如宪法法案，一般要求绝大多数通过，如很多国家的宪法案的通过需要法定会议人数的 2/3 以上多数通过，在有些国家则是 3/5 以上的多数通过。

我国全国人大常委会的立法在经过了常务委员会的审议后，法律委员会根据审议结果提交法律草案表决稿。由委员长会议提请常务委员会全体会议表决。对于表决的方式，多为电子表决器表决，提高了表决法律案的效率。对通过人数的要求，一般是过半数就可以了。

（四）法律的公布

法律公布是立法程序的最后一个环节，但也是一个非常重要的环节，任何未经公布的法律都不是现实的法律，不是有效力的法律，公布法是立法的必经程序。公布法律的这种程序要求，来自人们对于法律规范的一种传统认识，即"法无明文规定不为罪"的信念。

（1）公布法律的主体。因法律是代表统治阶级意志，各国对法律的公布多规定为只有国家元首才有权公布法律，其他任何主体都没有这个资格。我国也是如此，法律的公布主体属于中华人民共和国国家主席。全国人大及其常务委员会通过的法律由国家主席签署主席令的方式公布。对签署公布法律的主席令也有了形式上的规范，主席令上必须载明该法律的制定机关、通过和施行日期。

（2）法律公布的时间。法律表决通过后需要经过多长时间才能加以公布，很多国家都没有明确的法律规定。就法治理念来说，人们更多的关心是法律的施行日期，而法律的施行日期与法律公布的日期并不是必然联系的。一般来说，法律经有权机关表决通过后，就应及时提交有权公布的主体公布。但是这在各国实践中有点差异，在一些国家，公布法律的主体在某种程度上享有对法律的审查、审核以及表示异议的权利；在某些国家，公布法律仅是一种形式上、宪法所规定的权力与职责，公布法律的主体在收到表决通过的法律文本后即以法定的方式加以公布。

（3）法律公布的标准文本。一些国家通过法律专门规定法律公布的刊物。如原联邦德国《关于规范性文件的公布》的法律，详细规定了一切规范性文件的公布程序，凡联邦的法律及其他规范性文件，必须在《联邦法律公报》或《联邦公报》上公布。美国法律也规定，美国联邦政府通过的所有法律也须在《联邦登记》上加以公布。但这里要注意，法律可以通过什么方式公布于众和法律公布的最为权威方式不是一个概念。我国的法律可以通过在全国发行的报纸上刊登,比如光明日报、人民日报等,但是作为正式文本、标准文本应该具有法律权威性,所以我国将法律公布的标准文本确定为全国人民代表大会常务委员会公报。其他的媒体也可公布法律,如网络、报纸、杂志等,但都必须以全国人民代表大会常务委员会公报的内容为准。

结语:有待深入探讨的几个问题

在国家立法机关通过一定程序对法律绩效评估主体提出的合理的"法的创制"建议进行采纳并意图通过一定的立法程序通过法律创制案时,仍然存在一些问题值得深入研究。

其一,关于全面修改与部分修改即法的创制与法的修改区别的标准问题。如果目前尚未存在某部法规范性文件,某一立法主体通过法的创制活动,产生新法,这是法的创制行为比较容易理解,但是作为法的创制行为的法的全面修改如何与法的一般修改加以区分呢?这不仅是法律绩效评估主体得出法的全面修改结论需要注意的问题也是立法主体作出法的全面修改决定时应当注意的问题。比如我国《公司法》在1993年制定通过的,在1999年和2004年两次对其部分条款作出修改,但在2005年则是对该法作出全面修改。立法主体2005年作出对《公司法》进行全面修改的决定依据是什么?

其二,关于法的创制时机的选择问题。法律绩效评估主体作出应当进行法的创制结论,并向立法主体提出法的创制建议,但是,除非法律绩效评估主体本身就是立法主体,他所得出的结论或有关建议能够有效地启动立法议程,否则,法律绩效评估主体的法的创制建议的提出与最终法的创制案最终出台,可能是一个相对较长的时间过程。立法主体一般有自己的中期立法规划或年度立法计划,法律绩效评估主体关于法的创制方案如何能够进入立法主体的中期立法规划或年度立法计划需要探讨。另外,法律绩效评估主体得出的法的创制结论,可能是针对某部分事项而言的,针对某一部分事项需要通过法规范性文件来加以调整是否就需要通过法的创制即制定一个新法来实现,是不是结论过于草率?因为法律绩效评估会大量的兴起,而每一次评估时,都会有种种法的创制的建议,这就给立法主体提出许多法的创制建议?但是立法时机是否成熟、条件是否具备、立法程序运行的规律等一系列问题,可能使得法的创制方案难以有效实现。在面临诸多法的创制方案时,立法主体有一个轻重缓急的安排。那么这就涉及取舍的标准或依据问题,也是值得探讨的问题。

其三,配套性法规范性文件之间的协调问题。法的创制除了"以同名新法取代旧法"类型以外,还存在一些需要制定的配套性法规范性文件问题。我们前面探讨过,既有同位阶立法主体制定的配套性法规范性文件,还有不同位阶主体制定的法规范性文件的协调问题,这两方面的配套性法规范性文件的协调需要确定不同的标准。比如,在同位阶立法主体中间,怎样进行有效协作,或共同制定某一规范性法文件,或在立法过程中,对某些条款或内容进行共同磋商,防止同位法规定的不一致？对于不同位阶立法主体中间,如何防止下位阶立法主体制定的法规范性文件与上位法相抵触,从而保障上位法有效实施,可能在实践中需要确立一系列的制度来保障配套性法规范性文件之间的协调问题。

参考文献

一、著作

1. 陈金钊:《法律解释的哲理》,山东人民出版社1999年版。
2. 马怀德:《法律的实施与保障》,北京大学出版社2007年版。
3. 莫勇波:《公共政策执行中的政府执行力问题研究》,中国社会科学出版社2007年版。
4. 江国华:《立法:理想与变革》,山东人民出版社2007年版。
5. 布小林:《立法的社会过程》,中国社会科学出版社2007年版。
6. 曾祥华:《行政立法的正当性研究》,中国人民公安大学出版社2007年版。
7. 李艳芳:《公众参与环境影响评价制度研究》,中国人民大学出版社2004年版。
8. 徐家良:《政府评价论》,中国社会科学出版社2006年版。
9. 陈家良选编:《协商民主》,上海三联书店2004年版。
10. 虞维华、张洪根:《社会转型时期的合法性研究》,中国科学技术大学出版社2004年版。
11. 岳天明:《政治合法性问题研究》,中国社会科学出版社2006年版。
12. 〔美〕阿里·哈拉契米主编:《政府业绩与质量测评——问题与经验》,张梦中、丁煌等译校,中山大学出版社2003年版。
13. 〔美〕海伦·英格兰姆、斯蒂文·R.史密斯编著:《新公共政策——民主制度下的公共政策》,钟振明、朱涛译,上海交通大学出版社2005年版。
14. 〔美〕西奥多·H.波伊斯特:《公共与非营利组织绩效考评》,肖鸣政等译,肖鸣政校,中国人民大学出版社2005年版。
15. 卓越主编:《公共部门绩效评估》,中国人民大学出版社2004年版。
16. 刘旭涛:《政府绩效管理:制度、战略与方法》,机械工业出版社2003年版。
17. 刘炳香:《西方国家政府管理新变革》,中共中央党校出版社2003年版。
18. 赵成根:《新公共管理改革:不断塑造新的平衡》,北京大学出版社2007年版。
19. 〔美〕卡罗尔·佩特曼:《参与和民主理论》,陈尧译,上海世纪出版集团2006年版。
20. 周大鸣、秦红增:《参与式社会评估:在倾听中求得决策》,中山大学出版社2005年版。
21. 黄德发:《政府治理范式的制度选择》,广东人民出版社2005年版。
22. 方江山:《非制度政治参与——以转型期中国农民为对象分析》,人民出版社2000年版。
23. 刘熙瑞主编:《公共管理中的决策与执行》,中共中央党校出版社2003年版。
24. 王锡锌:《公众参与和行政过程——一个理念和制度分析的框架》,中国民主法制出版社2007年版。
25. 李伟权:《政府回应论》,中国社会科学出版社2005年版。
26. 〔美〕约翰·克莱顿·托马斯:《公共决策中的公民参与:公共管理者的新技能

与新策略》,孙柏瑛等译,中国人民大学出版社 2005 年版。

27. 邓国胜、肖明超等著:《群众评议政府绩效:理论、方法与实践》,北京大学出版社 2006 年版。

28. 刘丹:《利益相关者与公司治理法律制度研究》,中国人民公安大学出版社 2005 年版。

29. 〔英〕大卫·威勒、〔芬〕玛利亚·西兰琶:《利益相关者公司》,张丽华译,经济管理出版社 2002 年版。

30. 刘俊海:《公司的社会责任》,法律出版社 1999 年版。

31. 〔美〕R. 爱德华·弗里曼:《战略管理——利益相关者方法》,王彦华、梁豪译,上海译文出版社 2006 年版。

32. 朱义坤:《公司治理论》,广东人民出版社 1999 年版。

33. 李苹莉:《经营者业绩评价——利益相关者模式》,浙江人民出版社 2001 年版。

34. 张江河:《论利益与政治》北京大学出版社 2002 年版。

35. 杨瑞龙、周业安:《企业的利益相关者理论及其应用》,经济科学出版社 2000 年版。

36. 联合国开发计划署评估办公室编:《计划管理者手册:面向结果的监督与评估》,国家科技评估中心译,科学出版社 1999 年版。

37. 〔美〕Donald F. Kettl:《有效政府——全球公共管理革命》,张怡译,上海交通大学出版社 2005 年版。

38. 安莉:《政府质量比较研究》,吉林大学出版社 2006 年版。

39. 汪玉凯主编:《公共管理》,中共中央党校出版社 2003 年版。

40. 赵成根:《民主与公共决策研究》,黑龙江人民出版社 2002 年版。

41. 〔美〕B. 盖伊·彼得斯:《政府未来的治理模式》,吴爱明等译,中国人民大学出版社 2001 年版。

42. 〔日〕蒲岛郁夫:《政治参与》,解莉莉译,经济日报出版社 1989 年版。

43. 〔美〕塞缪尔·亨廷顿、琼·纳尔逊:《难以抉择》,汪晓寿等译,华夏出版社 1989 年版。

44. 张汉林、蔡春林等编译:《韩国规制改革——经济合作与发展组织考察报告》,上海财经大学出版社 2007 年版。

45. 王林生、张汉林编著:《发达国家规制改革与绩效》,上海财经大学出版社 2006 年版。

46. 中国社会科学院韩国研究中心编:《韩国的改革——改革实践简析》,社会科学文献出版社 1994 年版。

47. 〔韩〕金荣枰、崔炳善编著:《韩国行政改革的神话与逻辑》,沈仪琳译,国家行政学院出版社 2001 年版。

48. 周旺生、张建华主编:《立法技术手册》中国法制出版社 1999 年版。

49. 〔美〕弗兰克·费希尔:《公共政策评估》,吴爱明、李平等译,杜子方、谢明校,中国人民大学出版社 2003 年版。

50. 于军:《英国地方行政改革述评》,国家行政学院出版社 1999 年版。

51. 周志忍:《当代国外行政改革比较研究》,国家行政学院出版社 1999 年版。

52. 王名扬:《美国行政法》,中国法制出版社 1995 年版。

53. 刘靖华等:《政府创新》,中国社会科学出版社 2002 年版。

54. 卓越主编:《政府绩效管理导论》,清华大学出版社 2006 年版。

55. 曾繁正等编译:《西方国家法律制度社会政策及立法》,红旗出版社 1998 年版。

56. 〔澳〕欧文·E.休斯:《公共管理导论》(第 2 版),彭和平等译,中国人民大学出版社 2001 年版。

57. 崔卓兰、于立深:《行政规章研究》,吉林人民出版社 2002 年版。

58. 龚祥瑞:《美国行政法》(上册),中国政法大学出版社 1995 年版。

59. 范伯乃:《政府绩效评估理论与实务》,人民出版社 2005 年版。

60. 张成福、党秀云主编:《公共管理学》,中国人民大学出版社 2001 年版。

61. 〔美〕尼古拉斯·亨利:《公共行政与公共事务》(第 8 版),张昕等译,中国人民大学出版社 2002 年版。

62. 张千帆等:《宪政、法治与经济发展》,北京大学出版社 2004 年版。

63. 郭济主编:《绩效政府——理论与创新》,清华大学出版社 2005 年版。

64. 罗美富、李季泽、章轲主编:《英国绩效审计》,中国时代经济出版社 2005 年版。

65. 〔英〕威廉·韦德:《行政法》,徐炳等译,中国大百科全书出版社 1997 年版。

66. 王满船:《公共政策制度:择优过程与机制》,中国经济出版社 2004 年版。

67. 王敬尧:《参与式治理——中国社会建设实证研究》,中国社会科学出版社 2006 年版。

68. 席恒:《利益、权力与责任》,中国社会科学出版社 2006 年版。

69. 朴贞子、金炯烈:《政策形成论》,山东人民出版社 2006 年版。

70. 汪全胜:《立法听证研究》,北京大学出版社 2003 年版。

71. 魏钧:《绩效指标设计方法》,北京大学出版社 2006 年版。

72. 〔英〕里基·泰里夫:《战略环境评价实践》,鞠美庭、李海生、李洪远译,朱坦审定,化学工业出版社 2006 年版。

73. 王伟:《政府公共权力效益问题研究》,人民出版社 2005 年版。

74. 汪全胜:《立法效益研究》,中国法制出版社 2003 年版。

75. 朱孔来:《国民经济和社会发展综合评价研究》,山东人民出版社 2004 年版。

76. 〔美〕卡尔·帕顿、大卫·沙维奇:《政策分析和规划的初步方法》(第 2 版),孙兰芝、胡启生等译,宁骚校,华夏出版社 2001 年版。

77. 孙健波:《税法解释研究:以利益平衡为中心》,法律出版社 2007 年版。

78. 刘松山:《违法行政规范性文件之责任研究》,中国民主法制出版社 2007 年版。

79. 陈天祥:《新公共管理——政府再造的理论与实践》,中国人民大学出版社 2007 年版。

80. 周凯主编:《政府绩效评估导论》,中国人民大学出版社 2006 年版。
81. 邓国胜等:《民间组织评估体系:理论、方法与指标体系》,北京大学出版社 2007 年版。
82. 贠杰、杨诚虎:《公共政策评估:政府与方法》,中国社会科学出版社 2006 年版。
83. 孟华:《政府绩效评估:美国的经验与中国的实践》,上海人民出版社 2006 年版。
84. 席涛:《美国管制:从命令—控制到成本—收益分析》,中国社会科学出版社 2006 年版。
85. 宋旭光、田芊:《政府管理的宏观视野》,社会科学文献出版社 2006 年版。
86. 汪劲:《地方立法的可持续发展评估:原则、制度与方法,以北京市地方立法评估制度的构建为中心》,北京大学出版社 2006 年版。
87. 齐二石主编:《公共绩效管理与方法》,天津大学出版社 2007 年版。
88. 刘雪明:《政策运行过程研究》,江西人民出版社 2005 年版。
89. 〔美〕丹尼尔·W.布罗姆利:《经济利益与经济制度——公共政策的理论基础》,陈郁、郭宇峰、汪春译,上海三联书店、上海人民出版社 2006 年版。
90. 王义主编:《西方新公共管理概论》,中国海洋大学出版社 2006 年版。
91. 刘莘主编:《国内法律冲突与立法对策》,中国政法大学出版社 2003 年版。
92. 孙大雄:《宪政体制下的第三种分权:利益集团对美国政策决策的影响》,中国社会科学出版社 2004 年版。
93. 陈庆云:《公共政策分析》,中国经济出版社 1996 年版。
94. 李培传:《论立法》,中国法制出版社 2004 年版。
95. 李林:《立法理论与制度》,中国法制出版社 2005 年版。
96. 高德步:《产权与增长:论法律制度的效率》,中国人民大学出版社 1999 年版。
97. 汪全胜:《制度设计与立法公正》,山东人民出版社 2005 年版。
98. 汤唯、毕可志等:《地方立法的民主化与科学化构想》,北京大学出版社 2002 年版。
99. 郭道晖总主编:《当代中国立法》,中国民主法制出版社 1998 年版。
100. 财政部财政科学研究所《绩效预算》课题组:《美国政府绩效评价体系》,经济管理出版社 2004 年版。
101. 肖兴志、宋晶主编:《政府监管理论与政策》,东北财经大学出版社 2006 年版。
102. 经济合作与发展组织编:《OECD 国家的监管政策》,陈伟译,高世楫校,法律出版社 2006 年版。
103. 井敏:《构建服务型政府理论与实践》,北京大学出版社 2006 年版。
104. 孙哲:《全国人大制度研究》,法律出版社 2004 年版。
105. 马英娟:《政府监管机构研究》,北京大学出版社 2007 年版。
106. 谢明:《政策透视——政策分析的理论与实践》,中国人民大学出版社 2004 年版。
107. 杨心宇主编:《现代国家的宪政理论研究》,上海三联书店 2004 年版。

108. 〔美〕托马斯·R. 戴伊:《理解公共政策》(第十版),彭勃等译,华夏出版社 2004 年版。

109. 孙学玉:《企业型政府》,社会科学文献出版社 2005 年版。

110. 顾琴轩主编:《绩效管理》,上海交通大学出版社 2006 年版。

111. 萧鸣政:《现代绩效考评技术及其应用》,北京大学出版社 2007 年版。

112. 茅铭晨:《政府监管法学原论》,上海财经大学出版社 2005 年版。

113. 张金马主编:《公共政策分析——概念·过程·方法》,人民出版社 2004 年版。

114. 王称心主编:《依法治理评价理论与实践研究》,中国法制出版社 2006 年版。

115. 刘金国、蒋立山主编:《中国社会转型与法律治理》,中国法制出版社 2007 年版。

116. 吴建南:《公共管理研究方法导论》,科学出版社 2006 年版。

117. 曾峻:《公共秩序的制度安排——国家与社会关系的框架及其运用》,学林出版社 2005 年版。

118. 〔美〕凯瑟琳·纽科默、爱德华·詹宇斯、谢里尔·布鲁姆、艾伦·洛马克斯主编:《迎接业绩导向型政府的挑战》,张梦中、李文星译,中山大学出版社 2003 年版。

119. 范柏乃:《政府绩效评估与管理》,复旦大学出版社 2007 年版。

120. Evert Vedung, Public Policy and Program Evaluation, New Brunswick and London, Transaction Publishers, 1997.

121. Sturart Nagel, Policy Theory and Policy Evaluation, Concept Knowledge Causes and Norms, New York Greenwood Press, 1990.

122. E. G. Guba & Y. S. Lincoin, Fourth Generation Evaluation, Newburry Park: Sage Publications, 1989.

123. William N. Dunn, Public Policy: An Introduction, 2nd ed, Englewood Cliffs, New Jersey, Prentice-Hall, Inc. 1994.

124. Randall B. Ripley, Policy Analysis in Political Science, Chicago, Nelson-Hall Pub., 1995.

125. Stuart S. Nagel (ed), Public Policy in China, Westport Conn: Greenwood Press, 1993.

126. Laird W. Mealier & Gary P. Latham, Skills for Management Success: theory experience and Practice, Richard D. Irwin, A Times Mirror Education Group Inc. Company, 1996.

127. Ewan Ferlie, Lynn Ashburner, Louise Fitzgerald, and Andrew Pettigrew, The New Public Management in Action, Oxford University Press, 1996.

128. R. Edward Freeman. Strategic Management: A Stakeholder Approach, Pitman Publishing Inc. 1984.

129. Charles O. Jones, An Introduction to the Study of Public Policy, North Scituate, Mass.: Duxbury Press, 1977.

130. Donald F. Kettl, Reinventing Government: A Fifth-Year Report Card. A report of the Brookings Institution's Center for Public Management, 1998.

二、论文

1. 李建、张威、王文珍等:《〈劳动保障监察条例〉立法后评估报告》,载《中国劳动》2007 年第 5 期。
2. 郭光辉:《〈上海市历史风貌区和优秀历史建筑保护条例〉立法后评估工作追记》,载《中国人大》2007 年第 4 期。
3. 郑文金:《刍议"立法后评估"》,载《楚天主人》2005 年第 11 期。
4. 马庆珏:《韩国 1998—2001 行政改革的基本经验》,载《国家行政学院学报》2002 年第 1 期。
5. 倪星、刘奎明:《美韩两国政府绩效评估的实践与方法》,载《决策咨询》2004 年第 9 期。
6. 范柏乃、程宏伟、张莉:《韩国政府绩效评估及其对中国的借鉴意义》,载《公共管理学报》2006 年第二期。
7. 孙潮:《立法成本分析》,载《法学》1994 年第 10 期。
8. 包国宪、董静:《政府绩效评价在西方的实践及启示》,载《兰州大学学报》(社会科学版)2006 年第 5 期。
9. 张燕君:《美国公共部门绩效评估的实践及启示》,载《行政论坛》2004 年第 3 期。
10. 席涛:《美国政府管制成本与收益的实证分析》,载《经济理论与经济管理》2001 年第 11 期。
11. 席涛:《美国政府管制成本与收益分析的制度演变》,载《中国社会科学院研究生院学报》2003 年第 1 期。
12. 《美国〈管制计划与审查〉行政命令》,于立深译,胡晶晶校,载《行政法学研究》2003 年第 4 期。
13. 张强:《美国联邦政府绩效评估的反思与借鉴》,载《中共福建省委党校学报》2005 年第 7 期。
14. 吴建南、温挺挺:《政府绩效立法分析:以美国〈政府绩效与结果法案〉为例》,载《中国行政管理》2004 年第 9 期。
15. 李克杰:《立法后还要做些什么?》,载《工人日报》2005 年 8 月 12 日。
16. 周实:《日本地方政府行政评价制度的特征及启示》,载《国家行政学院学报》2007 年第 1 期。
17. 张秋萍编译:《日本文部省推进评估政策概要》,载《中国高等教育评估》2007 年第 1 期。
18. 淳于淼泠、赵泽洪、贺芒:《日本新一轮行政改革理念及现状》,载《重庆大学学报(社会科学版)》2002 年第 3 期。
19. 龚深弟编译:《日本实施政策评价工作——〈城市铁道建设应有状态〉评论概

要》,载《现代城市轨道交通》2006年第2期。

20. 杜钢建:《中国、韩国、日本规制改革比较研究(下)》,载《北京行政学院学报》2002年第6期。

21. 张会恒:《英国的规制影响评估及对我国的启示》,载《经济理论与经济管理》2005年第1期。

22. 任景明:《建立政策评价制度 确保科学发展》,载《中国软科学》2005年第6期。

23. 包国宪、董静:《政府绩效评价在西方的实践与启示》,载《兰州大学学报(社会科学版)》2006年第5期。

24. 王斐斐:《对利益相关者理论的思考》,载《学术论坛》2007年第8期。

25. 李瑛、康德顺、齐二石:《政策评估的利益相关者模式及其应用研究》,载《科研管理》2006年第2期。

26. 王瑞祥:《政策评估的理论、模型与方法》,载《预测》2003年第3期。

27. 孙柏瑛:《全球化时代的地方治理:构建公民参与和自主管理的制度平台》,载《教学与研究》2003年第1期。

28. 许汶、许枫:《对地方政府法律绩效评估制度的几点思考》,载《中共青岛市委党校 青岛行政学院学报》2007年第2期。

29. 奚长兴:《对法国公共政策评估的初步探讨》,载《国家行政学院学报》2005年第2期。

30. 王瑞恒、刘传刚:《法律价值评价的原则》,载《理论界》2004年第6期。

31. 苏亮乾:《法律评价:性质与功能》,载《内蒙古社会科学(汉文版)》2005年第4期。

32. 董长春:《法律评价的意义及其作用》,载《江苏教育学院学报(社会科学版)》2002年第4期。

33. 黄竹胜:《法律评价的重新解释》,载《法学论坛》2002年第4期。

34. 张骐:《法律实施的概念、评价标准及影响因素分析》,载《法律科学》1999年第1期。

35. 黄劲松:《浅论公共政策绩效评估的新取向》,载《辽宁行政学院学报》2004年第1期。

36. 熊艳峰:《浅议法律绩效评估的制度化》,载《长沙民政职业技术学院学报》2006年第2期。

37. 马蓉蓉:《我国现行立法之总体评价》,载《探求》2007年第1期。

38. 张再顺:《香港公共部门的绩效评估》,载《中国行政管理》2006年第3期。

39. 郑煜:《新公共管理浪潮涌动下的政府绩效评估》,载《新东方》第1、2(合)期。

40. 张桂芹:《一次提高立法质量的有益尝试——青岛市首次开展地方立法评估活动》,载《中国人大》2007年第5期。

41. 杨寅、黄萍:《政府绩效评估的法律制度构建》,载《现代法学》2004年第3期。

42. 赵贝贝:《政府绩效评估立法启示录——世界发达国家政府绩效评估法制化经验及评析》,载《人力资源》2007年3月上。

43. 胡同泽、张爱萍、郭峰:《政府绩效评估评价体系的初步构想》,载《统计与决策》2005年第11期。

44. 刘芸:《政府绩效评价目标模式研究》,载《前沿》2005年第9期。

45. 王玉明:《政府绩效评价体系的重构》,载《甘肃社会科学》2006年第1期。

46. 包国宪、冉敏:《政府绩效评价中不同主体的价值取向》,载《甘肃社会科学》2007年第1期。

47. 王伟:《制度评估——韩国的实践及其启示》,载《地方政府管理》2006年第1期。

48. 许安标:《立法后评估初探》,载《中国人大》2007年第4期。

49. 哲生、陈俏:《立法质量评估:回头看,向前行!》,载《中国人大》2007年第5期。

50. 《立法后评估工作的五种操作模式》,载《浙江人大》2007年第5期。

51. 刘佩韦:《论法律的形式评价》,载《韶关学院学报(社会科学版)》2004年第11期。

52. 黄竹胜:《论法律评价的实践形态及形态特征》,载《当代法学》2002年第7期。

53. 张宪法:《论公共管理下的政府绩效评估》,载《当代财经》2005年第1期。

54. 马朝琦、雷晓康:《美国公共政策绩效评估方法及借鉴》,载《西北农林科技大学学报(社会科学版)》2006年第5期。

55. 张晓斌:《法律实施效果的定量评价方法》,载《法商研究》2006年第2期。

56. 高富锋:《公共政策评估主体的缺陷及对策分析》,载《求实》2004年第11期。

57. 童海保:《构建我国立法效果评估制度》,载《国家检察官学院学报》2006年第2期。

58. 汪菁、朴钟权:《韩国政府绩效评估制度及其对我国的启示》,载《理论与改革》2006年第5期。

59. 朱玉龙:《建立地方性法规立法评价机制》,载《中国人大》2005年第12期。

60. 程祥国、程志:《刍议第三方政策评估对我国的启示》,载《行政与法》2006年第3期。

61. 李德国、蔡晶晶:《西方政策评估技术与方法浅析》,载《科技政策与管理》2006年第4期。

62. 魏淑艳、刘振军:《我国公共政策评估方式分析》,载《东北大学学报(社会科学版)》2003年第6期。

63. 吴宗宪:《论刑事政策评估的方法》,载《福建公安高等专科学校学报——社会公共安全研究》2002年第3期。

64. 肖远军、李春玲:《政策评价概念探析》,载《理论探讨》1995年第2期。

65. 李启家:《中国环境立法评估:可持续发展与创新》,载《中国人口、资源与环境》2001年第3期。

66. 刘海波:《政策评价框架下的规制影响分析》,载《科学对社会的影响》2004 年第 3 期。

67. 赵勇、李敏:《试析公共政策评估主体的多元性》,载《上海行政学院学报》2005 年第 6 期。

68. 谢媛:《政策评价方法及选择》,载《江西行政学院学报》2000 年第 4 期。

69. 李巍、王华东、姜文来:《政策评价研究》,载《上海环境科学》1996 年第 11 期。

70. 朱仁显:《政策评估与政策优化:论政策评估的意义》,载《理论探讨》1998 年第 2 期。

71. 胡平仁:《政策评估的标准》,载《湘潭大学社会科学学报》2002 年第 3 期。

72. 江国华:《行政立法的合法性审查探析》,载《武汉大学学报(哲学社会科学版)》2007 年第 5 期。

73. 周军:《论地方立法的合法性》,载《人大研究》1999 年第 12 期。

74. 陈福胜、秦军:《合法性的理论辨析》,载《学术交流》2007 年第 9 期。

75. 占志刚:《公共政策的合法性探析》,载《探索》2003 年第 6 期。

76. 严存生:《法的合法性问题研究》,载《法律科学》2002 年第 3 期。

77. 王明文、朱强:《法的合法性问题初论》,载《白城师范学院学报》2005 年第 4 期。

78. 王雁红:《英国政府绩效评估发展的特点分析》,载《管理现代化》2005 年第 4 期。

79. 宁有才:《英国政府绩效评估及其启示》,载《行政与法》2004 年第 3 期。

80. 葛洪:《略论美国〈1993 政府绩效与结果法案〉》,载《中国行政管理》2004 年第 5 期。

81. 邱霈恩译:《美国〈1993 年政府绩效与结果法案〉》,载《中国行政管理》2004 年第 5 期。

82. 龚旭、夏文莉:《美国联邦政府开展的基础研究绩效评估及其启示》,载《科研管理》2003 年第 2 期。

83. 严存生:《法的合理性研究》,载《法制与社会发展》2002 年第 4 期。

84. 季卫东:《程序比较论》,载《比较法研究》1993 年第 1 期。

85. 季卫东:《合宪性审查的"两步走"思路》,载《人大研究》2003 年第 7 期。

86. 莫纪宏:《违宪审查机制在解决法律纠纷和社会矛盾中的作用》,载《吉首大学学报(社会科学版)》2007 年第 2 期。

87. 工贵松:《违宪审查标准的体系化:一个美丽的神话》,载《南阳师范学院学报(社会科学版)》2007 年第 7 期。

88. 张丽娟:《违宪审查启动主体之比较研究及对我国的启示》,载《中共中央党校学报》2007 年第 6 期。

89. 王亚平:《论地方性法规的质量评价标准及其指标体系》,载《人大研究》2007 年第 2 期。

90. 魏明、张雅萍:《德国立法成本效益分析与评估体系》,载《水运科学》2007 年第

1期。

91. 郭光辉:《提高立法质量的成功探索——上海市人大常委会首次对一地方性法规开展法律绩效评估》,载《中国人大》2006年第11期。

92. 汪全胜:《立法的合法性探讨》,载《法学论坛》2008年第2期。

93. 汪全胜:《立法后评估的标准探讨》,载《杭州师范大学学报》2008年第3期。

94. 汪全胜:《法律绩效评估的触发机制探讨》,载《法商研究》2008年第3期。

95. 汪全胜:《立法后评估对象的选择》,载《现代法学》2008年第4期。

96. 汪全胜:《立法的合理性评估》,载《上海行政学院学报》2008年第4期。

97. 汪全胜:《立法后评估概念阐释》,载《重庆工学院学报》2008年第6期。

98. 汪全胜:《法律绩效评估的"公众参与"模式探讨》,载《法制与社会发展》2008年第6期。

99. Kenneth J. Arrow, Robert W. Hahn, 1996, Is there a Role for Benefit—cost Analysis in Environmental, Health, and Safety Regulation? Science, Volume 272, April 2.

100. William. D. W, Measuring Government In the Early Twentieth Century, Public Administration Review, 2003.

后 记

后 记

法律绩效评估机制研究是我对立法效益问题研究的深入思考,在从事立法听证、立法效益等系列立法学课题的研究过程中,我强烈地意识到加强法律绩效评估(立法后评估)机制研究,对我国立法工作将有着积极的意义。因此在申报司法部国家法治与法学理论研究项目《法律绩效评估机制研究》之前,就已经着手这一领域的研究,并积累了相当丰富的科研资料与研究基础,2007年该课题的成功申报,激励着我对其进行更加细致周密的研究,经过两年的努力,课题研究如期完成并通过审核,于是我准备为该课题的最终研究成果联系出版社。

说来凑巧,北京大学出版社李霞老师、白丽丽老师曾于2008年来山东大学威海分校作教材推广以及著作选题的征集工作。记得李霞老师回北京之后,给我寄来了几大包北大版法学教材,现在仍一直放在法学院展览室展览,供教师选用。白丽丽老师曾两次到过威海分校,第一次是为了教材的推广,第二次来是为了联系陈金钊教授主持的教材再版问题,并落实其主持的法律方法论丛书的出版问题。于是我就搭上了顺风车,确定将该成果在北大社出版,不过不是作为法律方法论丛书出版,毕竟我所研究的内容与法律方法论还是存在着很大差别。

应该说,我对北大出版社有着深厚的感情,除了我是北京大学博士毕业这个情感因素外,更主要的是因为我的第一本著作《立法听证研究》就是在北大社出版的。记得当时拿着并没有完成的书稿去北大出版社碰运气时,接待我的是平易近人的杨立范老师,杨老师在粗略地翻过书稿后就表现出了极大的兴趣,当即建议我留下书稿等待审议,没过多久,就被告知出版社经过讨论同意该书出版。读书期间就能出版专著,回想起当时心头的那份惊喜与荣耀,现在还是激动不已。李霞老师是我第一本书的责任编辑,为了出版事宜,我们有过多次沟通,但一直未曾谋面,直到2007年参加在江西财经大学召开的外国法制史年会上,我才第一次见到李霞老师。

在我从事学术研究的过程中,有很多朋友给予我提携与帮助,趁这个机会一并表达我的谢意与感激之情。谢晖教授任威海分校法学院院长时,吸纳并引领着一批年轻人从事学术研究,我便是其中之一,与谢老师同事五年,收益颇多,我明白,今天自己取得的一点点学术成就,与谢晖教授的指导与帮助密不可分。但令人遗憾的是,他于2009年离开了威海分校甚至山大;山东大学威海分校副校长陈金钊教授对我支持极大,学术上多有提携。山东大学威海分校法学院是一个年轻的集体,学术氛围浓厚,关系和谐融洽,在这样的集体中工作、学习,身心愉快。

我的博士研究生金玄武、陈光、雷振斌,硕士研究生张艳丽、孙殊曼、闫龙会、周文生、刘迎新、李亮等为我收集资料、整理文稿甚至课题部分内容的研究等做了大量而又细致的工作。爱人一如既往地默默支持与奉献,儿子对科学知识的渴求与向往,都是从事学术研究的强大精神动力与精神慰藉。最后,我还要感谢本书编辑李铎,他对我这部文稿提出的许多中肯意见,我多加以吸收。还有很多朋友与同事对我的学术研究提供帮助,在此,一并表示感谢与敬意。

汪全胜

2010年3月25日于威海